ALIMENTACIÓN SANA PARA VIVIR MEJOR

LILY SIMPSON Y ROB HOBSON

La biblia detox: las 150 recetas que cuidan tu salud

Grijalbo

RECETAS

NUTRICIÓN

PRINCIPIOS CULINARIOS

Lily Simpson

La comida debe ser tentadora y agradable al paladar. Esto es un elemento clave en mi cocina. No tiene ningún sentido para mí preparar y servir una comida únicamente porque sea sana. Para que los alimentos saludables formen parte de tu vida, es esencial que disfrutes comiéndolos.

Esta es la razón por la que creé mi cocina depurativa, Detox Kitchen, en colaboración con el nutricionista Rob Hobson. Como chef, mi primer objetivo cuando elaboro un plato es deleitar al paladar. Pero además quiero que los ingredientes contribuyan a la salud y al bienestar. Nuestro objetivo es muy simple: crear recetas exquisitas que trabajen en armonía con el cuerpo, y no en contra de él, para favorecer su buen funcionamiento natural. Evitamos aquellos elementos que pueden afectar de manera negativa a la salud y potenciamos los nutritivos y beneficiosos. Es decir, queremos que nuestra comida haga que te sientas mejor desde dentro hacia afuera.

Pero ¿qué entendemos exactamente por una alimentación sana? Hoy en día nuestros cuerpos trabajan más que nunca, mediante procesos sofisticadamente regulados, para deshacerse de las toxinas y protegernos de los daños y el estrés de la vida moderna. Con el aumento de la contaminación, el estilo de vida frenético y las dietas ricas en alimentos procesados, cada vez es más importante ser consciente de lo que comemos así como de ofrecerle al cuerpo un descanso de aquello que puede causarle un estrés innecesario.

Yo misma he experimentado de qué manera una dieta variada, rica en nutrientes y exenta de alimentos procesados puede transformar el cuerpo y aportarle una salud rebosante. Llevo una vida muy activa y en el pasado he soportado grandes niveles de estrés, comiendo a menudo cualquier cosa para poder mantener el ritmo. Por ello, he sufrido el desagradable síndrome de intestino irritable (SII), úlceras de estómago y problemas en la piel, y he padecido a diario los incómodos síntomas de la falta de energía. También tengo gran cantidad de amigos que para perder peso decidieron seguir dietas extremas que drenaron su energía y les desequilibraron emocionalmente. Muchos acabaron con deficiencias de nutrientes básicos, que les provocaron mayor cansancio y trastornos relacionados con la comida.

Todo esto me llevó a poner en marcha un servicio de entrega a domicilio (y más tarde nuestras tiendas de *delicatessen* en Londres) de comidas «detox», sabrosas y sencillas, para hacer frente a este tipo de problemas. Al principio diseñábamos planes depurativos especiales para nuestros clientes, muchos de los cuales sufrían problemas digestivos, intolerancias alimentarias, sobrepeso, fatiga y otros trastornos de la salud que afectaban a su vida cotidiana. Ahora, sin embargo, nuestras recetas pueden constituir una dieta perfecta para cualquier persona que quiera mejorar su salud a través de los alimentos. Para ello, en nuestra cocina damos especial importancia a los alimentos vegetales integrales, a la variedad y al sabor, y prescindimos del trigo, los productos lácteos y el azúcar refinado. Esto puede parecer limitado, pero en realidad no lo es y, en cuanto empieces a cocinar con este libro, verás qué fácil resulta.

RECETAS Y PLANES

Yo tiendo a alternar entre nuestros programas depurativos y una dieta normal en una proporción de 80 a 20: un 80 % del tiempo sigo una dieta sin trigo, productos lácteos ni azúcar refinado, y el otro 20 % como lo que me apetece. Las recetas de este libro se pueden utilizar de la misma manera: puedes seguir o dejar nuestra dieta cuando lo desees o comprometerte a realizar un plan de una semana. Incluso podrías recurrir al libro un sábado por la mañana tras haberte excedido la noche anterior.

En cada receta se especifican los principales nutrientes que aporta (véase la columna derecha) y se señalan los aspectos de la salud a los que puede beneficiar en especial, por ejemplo, el colesterol alto o los síntomas asociados a la menopausia. Puedes elegir las recetas que prefieras o consultar la sección de Rob sobre nutrición en la última parte del libro y realizar un plan depurativo. Cada plan está pensado para un aspecto concreto de la salud, y te orientará para que crees el menú de recetas que más te beneficie.

COMER JUNTOS

Las recetas de este libro no están pensadas para que las comamos solos; creemos firmemente en la importancia de comer con la familia y los amigos, de tomarse el tiempo para compartir y apreciar lo que se ha cocinado. Es mucho más fácil seguir una dieta sana si lo haces con otros. Por ello, la mayoría de las recetas son para dos o cuatro personas, aunque pueden adaptarse fácilmente a una.

En las páginas que siguen te voy a mostrar cómo combinar hierbas, especias, semillas, frutos secos, cereales integrales, legumbres, frutas, verduras, aves y pescado, para que comer sano se convierta en uno de los mayores placeres de tu vida: además de disfrutar con la comida, sentirás claramente sus beneficios en tu cuerpo.

CÓMO FUNCIONA EL LIBRO

Al final de la mayoría de las recetas hay una lista con los principales nutrientes que aporta una ración. Para que se considere una fuente «rica» en una vitamina o mineral en particular, la cantidad del nutriente debe ajustarse a una norma reconocida; por ejemplo, equivaler al menos al 30 % de la cantidad diaria recomendada. En la introducción de la receta se pueden mencionar otros nutrientes, pero su cantidad puede ser insuficiente como para que la receta se considere una fuente rica en ellos. Si no se detalla ningún nutriente, el plato sigue siendo nutritivo, pero contiene menores cantidades de vitaminas, minerales y otros nutrientes.

Tras esta lista se enumeran los aspectos de la salud a los que puede beneficiar la receta dentro de una dieta sana. El código de colores sirve para relacionarlos con las guías nutricionales y los planes depurativos de la última parte del libro.

Corazón
1. Colesterol alto
2. Tensión arterial alta
3. Diabetes tipo 2

Huesos
1. Osteoporosis
2. Artritis

Digestión
1. Estreñimiento
2. Vientre hinchado
3. Síndrome de intestino irritable (SII)
4. Indigestión y acidez
5. Intolerancia alimentaria

Inmunidad
1. Resfriado común
2. Enfermedad celíaca

Piel, cabello y uñas
1. Acné
2. Psoriasis
3. Eczema
4. Cabello
5. Uñas quebradizas y frágiles

Mente
1. Depresión
2. Ansiedad

Fatiga
1. Deficiencia de hierro (anemia)
2. Síndrome de fatiga crónica (SFC)
3. Insomnio
4. Dolores de cabeza
5. Migraña

Hombres
1. Próstata
2. Fertilidad
3. Impotencia

Mujeres
1. Síndrome premenstrual (PMS)
2. Infecciones urinarias (cistitis)
3. Menopausia
4. Síndrome de ovario poliquístico (SOP)

También hay planes depurativos para **problemas de peso** y para **vegetarianos y veganos**.

CÓMO COCINAMOS

Cocinar sin trigo, productos lácteos ni azúcar refinado puede intimidar de entrada, pero a mí me ha servido para aprender a jugar con los sabores mediante las especias y hierbas frescas, y así dar vida a los platos de verduras, legumbres, pescados y carnes. Te prometo que una vez domines el arte de cocinar sin estos ingredientes, no los echarás de menos.

TRIGO Nuestra dieta se ha vuelto muy dependiente del trigo, y por lo general lo consumimos en forma refinada en alimentos hechos con harina blanca, como el pan blanco, la pasta y la bollería. Estos alimentos se digieren enseguida, provocando subidas bruscas del nivel de azúcar en la sangre, lo que puede generar bajones de energía y fatiga. Consumidos en exceso, los alimentos a base de trigo, al igual que otros carbohidratos refinados como el azúcar, se han asociado a sobrepeso y a otros problemas de salud.

Nuestras recetas no excluyen el gluten (aunque sí utilizamos harina sin gluten ni trigo), pues el diagnóstico de alergia al gluten es poco común. Evitar el gluten del todo es difícil y puede dar lugar a deficiencias nutricionales. La alergia específica al trigo es rara; sin embargo, muchas personas sufren problemas digestivos cuando comen trigo refinado todos los días en grandes cantidades.

Cada vez está más extendida la opinión de que debemos tomar menos carbohidratos (alimentos con almidón) y que estos deben proceder de alimentos integrales ricos en fibra (como arroz integral, avena, cebada y quinoa), verduras con almidón (como boniatos y calabaza) y legumbres, conocidos todos como carbohidratos complejos. Estos alimentos no solo constituyen alternativas altamente nutritivas a los productos de trigo refinado, sino que también proporcionan otros nutrientes beneficiosos.

Para nosotros, el amor por la comida significa que no todo se limita a la nutrición; nuestra actitud es «vivir para comer» y no al revés. Teniendo esto en cuenta, queremos enseñarte la versatilidad de los cereales integrales y las legumbres, que suelen ocupar el lugar central en nuestra cocina, y cómo combinar sus múltiples sabores, texturas y colores de maneras nuevas e interesantes.

LÁCTEOS En nuestras recetas no utilizamos lácteos ni ningún producto elaborado con leche animal, pues a algunas personas les causan trastornos digestivos y, en algunos casos, pueden agravar ciertos problemas. (En mi caso, al reducir la cantidad de lácteos, mi digestión ha mejorado y he observado cambios positivos en la piel.) Aunque son importantes para los niños pequeños y las mujeres embarazadas, los lácteos no son necesarios en la dieta del adulto.

El principal nutriente que aportan los lácteos es el calcio, que se asocia sobre todo a la salud ósea (especialmente importante para las mujeres, por el riesgo de osteoporosis tras la menopausia). El calcio se puede obtener de otros muchos alimentos, como la leche de arroz enriquecida, verduras verdes, tofu, almendras, frutas desecadas, semillas y pasta de sésamo y legumbres, que pueden incorporarse fácilmente a la dieta y que ofrecen muchos otros nutrientes valiosos.

AZÚCAR REFINADO Sin duda, todos tomamos demasiado azúcar. El azúcar refinado es adictivo y puede ser el ingrediente al que más cueste renunciar, pero los resultados son a menudo los más gratificantes. El azúcar blanco no tiene ningún valor nutricional aparte de las calorías, y se ha asociado claramente al aumento de peso y la obesidad, así como a otros problemas y trastornos de salud crónicos. El exceso de azúcar también hace estragos en los niveles de azúcar en la sangre, lo que puede afectar indirectamente a nuestras hormonas, nivel de estrés y nuestro estado de ánimo.

Un poco de azúcar no es malo, y el sabor dulce es lo que hace que ciertos alimentos resulten tan deliciosos que no queramos renunciar a ellos. Pero en la cocina depurativa, cuando queremos endulzar la comida, lo hacemos del modo más natural posible, optando por la miel y las frutas (como hacían nuestros antepasados), lo que puede ofrecer una mayor variedad de sabores y nutrientes que los edulcorantes artificiales. Hemos llamado a este tipo de recetas «caprichos dulces», y verás qué fácil es endulzar usando solo cantidades relativamente pequeñas de azúcares naturales.

LA DESPENSA DEPURATIVA

Aquí encontrarás los ingredientes básicos de nuestra despensa para preparar fácilmente platos saludables. Teniendo a mano estos condimentos, aceites, cereales, legumbres, frutos secos y semillas, no hay necesidad de recurrir a ingredientes procesados, indigestos y salados. Estos productos te permitirán experimentar con nuevas texturas y sabores, y añadirán profundidad y carácter a tus platos.

ACEITES

Los aceites que nunca nos faltan son los aceites vírgenes extra de oliva, colza y coco y los de frutos secos prensados en frío. Preferimos utilizar solo aceites vírgenes extra prensados en frío, pues este método produce un aceite más limpio y de calidad nutricional superior. Otros métodos de extracción implican el uso de productos químicos y altas temperaturas, que pueden provocar que el aceite se enrancie y se vuelva menos saludable.

Ciertos aceites son mejores para ciertos métodos de cocción, lo que suele depender de su sabor y «punto de humo». Algunos aceites son menos estables cuando se calientan a altas temperaturas, pues esto hace que se oxiden, formando compuestos no saludables y adquiriendo un sabor desagradable.

ACEITE DE OLIVA VIRGEN EXTRA Un buen aceite de oliva virgen extra, rico en grasas monoinsaturadas y otros compuestos naturales saludables, es ideal para aliñar ensaladas y acabar los platos, para añadir más sabor y humedad cuando es necesario. También se puede usar para saltear suavemente o para rociar las verduras antes de asarlas.

ACEITE DE COLZA VIRGEN EXTRA Por su versatilidad y beneficios para la salud, este es el aceite que más utilizamos: es rico en grasas monoinsaturadas saludables y presenta un buen equilibrio de ácidos grasos omega 3 y 6. Es de color amarillo oscuro y sabe ligeramente a frutos secos. Su sabor menos intenso que el del aceite de oliva lo hace perfecto para cocinar a diario, así como para aliñar ensaladas y dar un toque final a los platos. El aceite de colza tiene un punto de humo alto, por lo que es ideal para sofreír o saltear.

ACEITE DE COCO VIRGEN EXTRA Gracias a su elevado punto de humo, el aceite de coco es bueno para freír o tostar especias, cuando hace falta alcanzar una temperatura alta para liberar los sabores y aceites aromáticos de las especias. Por esta razón, solemos usarlo en los currys. Por su sabor dulce, queda bien también en pasteles. El aceite de coco tiene propiedades que pueden protegernos contra virus y bacterias.

ACEITE DE CACAHUETE Este aceite, obtenido por la presión de las semillas de cacahuete, tiene un sabor sutil a frutos secos. Es bueno para cocinar a altas temperaturas, pues no se quema fácilmente.

OTROS ACEITES DE FRUTOS SECOS Los aceites de nuez, avellana y otros similares no solemos usarlos en caliente, sino para aliñar cuando queremos realzar el sabor a frutos secos. Por ejemplo, si una ensalada lleva nueces, le añadimos aceite de nuez prensado en frío. Guarda los aceites de frutos secos en la nevera, pues aguantarán más tiempo que a temperatura ambiente.

HIERBAS Y ESPECIAS

Es increíble cómo se anima una comida de golpe al añadir unas cuantas hierbas o especias. Para esto te aconsejo que uses el olfato: si alguna vez me falta inspiración, tomo el cesto de las hierbas y aspiro bien. Si una combinación de ingredientes huele bien, también sabrá bien.

Incorpora las hierbas de hoja fina, como la albahaca, el cilantro y la menta, al final de la cocción, pues su sabor se pierde al calentarlas; como aderezo en crudo, añaden color y frescura. Las hierbas de hoja dura, como el romero y el tomillo, se agregan al inicio de la cocción, porque necesitan tiempo para transmitir su sabor. Lo mismo sucede con las especias, cuyo sabor suele cambiar durante la cocción.

Estas son las hierbas y especias que más utilizamos. Son fundamentales en las recetas de este libro para añadir sabor a todo tipo de platos.

ALBAHACA ① Hay muchas variedades de esta hierba. En la cocina italiana, se utiliza más la albahaca dulce. Su sabor aromático intenso queda genial con la carne y el pescado, y sus hojas verdes brillantes son deliciosas picadas en un gazpacho frío o en un sabroso pesto. En la cocina asiática, las variedades tailandesa, limonera y sagrada añaden un sabor dulce picante a currys y salteados.

CEBOLLINO ② Dentro de la familia de las cebollas, es la planta más pequeña y de sabor más delicado. En las ensaladas añade un toque dulce a cebolla. Picado, decora a la perfección cualquier plato.

CANELA ③ Esta es la mejor especia para resaltar la dulzura en un plato y dar un sabor cálido y aromático. Puede hacer maravillas en unas aburridas gachas de avena. La canela en polvo es más intensa que la canela en rama, así que úsala con mesura.

COMINO ④ El comino se usa mucho en las cocinas india, mediterránea y oriental. Su potente sabor ahumado agrega al instante un aroma profundo a cualquier plato. Queda ideal con verduras de raíz, cuya dulzura equilibra su sabor. Si tienes mortero, muele las semillas; y si tienes prisa, úsalo en polvo.

SEMILLAS DE CILANTRO ⑤ Estas semillitas típicas de la cocina india añaden un sabor cítrico. Cocínalas con cuidado para aprovechar todo su potencial. Si se queman, toman un sabor amargo que puede estropear el plato. Tuéstalas en una sartén seca hasta que desprendan su aroma fragante.

CILANTRO FRESCO ⑥ Esta hierba o te encanta o la odias. A mí me encanta. El aromático sabor cítrico, picante y con un toque de menta de sus hojas puede animar un plato en cuestión de segundos. Yo uso los tallos en currys y guisos, porque el sabor es más intenso que el de las hojas y añade una profundidad terrosa.

AJO ⑦ Puede aportar distintos sabores según cómo se use. A mí me gusta crudo en aliños y ensaladas de inspiración asiática, a los que añade viveza. Aparece en casi todos nuestros guisos, enriqueciéndolos suavemente. Si se asa una cabeza entera, toma un sabor concentrado y dulce que queda genial en sopas y en la salsa de tomate. Elimina los brotes si los tiene, pues tienen un sabor amargo y provocan gases.

JENGIBRE ⑧ La raíz de jengibre fresco, picante, intensa y ligeramente ácida, es uno de mis ingredientes favoritos. Agrega una frescura deliciosa a cualquier plato y está siempre presente en nuestros curry y caldos. Elige una raíz turgente; si está arrugada, resultará fibrosa y seca. A menudo rallo la raíz incluso con la piel.

MENTA ⑨ Nosotros usamos sobre todo hierbabuena, pues es la menta que se encuentra más a menudo. Yo suelo añadirla al pesto para crear una ligera frescura. Es bueno tener una planta en casa, para cuando quieras preparar té de menta fresca, ideal para aliviar la hinchazón tras las comidas. La mejor menta para esto es la marroquí, por su sabor suave y dulce.

ROMERO ⑩ A menudo asociada al cordero, pollo o pescados de sabor fuerte, esta hierba intensamente aromática también queda deliciosa en potajes, estofados y con la mayoría de los tubérculos. Añade un aroma profundo a pino y pimienta. Al ser de hoja perenne, se encuentra todo el año.

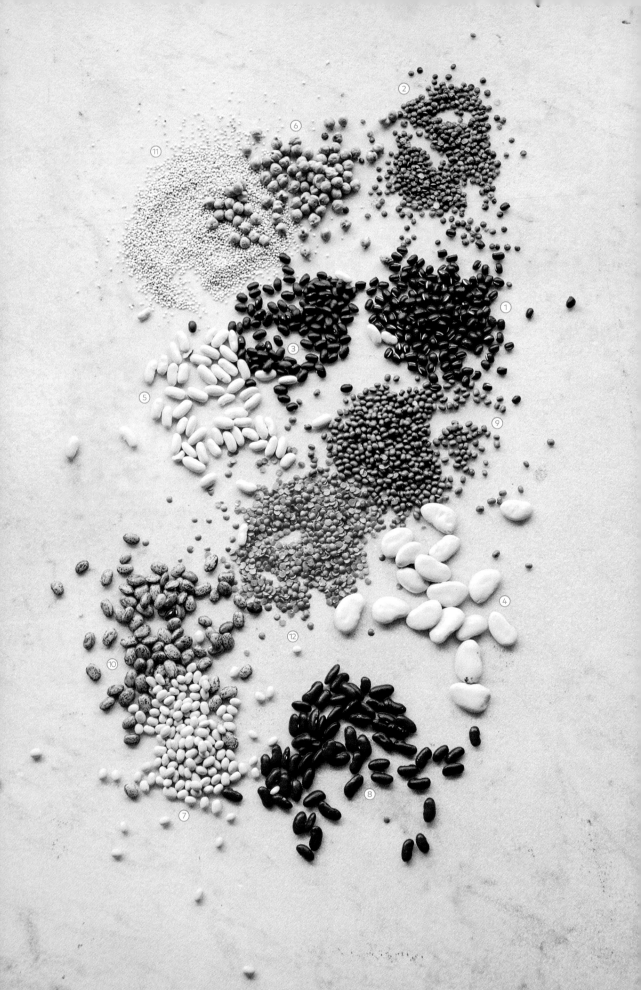

LEGUMBRES Y QUINOA

Las alubias, los guisantes y las lentejas son la base de muchos de nuestros platos vegetarianos. En general, las legumbres son una valiosa fuente de proteínas, fibras y carbohidratos complejos, así como de folato, magnesio, hierro y zinc (por ello son un componente esencial de las dietas vegetarianas y veganas). Además añaden una deliciosa textura.

Aunque no es una legumbre (semilla seca de una leguminosa), la quinoa (semilla de una herbácea) es también una fuente de proteínas, y por eso la incluimos aquí.

A menudo la gente piensa que cocinar legumbres secas requiere mucho tiempo, pero solo hay que dejarlas en remojo la noche anterior y cocerlas un poco más. El sabor y la textura resultantes valen la pena. Si tienes poco tiempo, puedes usar legumbres en conserva, pero que sean ecológicas y de buena calidad. Yo encuentro que las conservas de legumbres bio son más buenas que las otras, cuyo sabor a veces puede ser muy insulso.

AZUKI ① Estas alubias rojas oscuras tienen un dulce sabor a frutos secos y una textura firme, lo que las hace ideales para sopas y guisos.

LENTEJAS CAVIAR Y DE PUY ② Nosotros cocinamos las lentejas al dente, no hasta que estén tiernas del todo, especialmente para las ensaladas. Las variedades caviar y de Puy son más firmes que las rojas y amarillas. Por su sabor intenso y algo picante son un elemento básico en nuestra cocina.

ALUBIAS NEGRAS ③ Son ideales para añadir el color negro a una comida. Las usamos sobre todo en platos de inspiración latinoamericana.

JUDIONES ④ Suaves y de textura cremosa, son perfectos para hacer puré sin patatas. Si quieres que una ensalada quede algo más sustanciosa, añade unos cuantos judiones.

ALUBIAS CANNELLINI ⑤ Estas alubias son mantecosas, suaves y redondeadas. Absorben muy bien los sabores y, por ello, son perfectas para ensaladas, estofados y guisos de cocción lenta.

GARBANZOS ⑥ Se emplean con frecuencia en la cocina mediterránea, de Oriente Medio y la India, y aparecen mucho en nuestras recetas. Para hacer un hummus rápido, se pueden usar garbanzos en conserva. Si se desea una textura más firme, se pueden dejar los garbanzos secos en remojo durante la noche. Los garbanzos se pueden asar también como un aperitivo crujiente.

ALUBIAS BLANCAS ⑦ Al igual que las cannellini, estas alubias son ligeramente dulces y muy cremosas. Nosotros las usamos en nuestra receta de *Tostada con alubias*.

ALUBIAS RIÑÓN ⑧ Deben su nombre a su forma de riñón y tienen una piel gruesa y un sabor dulce. Quedan deliciosas trituradas, como puré para una guarnición, o en guisos.

JUDÍAS MUNGO ⑨ Estas alubias de color verde brillante tienen un sabor terroso con un toque a frutos secos. Son la estrella del espectáculo en nuestro curry de judías mungo (véase la página 167).

ALUBIAS PINTAS ⑩ Estas alubias moteadas quedan maravillosas en potajes y ensaladas.

QUINOA ⑪ Rica en proteínas y fibra, además de minerales esenciales, la quinoa se considera uno de los alimentos más nutritivos. Lo que la hace única es su proteína completa (contiene todos los aminoácidos esenciales). La quinoa tiene un delicioso sabor a frutos secos y una textura crujiente. La usamos mucho en ensaladas o, bien cocida, para hacer hamburguesas o pastelitos de pescado, como una alternativa a la patata.

LENTEJAS ROJAS ⑫ Son un clásico en la cocina india y uno de mis platos favoritos. Tienen un sabor delicado y terroso, y es facilísimo cocinarlas.

FRUTOS SECOS Y SEMILLAS

Los frutos secos y las semillas añaden una textura crujiente y profundidad de sabor a un plato, además sus beneficios para la salud también son significativos. Los frutos secos y semillas, ricos en grasas saludables, proteínas y minerales, están muy presentes en nuestras recetas.

ALMENDRAS Al ser ricas en vitamina E, las almendras son magníficas para la piel. Mézclalas con unas bayas de goji para un energético tentempié a media mañana, o agrega unas cuantas a una ensalada o guiso, para añadir textura y sabor. Las almendras molidas son ideales para hacer pasteles.

NUECES DE BRASIL Son muy buenas como aperitivo y, si las picas, puedes espolvorear con ellas una ensalada o un bol de muesli. Estos frutos secos son una de las fuentes más ricas en selenio, un antioxidante que ayuda a proteger el cuerpo frente los efectos dañinos de los radicales libres.

ANACARDOS De todos los frutos secos, los anacardos son los más cremosos, y nosotros los utilizamos siempre que podemos. Remojados y triturados son perfectos para espesar una salsa o para un aliño. Son ricos en magnesio, que ayuda a mantener los huesos sanos.

SEMILLAS DE CHÍA Estas pequeñas semillas negras o blancas son ricas en los saludables ácidos grasos omega 3 y en fibra. Pueden incorporarse fácilmente a la dieta cuando hace falta un refuerzo nutricional. Espolvorea con ellas los cereales del desayuno o mézclalas con batidos.

COCO A nosotros nos gusta usar el coco deshidratado rallado y tostado para endulzar los cereales del desayuno y los postres de manera natural.

SEMILLAS DE LINO Por sus beneficios, estas pequeñas semillas de color marrón o amarillo son apreciadas desde hace siglos. Si las trituras puedes añadirlas a batidos o espolvorear con ellas los cereales. El aceite de lino también tiene propiedades beneficiosas.

AVELLANAS Estos frutos secos son perfectos tanto para platos dulces como salados. Una de mis recetas favoritas es el salmón con judías verdes, naranjas y avellanas tostadas (véase la página 235).

NUECES PECANAS Nuestra granola no sería lo mismo sin estas nueces. Si se tuestan un poco, se vuelven más dulces y quedan geniales con los postres.

PISTACHOS Pelar los pistachos requiere amor y paciencia, pero estos pistachos son mucho más buenos que los que se compran ya pelados. Nosotros los utilizamos en postres y ensaladas.

SEMILLAS DE CALABAZA Son una buena fuente de grasas saludables y minerales, como magnesio y zinc, por lo que resultan un complemento muy nutritivo para desayunos y postres. Por su sabor sutil, quedan estupendas como adorno crujiente en la mayoría de los platos salados.

SEMILLAS DE SÉSAMO Utiliza semillas de sésamo blanco y negro para añadir textura y un ligero sabor ahumado a los platos. El sésamo negro queda precioso en ensaladas de colores, como un contraste moteado. Para potenciar su sabor, puedes tostar las semillas.

SEMILLAS DE GIRASOL Su contenido nutricional es similar al de las semillas de calabaza (véase más arriba). Nosotros usamos grandes cantidades de semillas de girasol, a menudo ligeramente tostadas, para añadir un toque crujiente y profundidad de sabor en cualquier plato. Quedan también geniales en el pesto.

NUECES Estos frutos secos son una buena fuente de ácidos grasos omega 3. Se pueden tostar ligeramente con un chorrito de miel para un delicioso tentempié. Compra nueces de la mejor calidad que puedas permitirte, pues su sabor será mucho más cremoso y menos amargo que las baratas.

FRUTA DESECADA

La fruta desecada es un estupendo edulcorante natural, aunque es mejor utilizarla en pequeñas cantidades, pues aporta muchas calorías. Agrégala a los cereales del desayuno o las ensaladas para añadir dulzor y una textura suave. Las frutas desecadas son una buena fuente de fibra, que favorece la digestión. Cuando compres fruta desecada, asegúrate siempre de que no sea azucarada ni sulfurada, es decir, que no lleve conservantes ni aditivos.

OREJONES DE ALBARICOQUE Los que no han sido sulfurados son de color más oscuro y menos dulces que los sulfurados. Son deliciosos en tajines y guisos.

DÁTILES Los usamos para endulzar postres, pasteles y barritas de avena. Triturados, van muy bien para ligar ingredientes, del mismo modo que el azúcar refinado.

BAYAS DE GOJI Estas bayas, con un sabor ligeramente amargo, son un superalimento rico en antioxidantes. Son perfectas tomadas solas, como una merienda saludable, o para añadirlas a los cereales del desayuno.

BAYAS DE ALQUEQUENJE También conocidas como uchuva, *Physaliso* o tomatillo, estas bayas agridulces proceden de Brasil. Puedes tomarlas en el desayuno o como tentempié durante el día.

PASAS DE UVA DORADAS Estas pasas son algo más dulces que las sultanas normales, y son perfectas para los cereales, ensaladas y postres.

ALTERNATIVAS A LOS LÁCTEOS

Aunque no hayas decidido eliminar del todo los productos lácteos de tu dieta, quizá quieras evitarlos lo más posible. Para tener la seguridad de que tomas todos los nutrientes que necesitas, lo mejor es optar por leches vegetales con un perfil nutricional similar al de la leche de vaca.

LECHE DE ALMENDRA Prueba nuestra receta de la página 32. Nosotros usamos la leche de almendra en pasteles y batidos.

LECHE (Y YOGUR) DE COCO La leche de coco, rica en grasas naturales saludables, es perfecta para currys, sopas y postres. Ten en cuenta, sin embargo, que las calorías que contiene son elevadas, así que úsala con moderación u opta por una baja en grasa si estás intentado perder peso.

MANTEQUILLA DE FRUTOS SECOS Las mantequillas a base de frutos secos son fáciles de hacer y constituyen una fuente concentrada de proteínas. Frutos secos cremosos como los anacardos y las almendras van especialmente bien. Pueden usarse como una pasta untable nutritiva o como espesante en guisos.

LECHE DE AVENA Esta es la alternativa más barata a los lácteos y queda estupenda con unas gachas de avena.

LECHE DE ARROZ Es la más dulce de las leches sin lactosa, y queda muy bien en batidos, con muesli y granola.

YOGUR DE SOJA Este yogur es menos denso que el normal y su sabor, algo más amargo, pero queda delicioso con un poco de miel y frutos frescos.

EDULCORANTES NATURALES

Aunque el azúcar aparece muy poco en nuestra cocina, a veces se necesita algo dulce, y para esto siempre recurrimos a edulcorantes naturales como frutas (y algunas verduras), miel y especias.

ZUMO DE FRUTAS Añade zumo de manzana o de pera a los cereales del desayuno o a los postres para conseguir un sabor dulce natural. La salsa de manzana o de pera triturada o reducida es una estupenda alternativa a los huevos en creps, pasteles y magdalenas.

MIEL Rica en antioxidantes, la miel de buena calidad es el sustituto perfecto del azúcar refinado. La miel cruda, que no ha sido calentada, pasteurizada ni procesada, es la mejor opción para conservar los sabores naturales. Si es posible, consíguela directamente del productor. Su sabor será sublime en comparación con el de la miel que se compra en las tiendas. La mayoría de los veganos no toman miel; la mejor alternativa es el jarabe de arce.

CACAO CRUDO EN POLVO La forma cruda del chocolate, el cacao en polvo, tiene un sabor rico e intenso y una dulzura natural. Es una buena fuente de hierro y magnesio, así como de antioxidantes y otros compuestos únicos beneficiosos para la salud. Utiliza el cacao en polvo en tartas, mousses, chocolate con leche, chocolate caliente y batidos, como una opción supersaludable de chocolate.

VAINILLA Esta delicada especia aporta una nota fragante y dulce que ningún otro ingrediente es capaz de añadir. A nosotros nos gusta usar vainas de vainilla, que aunque salen más caras que el extracto, pueden dar mucho de sí. Una vez elimines las semillas del interior de la vaina, pon la vaina vacía en la leche de almendras para infundirla con sabor a vainilla. Prueba esto con los cereales del desayuno para añadir un punto dulce extra.

HARINAS

Hoy en día hay muchas opciones de harina sin trigo, lo cual es una buena noticia para aquellos a quienes nos gusta hacer pasteles saludables. En la mayoría de los supermercados se pueden comprar harinas con la denominación «sin gluten ni trigo», que suelen ser una mezcla de harinas de arroz y de trigo sarraceno. En las tiendas de productos dietéticos se encuentran muchas más variedades.

Hacer pasteles y panes con harina sin gluten ni trigo puede ser un poco más difícil, pues es precisamente el gluten el que aporta la esponjosidad. Sin él, puede quedar una textura algo más densa y quebradiza. Teniendo esto en cuenta, en nuestras recetas utilizamos ingredientes que ayudan a ligar y aligerar la masa.

HARINA DE ALMENDRA Se hace con almendras finamente molidas, y es perfecta para bases de pasteles. Da un delicioso sabor a frutos secos.

ARRURRUZ Es un almidón que se obtiene a partir de los tubérculos de diversas plantas tropicales. Actúa como aglutinante, por eso lo utilizamos en las masas cuando hace falta algo que ayude a ligarlas.

LEVADURA EN POLVO Y BICARBONATO SÓDICO El bicarbonato y la levadura en polvo sin gluten pueden encontrarse en la mayoría de los supermercados. Actúan igual que las versiones normales.

HARINA DE TRIGO SARRACENO Esta harina es muy versátil y actúa de manera similar a la harina de trigo corriente, aunque aporta una textura más granulosa. La mezclamos con cantidades iguales de harina de arroz en panqueques, bollería y pasteles, o como aglutinante en pastelitos de pescado o hamburguesas.

CEREALES

Los cereales integrales son ricos en carbohidratos complejos y tienen una carga glucémica (CG) baja como resultado de su alto contenido en fibra. Se han relacionado con la prevención de enfermedades como el cáncer y enfermedades cardíacas, y pueden ayudar a perder peso, por su capacidad de saciar y de mantener estables los niveles de azúcar en la sangre. También son una buena fuente de vitaminas B, esenciales para convertir los alimentos en energía.

ARROZ INTEGRAL Tiene una menor CG que el arroz blanco y, por ser integral (todavía conserva la cáscara y el salvado), es mucho más nutritivo. Yo encuentro que es más sabroso y tiene una textura más esponjosa y firme que el arroz blanco. También utilizamos fideos de arroz integral en vez espaguetis, y harina de arroz integral para nuestros crackers de semillas (véase la página 77).

TRIGO SARRACENO Aunque suele considerarse un cereal, en realidad es la semilla de una planta de hoja ancha emparentada con el ruibarbo. Es uno de mis complementos favoritos para ensaladas o guisos, por su sutil sabor amargo y a frutos secos. Sus semillas triangulares tienen una textura suave y algo firme. Los fideos de trigo sarraceno, muy usados en la cocina japonesa, sustituyen muy bien a los fideos de trigo, y la harina (véase página anterior) es ideal para hacer unos creps ligeros y esponjosos.

AVENA En muchas de nuestras recetas usamos copos de avena, tanto finos como gruesos. Los finos se cocinan más rápido, por eso solemos utilizarlos para gachas y en batidos, si queremos una textura suave y cremosa. Los gruesos son ideales para el muesli o para crear una deliciosa cobertura crujiente.

CEBADA PERLADA Toda la cebada tiene una CG relativamente baja y gran cantidad de fibra soluble. La cebada perlada es especialmente buena para risottos, pues adquiere cremosidad en el proceso de cocción. También es un complemento saludable para sopas y guisos, donde actúa como agente espesante.

CONDIMENTOS

La clave de cualquier plato delicioso es sazonarlo adecuadamente para hacer que destaquen los sabores de sus ingredientes. Compra condimentos de la mejor calidad que puedas permitirte, especialmente la sal: la sal común de mesa contiene un agente antiaglomerante y puede estar yodada, mientras que las sales del mar más baratas pueden haber sido lavadas químicamente, lo que suele añadir un sabor a química y dejar un regusto amargo. Además, compra la pimienta negra en grano en vez de pimienta molida.

PIMIENTA Ten siempre a mano pimienta negra en grano. Puede molerse o triturarse rápidamente en un molinillo de pimienta, con un mortero o un molinillo de especias.

SAL En nuestra cocina usamos sal de Maldon, por su sabor suave y puro y su textura delicada y escamosa. Si no encuentras sal de Maldon, busca una sal marina natural que no haya sido lavada químicamente.

SALSA DE SOJA Este condimento es perfecto para añadir sabor salado a los platos asiáticos. Nosotros usamos tamari, una salsa de soja que no contiene trigo ni gluten.

SUPLEMENTOS EN POLVO

Los extractos vegetales deshidratados son un buen complemento para cualquier dieta. Nuestros favoritos son la hierba de trigo y la espirulina. Solo tienes que mezclarlos con agua o zumos o añadirlos a los batidos, y sus nutrientes son absorbidos fácilmente por el cuerpo. Elige productos de buena calidad con un elevado grado de pureza.

ESPIRULINA EN POLVO   La espirulina, derivada de un alga verdiazul, se ha utilizado en la medicina holística en todo el mundo desde hace cientos de años. Aporta gran cantidad de nutrientes esenciales para el cuerpo, como proteínas, ciertas vitaminas del grupo B, hierro y magnesio.

POLVO DE HIERBA DE TRIGO   La hierba de trigo es rica en vitaminas, minerales y aminoácidos, por lo que es un estupendo energizante. Cada día, para despertarme, tomo «mi dosis» disuelta en agua o zumos. En principio, la hierba de trigo no contiene gluten, puesto que la planta se cosecha antes de que se forme el grano, donde se encuentra el gluten. Sin embargo, si no tomas gluten, compruébalo en la etiqueta del envase antes de usarlo, porque podría contener algo por haber estado en contacto con otros alimentos que lo contienen.

UTENSILIOS

Cocinar con ollas y sartenes de buena calidad tiene una gran influencia en el resultado final de los platos, por lo que vale la pena invertir en algunos enseres básicos. Además, hay algunos utensilios que te facilitarán el trabajo y te ayudarán a disfrutar más la cocina. Los siguientes son los cuatro utensilios de cocina sin los que yo no podría vivir.

BATIDORA   Tenemos una batidora grande y una pequeña (Magimix). La grande la usamos para los postres y la pequeña para las salsas, el pesto y los aliños. Una batidora de mano también puede ser útil para los purés.

LICUADORA   Utilizamos a diario nuestra licuadora para hacer zumos frescos, que usamos en bebidas y para añadir a los cereales y postres. En casa tengo una Nutribullet, que es pequeña y fácil de usar.

PELADOR/CORTADOR EN JULIANA   Esto es ideal para hacer espaguetis vegetales, sobre todo con calabacines (véase la foto en la página 21).

MORTERO   La mejor manera de triturar las hierbas y las especias es machacándolas en un mortero, cuanto más pesado, mejor.

RECETAS

DESAYUNOS

Suele decirse que el desayuno es la comida más importante del día, pero todos sabemos que a veces resulta difícil ponerlo en práctica. Por la mañana, cada minuto más de sueño parece precioso y una vez te hayas levantado, siempre hay un montón de cosas que hacer. Pero vale la pena intentar desayunar, porque está demostrado que las personas que lo hacen siguen una dieta más equilibrada durante todo el día y son más propensas a mantener un buen peso.

Cuando tenemos prisa recurrimos a menudo a los cereales azucarados, pobres en nutrientes, o a soluciones rápidas a base de carbohidratos refinados como la harina blanca. A media mañana nos morimos de hambre, porque estos alimentos se digieren enseguida, y al subidón de energía que proporcionan le sigue con frecuencia una reducción brusca de los niveles de azúcar en la sangre. Para saciar el hambre, solemos picar. La clave para superar esto es tomar un desayuno que contenga carbohidratos de liberación lenta (para mantener un nivel estable de energía), junto con un poco de proteínas y grasas saludables, que nos ayuden a sentirnos saciados durante más tiempo.

Una manera ideal de asegurarse de que la primera comida del día esté cargada de nutrientes es enriquecer el desayuno con ingredientes saludables. Espolvorea tus cereales con unas semillas de lino; añade frutos secos y semillas a la fruta con yogur; o incluye un zumo de verduras en tu ritual matutino.

No hace falta complicarse la vida para tomar un desayuno rico en nutrientes. Las recetas de este capítulo te harán disfrutar de la hora del desayuno, con la seguridad de que cada mañana empezarás el día de la manera más saludable posible.

Al final de la mayoría de las recetas, se detallan los principales nutrientes que aporta una ración, así como los problemas de salud a los que puede beneficiar la receta incluida en una dieta saludable. Para más información, consulta la página 9.

BIRCHER MUESLI
CON REMOLACHA Y MANZANA
2 RACIONES • 450 CALORÍAS POR RACIÓN

El médico suizo Maximilian Bircher-Benner, quien creó el muesli en la década de 1890, utiliza en su receta más fruta que cereales. Este muesli también es rico en fruta, y el zumo rosado lo endulza añadiéndole frescura. Por supuesto, puedes servirlo con cualquier leche de tu elección (la de arroz es nuestra favorita), pero dale una oportunidad al zumo de remolacha y manzana. Su delicioso toque estimulante es ideal para cargarte de energía por la mañana.

RICA EN folato • potasio • magnesio • hierro • fitoestrógenos • nitratos • fibra

BENEFICIOSA PARA: corazón ①②③ • huesos ① • digestión ① • inmunidad ① • mente ② • fatiga ①⑤ • hombres ① • mujeres ①③④

PARA EL MUESLI
160 g de copos de avena
1 cda. de aceite de colza
50 ml de leche de arroz
1 cdta. de coco rallado
1 cda. de almendras en láminas
20 g de bayas secas de alquequenje o pasas sultanas
20 g de bayas de goji
2 cdas. de yogur de soja natural, para servir

PARA EL ZUMO
4 manzanas grandes
1 remolacha pequeña

1 Precalentar el horno a 200 °C (180 °C con ventilador). Forrar una bandeja de horno con papel de hornear.

2 Poner la avena en un bol grande y agregar el aceite de colza y la leche de arroz. Mezclar bien con las manos para humedecer bien la avena; a diferencia de la granola, no interesa que los copos se aglutinen.

3 Verter sobre la bandeja para horno forrada y extender de manera uniforme. Hornear 12 minutos, hasta que se dore. Sacar la avena del horno y dejarla enfriar.

4 Una vez fría, transferirla a un bol y mezclarla con el coco rallado, las almendras y las bayas. (Se puede preparar el muesli en lotes de 1 kg, multiplicando los ingredientes por cinco, y guardarlo en un recipiente hermético hasta 4 semanas).

5 Lavar las manzanas y la remolacha, cortarlas por la mitad y pasar por la licuadora. Deberían salir unos 400 ml de zumo.

6 Repartir el muesli entre dos tazones y agregar el zumo en partes iguales. Añadir una cucharada de yogur de soja a cada uno, y ¡a comer!

BIRCHER MUESLI CON MANZANA, ARÁNDANOS Y CANELA

2 RACIONES • 400 CALORÍAS POR RACIÓN

Este fresco y estimulante desayuno es perfecto para disfrutarlo con una taza de té de menta en el verano. Llena tanto como las gachas de avena, pero resulta más ligero y sabroso. Comenzar el día con un plato de cereales a base de avena como el muesli o las gachas aporta grandes beneficios. La avena contiene un tipo de fibra soluble llamada betaglucano, que se ha demostrado ayuda a reducir los niveles del colesterol de LDL («el malo»). En el pasado se dejaba la avena en remojo toda la noche para lograr una textura suave y cremosa, pero hoy en día no es necesario, porque la avena que se vende suele estar ya ablandada al vapor.

3 manzanas
140 g de copos de avena
Un puñado de coco en láminas
20 g de arándanos
20 g de almendras blanqueadas enteras (sin piel)
1 cda. de yogur de soja natural
Una pizca de canela en polvo
La ralladura fina de 1 limón

1 Lavar dos de las manzanas y licuarlas. Luego verter el zumo en un bol grande. Rallar la otra manzana (no es necesario pelarla) hasta llegar al corazón. Añadir al bol con el zumo.

2 Agregar los copos de avena, el coco, los arándanos, las almendras, el yogur, la canela y la ralladura de limón. Mezclar todo. Cubrir con film transparente, dejar reposar en la nevera 15 minutos antes de servirlo. (El muesli se aguanta en la nevera hasta 5 días, por lo que el domingo por la noche se puede preparar suficiente cantidad para toda la semana).

RICA EN vitaminas B1 (tiamina) y E • magnesio • fibra

BENEFICIOSA PARA: corazón ① ③ • huesos ① • digestión ① • inmunidad ① • mente ① • fatiga ⑤ • hombres ① • mujeres ① ③

YOGUR DE MANGO
CON OREJONES Y PLÁTANO

2 RACIONES • 400 CALORIAS POR RACIÓN

Los yogures de fruta que se compran ya hechos son muy dulces. Si los preparas tú añadiendo fruta y frutos secos al yogur de soja, los sabores de las frutas serán frescos y su dulzor natural convertirá el yogur en un manjar.

1 mango maduro
4 cdas. de yogur de soja natural
1 plátano en rodajas
100 g de orejones de albaricoques ligeramente picados
50 g de nueces de Brasil ligeramente picadas
Un puñado de semillas de girasol

1 Partir el mango por la mitad, cortándolo a cada lado del hueso. Hacer unos pequeños cortes en la pulpa y extraerla con una cuchara. Después quitar la pulpa que quede alrededor del hueso. Cortar toda la pulpa en daditos.

2 Poner el mango en un bol con el yogur de soja y mezclar. Cubrir y enfriar en la nevera unos 20 minutos. Esto ayudará a que los sabores se intensifiquen.

3 Con una cuchara, servir el yogur en dos tazones, añadir el plátano en rodajas y por encima los orejones, nueces y semillas.

RICA EN vitaminas B1 (tiamina), C y E • selenio • potasio • magnesio • fibra

BENEFICIOSA PARA: corazón ① ② • huesos ① • digestión ① • inmunidad ① • mente ② • fatiga ⑤ • hombres ① • mujeres ③

GRANOLA CON PIÑA Y FRESAS

2 RACIONES • 335 CALORÍAS POR RACIÓN

La piña y las fresas combinan maravillosamente. Ambas son jugosas y exquisitas, y se complementan en la misma medida en cuanto a acidez y dulzura. Con la granola y un yogur de soja ligeramente ácido están deliciosas. La piña contiene una enzima llamada bromelina, que tiene la capacidad de descomponer las proteínas, por lo puede ser útil para favorecer la digestión (sobre todo después de una comida rica en proteínas).

100 g de fresas cortadas por la mitad o en cuartos (según el tamaño)
100 g de trozos de piña fresca
100 g de granola de coco y pecanas (véase la página 31)
150 ml de yogur de soja natural
25 g de semillas de calabaza tostadas
Las hojas de 2 ramitas de menta fresca

1 En dos tazones pequeños, disponer en capas la fresa, la piña, la granola y el yogur de soja.
2 Antes de servirlos, decorar cada tazón con las semillas de calabaza tostadas y las hojas de menta.

RICA EN vitamina C • magnesio • fitoestrógenos • bromelina • fibra

BENEFICIOSA PARA: corazón ① ② ③ • huesos ① • inmunidad ① • mente ② • fatiga ⑤

LECHE DE ALMENDRAS
CON VAINILLA

4 RACIONES • 155 CALORÍAS POR RACIÓN

Aunque puede parecer que hacer leche de frutos
secos es muy laborioso, es sorprendentemente
simple. Lo único que hace falta son almendras
de buena calidad, un trozo de tela y un poco de
ejercicio con el brazo. Esta receta se hace con
almendras, una fuente rica del antioxidante
vitamina E, que refuerza el sistema inmunitario
(una ración de esta leche de almendras aporta el
50 % de la cantidad diaria recomendada). La leche
se aromatiza con vainilla, que le da una nota dulce
natural.

100 g de almendras blanqueadas (sin piel)
Una pizca de sal
½ vaina de vainilla abierta longitudinalmente

1 Poner las almendras a remojar en agua durante
   la noche.
2 Escurrirlas y pasarlas a una batidora con 500 ml
   de agua fresca y la sal. Raspar las semillas de la
   vaina de vainilla y añadirlas a la batidora.
   Triturar unos 2 minutos, hasta que las
   almendras estén finamente molidas y quede un
   líquido lechoso.
3 Poner un trozo de muselina sobre un bol grande
   y colar la leche. Recoger los extremos de la tela
   y apretar bien para exprimir todo el líquido.
4 Transferir la leche de almendras a una botella,
   sellar y enfriar en la nevera. Así se aguantará
   hasta 3 días.

RICA EN vitamina E • betasitosterol

BENEFICIOSA PARA: corazón ① • hombres ① •
mujeres ③

COPA DE MANGO
CON GRANADA

2 RACIONES • 210 CALORÍAS POR RACIÓN

Cuando era pequeña, me enseñaron cómo hacer un erizo de mango. En ese momento nació mi amor por esta fruta. La pulpa de color naranja es única en cuanto a sabor y textura: suave, cremosa, maravillosamente dulce y con un ligero toque ácido. Al igual que otras frutas y verduras de color naranja brillante, el mango es una fuente fantástica de betacaroteno y vitamina C, los cuales actúan como antioxidantes, protegiendo a las células frente a los radicales libres.

1 mango maduro
1 granada
Las hojas troceadas de 2 ramitas de menta fresca
1 cdta. de semillas de calabaza
Yogur de soja natural, para servir

1 Con un cuchillo, rebanar la parte superior del mango para localizar el hueso plano y largo. Después cortar el mago con cuidado en dos partes a cada lado del hueso. Hacer unos cortes en la pulpa, sin llegar a la piel para formar daditos, y girar cada mitad de dentro hacia fuera (quedará como un pequeño erizo). Con el cuchillo, desprender los daditos de la piel. No cortar esta, ya que se necesitará para servir. Poner los daditos de mango en un bol.

2 Cortar la granada por la mitad y extraer las semillas (véase *Ensalada de edamame y semillas*, página 73). Añadir al bol junto con la menta y las semillas de calabaza. Mezclar con suavidad.

3 Rellenar con la mezcla la piel del mango y añadir por encima una cucharada de yogur de soja.

RICA EN vitamina C • fitoestrógenos • betacaroteno • fibra

BENEFICIOSA PARA: corazón ①② • digestión ① • inmunidad ① • piel, cabello y uñas ①③ • hombres ①② • mujeres ①③④

CHÍA CON LECHE Y COULIS DE MORA Y LIMA

4 RACIONES • 270 POR RACIÓN

Este es un desayuno estupendo a base de semillas de chía que puedes preparar la noche anterior. La chía es una fuente rica en antioxidantes y fibra (gracias a ella, este postre proporciona más de un tercio de la fibra que se recomienda tomar diariamente). Cuando las semillas se dejan en remojo en un líquido, adquieren una textura gelatinosa muy similar a la de la tapioca. El coulis de mora y lima añade un toque ácido que se equilibra con la miel.

400 ml de leche de almendras
3 cdas. de miel líquida
100 g de semillas de chía blancas

PARA EL COULIS
La ralladura de ½ lima
150 g de moras
1 cda. de miel líquida

PARA DECORAR
Moras
Hojas de menta fresca

1 Poner la leche de almendras, la miel y las semillas de chía en un bol. Cubrir con film transparente y dejar en la nevera durante la noche.

2 Para el coulis, introducir todos los ingredientes en una batidora o robot de cocina y triturar hasta que quede una mezcla homogénea. Pasar por un colador a un bol pequeño. Cubrir con film transparente y guardar en la nevera.

3 Por la mañana, revolver la leche y las semillas de chía y verter en cuatro cuencos pequeños o vasos. Cubrir con el coulis y decorar con unas cuantas moras y unas hojas de menta fresca.

RICA EN vitaminas B2 (riboflavina) y E • magnesio • calcio • selenio • omega 3 • fibra

BENEFICIOSA PARA: corazón ①②③ • huesos ①② • digestión ①②③ • inmunidad ① • mente ① • fatiga ②③⑤ • hombres ①② • mujeres ①③④

AGUACATE CON FRUTOS SECOS Y SEMILLAS

2 RACIONES • 460 CALORÍAS POR RACIÓN

Quizá no te atraiga la idea de tomar una ensalada para desayunar, pero si pruebas esta con unas rebanadas de pan tostado, te convertirás en un adicto. El cremoso aguacate mezclado con frutos secos y semillas y unos brotes de lentejas repletos de proteínas resulta maravillosamente fresco, y además te dejará satisfecho hasta la hora de comer. Los aguacates son ricos en un compuesto vegetal llamado betasitosterol, que se cree que ayuda a equilibrar los niveles de colesterol.

20 g de anacardos
20 g de avellanas
1 cdta. de semillas de girasol
1 cdta. de semillas de sésamo blanco
1 cdta. de semillas de sésamo negro
2 aguacates maduros
El zumo de 1 limón
4 cebollinos frescos picados
50 g de brotes de lentejas
Sal y pimienta

PARA SERVIR
Cilantro fresco picado o microcilantro
Gajos de lima

1 Precalentar el horno a 200 °C (180 °C con ventilador).
2 Esparcir todos los frutos secos y semillas en una bandeja de horno y tostar en el horno caliente 8 minutos, hasta que se doren. Pasar a un mortero y moler suavemente con la mano del mortero. Reservar.
3 Cortar los aguacates por la mitad y quitar los huesos. Sacar la pulpa y ponerla en un bol grande. Añadir el zumo de limón, el cebollino y un poco de sal y pimienta, y aplastar con un tenedor. Debe quedar una textura cremosa pero con algún trocito entero. Añadir los brotes de lentejas y mezclar todo.
4 Agregar las semillas y los frutos secos triturados a la mezcla de aguacate. Adornar con cilantro y acompañar con los gajos de lima para exprimir por encima.

RICA EN vitaminas B6 y E • potasio • magnesio • fitoestrógenos • betasitosterol • fibra

BENEFICIOSA PARA: corazón ①②③ • huesos ① • digestión ①② • mente ①② • fatiga ③⑤ • hombres ① • mujeres ①③④

HUEVOS AL HORNO
CON ESPINACAS Y TOMATE

2 RACIONES • 265 CALORÍAS POR RACIÓN

Los huevos al horno sobre un lecho de verduras de colores son un desayuno estupendo para compartir entre dos. Si se multiplican las cantidades, el plato puede adaptarse perfectamente a un grupo. Pruébalo con un té de menta fresca y pan de quinoa tostado (véase la página 44). Además de sus otros beneficios, los huevos son una buena fuente de yodo, necesario para producir hormonas tiroideas, que controlan el metabolismo del cuerpo. Muchas mujeres no toman suficiente yodo en su dieta.

1 cdta. de aceite de colza
2 chalotas finamente picadas
1 diente de ajo finamente picado
4 tomates grandes sin semillas y cortados en rodajas finas
10 tomates cherry cortados por la mitad
2 puñados de hojas de cilantro fresco finamente picadas
Una pizca de pimentón
2 puñados de espinacas baby
4 huevos
1 cdta. de semillas de girasol
Sal y pimienta

1 Precalentar el horno a 200 °C (180 °C con ventilador).

2 Calentar el aceite en una fuente de horno poco profunda resistente al fuego o en una sartén apta para horno. Añadir la chalota y el ajo y cocinar a fuego medio 5 minutos, hasta que empiecen a ablandarse.

3 Agregar los tomates, la mitad del cilantro, el pimentón y un poco de agua. Cocinar 10 minutos, revolviendo de vez en cuando, hasta que se reduzca y se espese.

4 Añadir las espinacas y remover hasta que se ablanden. Hacer cuatro huecos en la mezcla y cascar en cada uno un huevo, con cuidado de que la yema no se rompa. Esparcir por encima las semillas de girasol y salpimentar.

5 Transferir al horno caliente y hornear unos 8 minutos, hasta que los huevos estén listos (la clara cuajada y la yema líquida, o al gusto). Espolvorear con el resto del cilantro y servir caliente.

RICA EN vitaminas del grupo B • vitaminas C y D • potasio • hierro • triptófano • licopeno

BENEFICIOSA PARA: corazón ② ③ • huesos ① • inmunidad ① • mente ① • fatiga ① ③ • hombres ①

HUEVOS ESCALFADOS Y TORTITAS DE BONIATO

4 RACIONES • 275 CALORIAS POR RACIÓN

Esta es una receta ideal para un desayuno relajado durante el fin de semana: unos huevos perfectamente escalfados acompañados por unas tortitas crujientes y especiadas de boniato. Al romper la yema del huevo, el amarillo se mezcla con el naranja del boniato y el rojo vivo del tomate, ¡un espectáculo para la vista! Los huevos son una de las pocas fuentes alimenticias de vitamina D, esencial para la salud de los huesos.

1 boniato grande o 2 pequeños
2 cebollas tiernas cortadas en rodajas finas
1 cda. de harina sin gluten ni trigo
1 cda. de aceite de oliva
75 ml de leche de arroz
Un manojo de cilantro fresco finamente picado
½ chile rojo fresco, sin semillas y finamente picado
La ralladura de 1 limón
4 u 8 huevos muy frescos
Sal y pimienta

PARA DECORAR

1 tomate grande sin las semillas y finamente picado
Un manojo de cilantro fresco finamente picado

1 Precalentar el horno a 200 °C (180 °C con ventilador). Forrar una bandeja grande para horno con papel de hornear.
2 Pelar el boniato y rallarlo sobre un trozo de papel de cocina. Espolvorearlo con 1 cucharadita de sal y dejarlo reposar 10 minutos.
3 Pasar el boniato a un colador y enjuagar para quitar la sal. Verter luego sobre un paño de cocina y exprimir para eliminar el exceso de agua. Transferir el boniato a un bol grande y añadir la cebolla tierna, la harina, el aceite, la leche de arroz, el cilantro, el chile y la ralladura de limón. Mezclar con las manos.
4 Dividir la mezcla en cuatro porciones y colocarlas, bien separadas, en la bandeja de horno forrada. Aplanar cada porción para formar pastelitos redondos algo irregulares de unos 5 mm de espesor. Asar en el horno caliente unos 20 minutos, hasta que estén dorados.
5 Mientras tanto, escalfar los huevos. Se necesitan dos ollas anchas llenas de agua (una para cada 4 huevos) o se pueden cocinar por tandas. Calentar el agua hasta que hierva, y luego bajar el fuego para que no borbotee.
6 Remover el agua, cascar los huevos y echarlos de golpe. Para que no se dispersen, no dejarlos caer con suavidad. Subir el fuego a medio, para que el agua hierva ligeramente, y dejar que el huevo se cueza 1½ minutos, si se quiere la yema líquida, o más tiempo, si se prefiere más cuajada. Sacar los huevos del agua con una espumadera y escurrirlos un poco sobre papel de cocina.
7 Retirar las tortitas de boniato del horno y transferirlas a los platos. Colocar los huevos escalfados sobre las tortitas. Para decorar el plato, salpimentar el tomate y mezclarlo con el cilantro y luego disponerlo sobre los huevos. Servir inmediatamente.

RICA EN vitaminas B12 y D • folato • selenio • triptófano • betacaroteno

BENEFICIOSA PARA: huesos ① • inmunidad ① • piel, cabello y uñas ① • mente ① • fatiga ③ • hombres ①

MINIFRITTATAS

12 FRITTATAS PARA 4 RACIONES • 300 CALORÍAS POR RACIÓN

Estas frittatas llevan un relleno muy simple de calabacín y pimiento rojo, pero este puede variar. Mantén la base de huevo y añade cualquier verdura que te apetezca. Las frittatas son ideales para un desayuno especial y una alternativa más ligera que una quiche para un pícnic. Una ración proporciona un tercio del requerimiento diario de selenio para el buen funcionamiento de la glándula tiroides. Muchos adultos no toman suficiente cantidad de este mineral esencial en su dieta.

1 cebolla roja grande
2 dientes de ajo
2 pimientos rojos sin semillas
1 calabacín
1 mazorca de maíz sin hojas ni barbas
Las hojas de 1 ramita de tomillo fresco
9 huevos
100 ml de leche de arroz
Sal y pimienta
Cebollino fresco picado con tijeras
o microrrúcula, para decorar

1 Precalentar el horno a 200 °C (180 °C con ventilador). Engrasar ligeramente una bandeja metálica para muffins con 12 huecos.
2 Picar en daditos la cebolla, el ajo, el pimiento rojo y el calabacín, y poner en un bol grande.
3 Desgranar la mazorca. La forma más sencilla de hacer esto es sostener la mazorca inclinada por un extremo, apoyando el otro en el centro de un trapo de cocina sobre la superficie de trabajo, y pasar un cuchillo de arriba abajo para desprender los granos. Hacer esto a todo alrededor. Desechar la mazorca y transferir los granos al bol.
4 Añadir las hojas de tomillo a las verduras y salpimentar. Verter la mezcla en los huecos de la bandeja para muffins, repartiéndola por igual. Introducir en el horno caliente y hornear 12 minutos.
5 Mientras, cascar los huevos en una jarra o bol. Añadir la leche de arroz y una pizca de sal y batir hasta que se mezclen bien.
6 Retirar la bandeja del horno y colocarla sobre una superficie resistente al calor. Verter la mezcla de huevo sobre las verduras hasta llenar tres cuartos de cada hueco. Hornear 6 minutos, hasta que el huevo está completamente cuajado.
7 Las minifrittatas se desprenderán fácilmente de la bandeja. Colocarlas en un plato grande, decorar con cebollino o microrrúcula y servir.

RICA EN vitaminas del grupo B • vitaminas C y D • potasio • selenio • betacaroteno

BENEFICIOSA PARA: corazón ② • huesos ① • inmunidad ① • piel, cabello y uñas ① • mente ① • fatiga ② • hombres ① • mujeres ①③④

CREPS DE FRAMBUESA

8 CREPS PARA 4 RACIONES • 115 CALORIAS POR RACIÓN

En vez de las típicas creps, ¿por qué no hacer algo un poco más original con un color más interesante, como estas creps de color rosa tan bonitas que casi da pena comérselas? Puedes usar leche de arroz o de almendras en vez de leche de avena. O sustituir las frambuesas por moras, para una versión de color morado. Para freírlas, el aceite de coco sustituye muy bien a la mantequilla o la margarina. Contiene un tipo de grasa llamado ácido láurico, que posee propiedades antivíricas que ayudan a eliminar los agentes invasores nocivos del cuerpo, como bacterias y virus.

150 g de frambuesas
50 ml de leche de avena
Una pizca de canela en polvo
2 huevos con las claras y yemas separadas
50 g de harina sin gluten ni trigo
½ cdta. de levadura en polvo
1 cdta. de aceite de coco
1 cda. de coco rallado tostado

1 Poner 100 g de las frambuesas, la leche de avena, la canela y las yemas de huevo en una batidora o robot de cocina, y batir hasta formar una pasta ligera. Verter en un bol.
2 Batir las claras de huevo a punto de nieve y luego incorporar con cuidado a la mezcla de frambuesa.
3 Tamizar la harina y la levadura en polvo en otro bol. Añadir la mezcla de huevo e incorporar con cuidado la harina tamizada con la levadura.
4 Calentar el aceite de coco en una sartén antiadherente hasta que se derrita. Para cada crep, verter en la sartén una cantidad de la mezcla equivalente a un pequeño cucharón, ayudando a que se extienda. Cocinar las creps 2 minutos por cada lado.
5 Servir calientes con el resto de las frambuesas y una pizca de coco tostado.

RICA EN vitamina B12

BENEFICIOSA PARA: mente ①

MUFFINS DE ARÁNDANOS Y MANZANA

12 MUFFINS • 260 CALORÍAS CADA UNO

Estos muffins, ideales como un desayuno para llevar, tienen el punto perfecto de dulzor, y los jugosos trocitos de manzana y arándanos les añaden una textura maravillosa. Crearlos fue todo un reto: sin trigo, azúcar refinado ni lácteos, pero manteniendo esa textura ligera y esponjosa de los muffins. Las almendras molidas fueron la solución, y además son uno de los alimentos más ricos en vitamina E. Puedes obtener la mitad del requerimiento diario de esta vitamina con solo 25 g de almendras (unas 12), por lo que resulta un tentempié muy nutritivo. En Detox Kitchen, a menudo horneamos muffins justo antes de que la gente llegue para una reunión, y así los recibimos con el dulce aroma de los muffins recién hechos.

4 huevos
50 ml de aceite de coco
2 cdas. de miel líquida
1 manzana grande, sin corazón y cortada en dados de 1 cm
300 g de almendras molidas
2 cdtas. de levadura en polvo
250 g de arándanos

1 Precalentar el horno a 200 °C (180 °C con ventilador). Forrar con moldes de papel una bandeja metálica para muffins de 12 huecos.

2 Poner los huevos, el aceite, la miel y la manzana en una batidora y mezclar 1 minuto. Añadir las almendras molidas y la levadura en polvo y mezclar hasta que quede una masa sin grumos con pequeños trozos de manzana. Transferir la mezcla a una jarra.

3 Verter en los huecos de la bandeja, llenándolos aproximadamente hasta 1 cm por debajo del borde. Añadir 7 arándanos a cada molde e introducirlos en la mezcla con la ayuda de un palillo o el dorso de una cuchara.

4 Hornear 30-35 minutos, hasta que los muffins hayan subido y estén dorados. Dejarlos enfriar antes de servir.

RICA EN vitamina E • betasitosterol

BENEFICIOSA PARA: corazón ① • hombres ① • mujeres ③

PAN DE QUINOA

1 PAN DE MOLDE PEQUEÑO (UNAS 12 REBANADAS) •
190 CALORÍAS POR REBANADA

En Detox Kitchen somos fanáticos de la quinoa, por eso nos propusimos crear un pan sin trigo a base de esta supernutritiva semilla (fuente de todos los aminoácidos esenciales). Para nuestra sorpresa, el primer intento fue un éxito. Te asombrará lo fácil que es esta deliciosa receta y lo bien que sabe el pan. Queda perfecto tostado y servido con un poco de aguacate fresco, como un energizante desayuno repleto de proteínas, ideal para vegetarianos y veganos.

30 g de semillas de chía
350 g de quinoa
70 ml de aceite de oliva
½ cdta. de bicarbonato de sodio
Una pizca de sal marina en escamas
El zumo de ½ limón
Un puñado de semillas de girasol
30 g de semillas de comino negro

1 Poner las semillas de chía en un bol con 100 ml de agua, mezclar bien y dejar en remojo 30 minutos, para que se forme un gel.
2 Precalentar el horno a 200 °C (180 °C con ventilador). Forrar un pequeño molde metálico alargado (25½ x 13½ x 6 cm) con papel de hornear.
3 Poner la quinoa pesada en una jarra de medir y luego verterla en una olla. Cubrir con el triple de su volumen de agua fría. Llevar a ebullición y luego cocer a fuego lento 3 minutos: la quinoa quedará solo parcialmente cocida, que es lo que interesa. Escurrir en un colador y enjuagar bajo el chorro de agua fría hasta que se enfríe del todo. Dejar escurrir unos minutos. Esto es importante, porque si está demasiado húmeda, el pan no tendrá una buena textura.
4 Mezclar el gel de chía y la quinoa en un robot de cocina. Añadir 150 ml de agua junto con el aceite de oliva, el bicarbonato de sodio, la sal y el zumo de limón. Batir en el robot 5 minutos; la mezcla debe quedar bastante fluida, como la masa de las magdalenas.
5 Verter la mezcla en el molde y cubrir la parte superior con las semillas de girasol y de comino negro. Cocer en el horno caliente 1 hora, hasta que el pan esté firme y ligeramente dorado en la superficie.
6 Retirar del horno y dejar enfriar en el molde 15 minutos. Luego transferir a una rejilla y dejar

enfriar del todo. Envolver en film transparente y guardar en la nevera, listo para cortarlo cuando se necesite.

RICA EN folato • omega 3

BENEFICIOSA PARA: corazón ① ② • huesos ② • digestión ③ ④ • piel, cabello y uñas ① ③ • mente ① • fatiga ② • hombres ② • mujeres ① ③ ④

TOSTADA CON ALUBIAS

2 RACIONES • 220 CALORÍAS POR RACIÓN
(SIN TOSTADAS)

Las tostadas con alubias es un plato que suelen comer los niños en el Reino Unido. Ahora, cuando pienso en ellas, siento nostalgia. Pero las latas de alubias con salsa contienen mucho azúcar. Esta recreación del plato clásico es más saludable y a nosotros nos parece mucho más buena. Uno de los aromas que hemos utilizado es el orégano seco. Las hierbas secas constituyen una fuente concentrada de hierro, y son útiles para aderezar platos si se desea aumentar este nutriente en la dieta (cuando hay deficiencia de hierro, se puede sentir cansancio y fatiga).

300 g de tomates grandes en rama ligeramente picados
1 chalota ligeramente picada
1 diente de ajo
1 cdta. de jengibre molido
1 cdta. de orégano seco
1 cdta. de miel líquida
400 g de alubias cannellini o judías blancas en conserva, escurridas y bien enjuagadas
Rebanadas de pan de quinoa (véase la página 44) tostado, para servir

1 Poner el tomate en rama, la chalota, el ajo, el jengibre y el orégano en una batidora o robot de cocina y triturar hasta que quede una mezcla bastante homogénea.

2 Verter la mezcla en una cacerola y agregar la miel y 4 cucharadas de agua. Poner a calentar a fuego medio y llevar a ebullición. Bajar el fuego y cocinar durante 30 minutos, revolviendo de vez en cuando. Si la mezcla comienza a pegarse en la olla, añadir un poquito de agua.

3 Agregar las alubias, revolver y calentar unos minutos. Servir sobre rebanadas de pan tostado caliente.

RICA EN vitamina B6 • folato • potasio • hierro • fibra • licopeno

BENEFICIOSA PARA: corazón ② • digestión ① • mente ① • fatiga ① • hombres ① • mujeres ①

ZUMOS Y BATIDOS

En los últimos años, parece que no pase un día sin que aparezca en la red una celebridad con un zumo verde en la mano. Los zumos de frutas y verduras recién exprimidos están a la última, y los cocineros de todo el mundo están invirtiendo en máquinas de alta tecnología para hacer zumos. Esto ha generado una gran cantidad de información en la prensa sobre los beneficios —o la falta de beneficios— de los zumos y batidos. Pero la pregunta es: ¿son realmente saludables?

Cuando extraes el zumo de una fruta o una verdura separas la fibra del jugo. Esto la hace algo menos nutritiva, pero todavía conservará gran cantidad de sus beneficios procedentes de otros nutrientes y antioxidantes. La fibra es lo que ayuda a regular los niveles de azúcar en la sangre después de comer una pieza de fruta o verdura, por eso los zumos deben beberse junto con el desayuno u otra comida. Aunque añaden valor nutricional a la dieta, no proporcionan todo lo que se necesita y por ello no son un sustituto de la comida.

En cambio, un zumo o un batido es un buen complemento para la dieta. Un batido o zumo verde te dará un buen empujón de energía si te espera un día lleno de actividad. Deben considerarse un refuerzo nutritivo en vez de una alternativa a una comida. Como su contenido en azúcar y calorías es similar al de cualquier otro tipo de refresco, limítate a tomar un vaso de zumo o batido por día.

Para aprovechar todos los nutrientes de los zumos, bébelos siempre recién exprimidos, pues las vitaminas solubles en agua empiezan a mermar enseguida (esto se aplica también a los zumos exprimidos que se compran).

A nosotros nos gusta enriquecer los zumos y batidos añadiendo algún otro ingrediente nutritivo, como un par de cucharadas de avena en los batidos. Para que sacien un poco más, prueba a agregar una cucharada de polvo de hierba de trigo (obtenido del germinado de trigo) o de espirulina (polvo de algas verdiazules de agua dulce), para agregar nutrientes como vitaminas del grupo B, hierro, magnesio y cobre. Si eres vegetariano, puedes añadir aceite de semillas de chía o de lino trituradas, para un buen aporte de omega 3.

Al final de la mayoría de las recetas, se detallan los principales nutrientes que aporta una ración, así como los problemas de salud a los que puede beneficiar la receta incluida en una dieta saludable. Para más información, consulta la página 9.

BATIDO DE FRAMBUESAS, ARÁNDANOS Y AGUA DE COCO

2 RACIONES • 110 CALORÍAS POR RACIÓN

Este sustancioso y cremoso batido es una verdadera delicia. El agua de coco y el yogur le dan una textura sedosa, y está cargado de ricas bayas. Los arándanos y otras frutas de color morado/azulado contienen antocianinas, pertenecientes a un grupo de compuestos llamados flavonoides, con propiedades antioxidantes y antiinflamatorias beneficiosas para la salud. Si guardas el batido en el congelador, tendrás rápidamente un helado de yogur ideal para el verano.

100 g de frambuesas
100 g de arándanos
350 ml de agua de coco
2 cdas. de yogur de soja natural
1 cdta. de miel líquida
2 cubos de hielo

1 Poner todos los ingredientes en una batidora y batir hasta que quede una mezcla homogénea.
2 Verter en vasos y servir.

RICA EN vitamina C • potasio

BENEFICIOSA PARA: corazón ② • inmunidad ①

LIMONADA DE JENGIBRE FRESCO

2 RACIONES • 15 CALORÍAS POR RACIÓN

Esta es una bebida fantástica para el verano: bien fría resulta deliciosa para una barbacoa. Es la alternativa perfecta a las bebidas gaseosas azucaradas, y te refrescará al instante.

1 cdta. de jengibre fresco finamente rallado
El zumo de 2 limones
1 cdta. de miel líquida
Cubitos de hielo, para servir
Flores comestibles, para decorar (opcional)

1 Poner el jengibre rallado en una jarra y añadir el zumo de limón y la miel. Revolver bien, y luego agregar poco a poco 400 ml de agua. Dejar enfriar en la nevera hasta el momento de servir.

2 Colar la limonada sobre los vasos con cubitos de hielo y decorar con pequeñas flores comestibles, si se desea.

BATIDO DE COCO, PIÑA Y CHÍA

2 RACIONES • 120 CALORÍAS POR RACIÓN

Este zumo de sabor tropical te transportará a una isla lejana. Las semillas de chía añaden una delicada textura crujiente. Si el corazón de la piña está tierno, puedes incluirlo en el zumo, pues aportará la enzima bromelina, que ayuda a degradar las proteínas y a la digestión.

2 peras
1 piña madura pelada, sin corazón y cortada en dados
300 ml de agua de coco
1 cdta. de semillas de chía
1 cda. de yogur de soja natural

1   Lavar las peras y luego licuarlas.
2   Poner la piña en una batidora y triturarla 5 minutos. Añadir el agua de coco, el zumo de pera, las semillas de chía y el yogur de soja, y batir otros 1-2 minutos, hasta conseguir un batido homogéneo. Servir enseguida.

RICA EN vitamina C • potasio • bromelina

BENEFICIOSA PARA: corazón ② • digestión ④ • inmunidad ① • hombres ②

BATIDO DE CHOCOLATE

2 RACIONES • 270 CALORÍAS POR RACIÓN

El cacao crudo es rico en una sustancia de origen vegetal denominada «teobromina», que actúa como estimulante suave. Por eso esta es la bebida tonificante favorita de nuestros chefs. Por su delicioso sabor a chocolate, resulta una tentación irresistible. Está mejor si se sirve frío.

70 g de dátiles deshuesados
400 ml de leche de almendras con vainilla (véase la página 32) o leche de almendras comprada
1 cda. de polvo de cacao crudo
Una pizca de canela en polvo

1 Poner los dátiles en un bol y cubrir con agua hirviendo. Dejar en remojo 10 minutos.
2 Escurrir el agua y colocar los dátiles en una batidora con 300 ml de leche de almendras, el cacao en polvo y la canela. Triturar todo al menos 5 minutos, hasta que quede totalmente homogéneo.
3 Añadir el resto de la leche de almendras, batir unos minutos más y luego servir.

RICA EN vitamina E • magnesio • potasio • teobromina • feniletilamina

BENEFICIOSA PARA: corazón ②③ • huesos ① • mente ①② • fatiga ③⑤ • mujeres ①③

LASSI DE FRESA Y MANGO

2 RACIONES • 140 CALORÍAS POR RACIÓN

El lassi es una bebida típica de la India que se hace normalmente con yogur de leche de vaca. Nosotros utilizamos yogur de soja, que crea una textura muy similar. La fruta perfectamente madura le da un sabor dulce exquisito. Este batido es rico en vitamina C debido a las fresas, y hay estudios que indican que estas frutas pueden también ayudar a reducir la inflamación en el cuerpo. Servido frío, es perfecto para un día de verano.

1 mango maduro pelado y sin hueso
100 g de fresas maduras, sin pedúnculo y cortadas por la mitad
2 cdas. de yogur de soja natural
El zumo de ½ limón
250 ml de leche de arroz
2 cubitos de hielo

1 Poner todos los ingredientes en una batidora y triturar hasta obtener una mezcla homogénea.
2 Servir inmediatamente sobre el hielo. (Si no se tienen cubitos, meter los lassi en la nevera para que se enfríen un poco antes de servirlos).

RICA EN vitamina C • betacaroteno • fitoestrógenos

BENEFICIOSA PARA: corazón ①② • huesos ② • piel, cabello y uñas ①③ • hombres ①② • mujeres ①③④

BATIDO CALIENTE DE MANZANA

2 RACIONES • 110 CALORÍAS POR RACIÓN

En Detox Kitchen nos gusta preparar zumo fresco todos los días, incluso en invierno. En los días fríos, sin embargo, apetece algo caliente. Este reconfortante y delicioso batido caliente es uno de nuestros favoritos. Está condimentado con canela, que según indican las investigaciones, ayuda a reducir los niveles de glucosa en la sangre y, por lo tanto, podría ser útil para personas que intentan controlar su nivel de azúcar.

4 manzanas
2 tallos de apio
Una pizca de nuez moscada recién rallada
1 ramita de canela
1 vaina de anís estrellado

1 Lavar las manzanas y el apio y pasarlos por la licuadora.
2 Verter el zumo en una olla de tamaño mediano y agregar la nuez moscada, la canela y el anís estrellado. Llevar a ebullición, y luego cocer a fuego lento 5 minutos.
3 Filtrar a través de un tamiz o colador de té en vasos resistentes al calor y servir caliente

BENEFICIOSA PARA: corazón ② • inmunidad ①

ZUMO DE ZANAHORIA, REMOLACHA, MANZANA Y APIO

2 RACIONES • 105 CALORÍAS POR RACIÓN

El sabor de este zumo, consistente en tres verduras y una fruta, es profundo, terroso y ligeramente dulce. Las gotas de limón añadidas al final son esenciales para darle un toque ácido. El zumo de remolacha es rico en nitratos, que dilatan los vasos sanguíneos y puede ayudar a reducir la tensión arterial alta.

1 remolacha
3 zanahorias
4 manzanas
5 ramitas de apio
2 cubos de hielo
Un chorrito de limón

1 Lavar las remolachas, zanahorias, manzanas y apio, y pasar todos los ingredientes por la licuadora.
2 Verter el licuado en una batidora. Añadir el hielo y el zumo de limón y triturar hasta que el hielo se haya derretido. Servir enseguida.

RICA EN vitamina C • folato • potasio • nitratos

BENEFICIOSA PARA: corazón ② • inmunidad ① • hombres ②

PARA PICAR Y UNTAR

Mientras que picar alimentos no sanos puede engordar, estamos convencidos de los beneficios de los tentempiés saludables, pues cuando llevas una vida con mucho ajetreo, puedes pasar hambre entre las comidas. En los planes depurativos de la última parte del libro —y también en nuestros menús diarios en Detox Kitchen—, las comidas para un día suelen consistir en desayuno, almuerzo a media mañana, comida, merienda y cena.

Es una buena idea tener a mano tentempiés simples como frutos secos o frutas desecadas: con un par de puñados aguantarás hasta la siguiente comida y aplacarás el ansia de comer dulces. También te ayudarán a regular el nivel de azúcar en la sangre.

En este capítulo encontrarás recetas para preparar distintos tentempiés según el grado de hambre. Muchos de nuestros platos principales son ligeros; así que un nutritivo aperitivo untable entre comidas o como primer plato puede ser la solución para que te sientas saciado.

Al final de la mayoría de las recetas, se detallan los principales nutrientes que aporta una ración, así como los problemas de salud a los que puede beneficiar la receta incluida en una dieta saludable. Para más información, consulta la página 9.

GUACAMOLE

4-6 RACIONES • 140-200 CALORIAS POR RACIÓN

Este clásico aperitivo untable mexicano se prepara de manera rápida y fácil. La clave está en tomarlo recién hecho, para que conserve su color vivo y su sabor fresco. El guacamole es una de las maneras más populares de usar el aguacate, fuente de ácido oleico, que según se ha demostrado disminuye el colesterol de LDL («el malo»). Pruébalo con los crackers de semillas (véase la página 77).

4 aguacates maduros
El zumo de 1 lima
3 tomates en rama maduros sin semillas y finamente picados
½ cebolla roja finamente picada
Un puñado de cilantro fresco finamente picado
½ chile rojo fresco, sin semillas y finamente picado
Sal y pimienta

1 Poner la pulpa de dos de los aguacates en una batidora o robot de cocina. Añadir la mitad del zumo de lima y batir hasta que quede una pasta homogénea.
2 Sacar la pulpa de los otros dos aguacates y ponerla en un bol con el resto de los ingredientes. Añadir el aguacate triturado y mezclar bien, pero manteniendo una textura grumosa. Sazonar al gusto con sal y pimienta.

RICA EN vitaminas B6 y E • potasio • licopeno • betasitosterol

BENEFICIOSA PARA: corazón ①② • mente ① • hombres ① • mujeres ①③

PASTA DE AGUACATES Y HABAS CON TORTITAS DE ARROZ

2 RACIONES • 335 CALORÍAS POR RACIÓN

Aquí las tortitas de arroz integral aportan una base ligera y crujiente para esta pasta fresca de color verde intenso a base de aguacate y habas. Es ideal como tentempié y, si se prepara el doble de cantidad, puede servir como un delicioso desayuno o almuerzo. Las legumbres son una valiosa fuente de proteínas para los vegetarianos y veganos.

2 aguacates
1 cdta. de zumo de limón
Un puñado de espinacas
50 g de habas cocidas (sin las vainas pero con la piel)
½ pepino cortado en daditos
1 cdta. de zumo de lima
Una pizca de chile seco triturado
1 cda. de cilantro fresco picado, y unas cuantas hojas más
4 hojas frescas de menta finamente picadas, y unas cuantas hojas más
Sal y pimienta

PARA SERVIR
4 tortitas de arroz integral
Unos cuantos gajos de lima

1 Pelar los aguacates y quitar el hueso. Poner la pulpa de un aguacate en la batidora con el zumo de limón, las espinacas y las habas, y triturar para que quede una pasta grumosa.
2 Cortar en dados el aguacate restante y ponerlo en un bol con el pepino, el zumo de lima, el chile, el cilantro y la menta. Mezclar con la pasta de aguacate y salpimentar al gusto.
3 Poner un montoncito de la pasta sobre las tortitas de arroz integral, añadir las hojas de las hierbas y servir con unos gajos de lima.

RICA EN vitaminas B6, C y E • folato • potasio • betasitosterol • fibra

BENEFICIOSA PARA: corazón ①② • digestión ① • inmunidad ① • mente ① • hombres ①② • mujeres ①③

CREMA DE TOMATE Y ANACARDOS

6 RACIONES • 155 CALORIAS POR RACIÓN

Los tomates secados al sol tienen un gusto muy concentrado, dulce y ligeramente ahumado. Solo se necesitan unos cuantos para agregar profundidad de sabor a un plato. Todos los tomates, de cualquier tipo, son una fuente rica en potasio, que puede ayudar a reducir los calambres tras una sesión de ejercicio intenso. Prueba esta crema untable con unas galletas de avena para una merienda nutritiva después de hacer ejercicio.

2 tomates en rama maduros
100 g de tomates secados al sol
150 g de anacardos
El zumo de ½ limón
1 cda. de aceite de colza
Una pizca de sal marina en escamas
Una pizca de pimienta

1 Hacer una incisión en cruz en la base de cada tomate, y luego ponerlos en una olla con agua hirviendo. Blanquearlos 20-30 segundos. Retirarlos con una espumadera y pasarlos directamente a un bol con agua fría. Escurrirlos y pelarlos. Cortar los tomates por la mitad y quitarles las semillas.
2 Poner los tomates pelados en una batidora con el resto de los ingredientes y triturar hasta que quede una mezcla homogénea.

RICA EN potasio • licopeno

BENEFICIOSA PARA: corazón ① ② • hombres ①

PATÉ DE BRÓCOLI
Y ANACARDOS

6 RACIONES • 165 CALORÍAS POR RACIÓN

Aquí presentamos una manera estupenda de aprovechar los tallos de brócoli cuando uses los ramilletes para otra receta. Esta sabrosa pasta puede usarse como salsa o como una alternativa a la mantequilla de frutos secos; está deliciosa con las galletas de arroz integral.

4 tallos de brócoli
El zumo de 1 limón
150 g de anacardos
1 cda. de aceite de colza
Una pizca de sal marina en escamas
Una pizca de pimienta blanca

1 Poner agua a hervir en una olla mediana. Añadir los tallos de brócoli y hervir 15 minutos, hasta que estén muy tiernos. Escurrir y enjuagar con agua fría para que se enfríen.
2 Pasar el brócoli a una batidora, añadir el resto de los ingredientes y triturar hasta conseguir una pasta homogénea.

RICA EN vitamina C • cromo

BENEFICIOSA PARA: inmunidad ① • mujeres ④

HUMMUS DE REMOLACHA

4-6 RACIONES • 80-120 CALORÍAS POR RACIÓN

Esta original alternativa al hummus clásico, de un precioso color rojo y un sabor terroso y dulce, resulta tremendamente atractiva a la vista. Su textura cremosa la hace perfecta como salsa para crudités.

4 remolachas grandes
400 g de garbanzos en conserva
La ralladura de 1 naranja
El zumo de 1 lima
Una pizca de comino molido
1 cdta. de aceite de colza
Una pizca de sal marina en escamas
Una pizca de pimienta blanca
Corteza de naranja cortada en juliana o cilantro fresco picado, para decorar (opcional)
Unos gajos de lima, para servir

1 Precalentar el horno a 200 °C (180 °C con ventilador).
2 Extender una hoja de papel de aluminio que tenga el doble del tamaño de la bandeja de horno que se va a utilizar, y poner las remolachas en el centro de la misma. Juntar las esquinas de la lámina para formar un paquete sellado y poner en la bandeja de hornear. Asar unos 40 minutos.
3 Retirar del horno. Cuando las remolachas se hayan enfriado suficientemente, pelarlas y poner la pulpa en una batidora.
4 Escurrir los garbanzos, enjuagarlos con agua fría y secarlos con papel de cocina. Agregarlos a la batidora junto con la ralladura de naranja, el zumo de lima, el comino, el aceite, la sal y la pimienta. Triturar hasta que quede una pasta homogénea.
5 Pasar la pasta a un bol y decorarla con la cáscara de naranja en juliana o el cilantro, si se desea. Servir con unos gajos de lima para exprimir por encima.

RICA EN folato • fitoestrógenos • nitratos • fibra

BENEFICIOSA PARA: corazón ① ② • digestión ① • mujeres ① ③ ④

HUMMUS CON RÁBANOS Y COLIFLOR

4 RACIONES • 215 CALORÍAS POR RACIÓN

Como crudités, la coliflor y los rábanos son de las más bonitas. Los dos tienen un sabor algo picante y una maravillosa textura crujiente. Quedan deliciosos con este hummus, tan fácil de preparar, que no volverás a comprarlo hecho nunca más. Es un aperitivo simple, pero puedes contarlo como una de las 5 raciones de fruta y verdura que se recomienda tomar diariamente.

1 coliflor
20 rábanos
Sal y pimienta negra molida

PARA EL HUMMUS
400 g de garbanzos en conserva bien lavados
2 cdas. de aceite de colza
1 cdta. de tahini
El zumo de 1 limón grande
Una pizca de sal
Una pizca de pimentón, para servir

1 Para hacer el hummus, poner todos los ingredientes en una batidora y triturar 2-3 minutos, hasta que quede una pasta completamente homogénea. Transferirlo a un bol pequeño. Espolvorearlo con pimentón antes de servir.

2 Cortar la coliflor en ramilletes del tamaño de un bocado, partiéndolos por la mitad si es necesario. Ponerlos en un colador y enjuagar muy bien.

3 Preparar los rábanos cortando la parte fibrosa de la raíz y quitando las hojas (si se prefiere, pueden dejarse; quedan muy decorativas y también están muy buenas). Lavar bien los rábanos y dejarlos en remojo en agua fría para que se hinchen un poco.

4 Añadir los rábanos al colador con la coliflor, enjuagar de nuevo todo y escurrir. Espolvorear las verduras con sal y pimienta molida y poner en un bol. Servirlas junto con el hummus.

RICA EN vitaminas B6 y C • potasio • fitoestrógenos • fibra

BENEFICIOSA PARA: corazón ① ② • digestión ① • inmunidad ① • mente ① • hombres ① • mujeres ① ③ ④

TAPENADE

2 RACIONES • 200 CALORÍAS POR RACIÓN

Esta clásica pasta para untar de la cocina mediterránea, elaborada con aceitunas y alcaparras, puede tener una textura lisa o grumosa. Nosotros la preferimos no del todo triturada y untada sobre pan de quinoa (véase la página 44) o los crackers de semillas (véase la página 77).

4 cdas. de aceitunas negras sin hueso
1 cda. de alcaparras
La ralladura y el zumo de 1 limón
Las hojas de 1 ramita de menta fresca
Un manojo de cilantro fresco
Un manojo de perejil fresco
1 diente de ajo
1 cda. de aceite de oliva
Una pizca de sal marina en escamas

1 Poner todos los ingredientes en una batidora y triturar 20-30 segundos. Así quedará una textura grumosa; si seprefiere más homogénea, triturar un poco más.
2 Transferir a un bol para servir.

RICA EN betasitosterol

BENEFICIOSA PARA: corazón ① • hombres ①

PURÉ DE JUDIONES Y ESPINACAS CON CRUDITÉS

2 RACIONES • 240 CALORÍAS POR RACIÓN

Este es un plato resultón y rápido de preparar. Los judiones contienen un montón de fibra y aportan un sabor a frutos secos y una textura cremosa. Con las espinacas, el puré toma un bonito tono verde claro que queda precioso con las verduras crudas. También podría sustituir a un puré de patatas, como guarnición de un plato principal.

PARA EL PURÉ
2 manojos de espinacas
400 g de judiones en conserva, escurridos y enjuagados
La ralladura y el zumo de ½ limón
4 cebollinos frescos picados en trozos grandes
1 cdta. de aceite de colza

PARA LAS CRUDITÉS
1 zanahoria cortada en bastones, o un manojo de zanahorias pequeñas cortadas por la mitad en sentido longitudinal
2 tallos de apio cortados en bastones
1 pimiento rojo sin semillas y cortado en tiras
1 pepino baby cortado en tiras

1 Poner todos los ingredientes del puré en una batidora y triturar de modo que quede una consistencia grumosa. Se puede triturar más si se prefiere una textura homogénea.
2 Poner el puré en un bol y servir con las verduras crudas.

RICA EN vitaminas B6 y C • folato • potasio • betacaroteno • fibra

BENEFICIOSA PARA: corazón ② • digestión ① • inmunidad ① • piel, cabello y uñas ① ③ • mente ① • mujeres ①

SALSA DE PEPINO, MENTA Y YOGUR

4-6 RACIONES • 25-35 CALORÍAS POR RACIÓN

Esta clásica salsa de la cocina india, conocida como *raita*, suele servirse como elemento refrescante con currys picantes y muy condimentados, pero también es ideal como aperitivo servida con unos bastones de pepino. Es facilísima de preparar.

1 pepino grande
Las hojas de 2 ramitas de menta fresca picadas
½ cebolla picada muy finamente
4 cdas. de yogur de soja natural
Una pizca de pimentón
Sal

1 Pelar el pepino, cortarlo por la mitad a lo largo y extraer las semillas con una cucharita. Poner las dos mitades del pepino sobre papel de cocina y espolvorearlas con sal. Dejar reposar 10 minutos.

2 Secar el exceso de agua con papel de cocina, y cortar el pepino en daditos. Ponerlo en un bol.

3 Añadir al pepino la menta, la cebolla y el yogur. Mezclar todo. Transferir a un cuenco para servir y espolvorear con el pimentón.

RICA EN fitoestrógenos

BENEFICIOSA PARA: corazón ①② • huesos ① • hombres ① • mujeres ①③④

MERMELADA DE ALBARICOQUE Y JENGIBRE

PARA UNOS 230 G • 20 CALORÍAS POR CADA 45 G (APROX. 1 CDA. COLMADA)

Esta receta está inspirada en mis viajes por la India; es una mermelada popular en Rajasthan, Goa y Kerala. Gracias al dulzor de los albaricoques y al sabor picante del jengibre, es ideal en el desayuno para despertar el paladar. El jengibre tiene propiedades anticoagulantes, por ello favorece en especial la salud del corazón.

5 vainas de cardamomo
2 clavos de olor
1 ramita de canela
10 albaricoques frescos
Un trozo de jengibre fresco del tamaño del pulgar, pelado y rallado

1 Poner los cardamomos, los clavos y la canela en una olla y cubrirlos con 600 ml de agua. Llevar a ebullición y cocinar a fuego lento 20 minutos.

2 Mientras, partir los albaricoques por la mitad y quitar los huesos. Cortar los albaricoques en rodajas.

3 Colar el líquido con las especias sobre otra olla y añadir los albaricoques y el jengibre. Llevar a ebullición y luego cocinar a fuego lento unos 40 minutos, revolviendo de vez en cuando. Para comprobar si la mermelada está lista, introducir en ella una cucharita y levantarla: la mermelada debería caer lentamente desde la cucharita.

4 Retirar del fuego y dejar enfriar. Guardar en un frasco hermético esterilizado en la nevera.

ENSALADA DE EDAMAME Y SEMILLAS

2 RACIONES • 230 CALORÍAS POR RACIÓN

Las judías edamame son ricas en proteínas y bajas en grasas. Tenlas en el congelador para que cuando vayas con prisa y necesites algo nutritivo, puedas recurrir a ellas. No solo tienen un sabor delicioso, fresco y a frutos secos, sino que además sacian muchísimo. Es un tentempié ideal después de hacer ejercicio.

10 g de semillas de sésamo
20 g de semillas de girasol
20 g de semillas de calabaza
1 granada
100 g de judías edamame (descongeladas, si son congeladas)
1 tallo de apio cortado en rodajas finas
1 cdta. de cilantro fresco picado, y unas cuantas hojas más
El zumo de 1 limón, y unos cuantos gajos, para servir
Sal y pimienta

1 Precalentar el horno a 180 °C (160 °C con ventilador).

2 Disponer las semillas de sésamo, las de girasol y las de calabaza en una bandeja de horno y tostar en el horno caliente 8 minutos.

3 Mientras tanto, partir la granada por la mitad y poner las dos mitades de la parte cortada hacia abajo sobre un papel de cocina. Golpear suavemente con una cuchara de madera hasta que todas las semillas hayan caído. Retirar los trocitos de piel que también habrán caído, ¡para no desperdiciar nada de estas joyitas!

4 Mezclar las semillas de granada, las judías, el apio, el cilantro (picado y en hojas) y el zumo de limón en un bol. Añadir las semillas tostadas, salpimentar y mezclar. Servir inmediatamente con unos gajos de limón para exprimir por encima.

RICA EN vitamina E • folato • magnesio • betasitosterol • fitoestrógenos • fibra

BENEFICIOSA PARA: corazón ① ② ③ • huesos ① • digestión ① • mente ② • fatiga ③ ⑤ • hombres ① ② • mujeres ① ③ ④

CHIPS DE KALE CON ANACARDOS Y PIMENTÓN

UNOS 200 G PARA 8 RACIONES • 50 CALORÍAS POR RACIÓN

Siempre estamos buscando nuevas e interesantes maneras de utilizar el kale, o col rizada, y estos chips surgieron por el deseo de crear un tentempié vegetal saludable que también resultase tentador. Tendrás que deshidratar el kale en el horno en vez de asarlo, lo que significa que, para cocinar esta delicia crujiente, te hará falta un poco de paciencia.

30 g de anacardos
1 cdta. de aceite de colza
500 g de kale (col rizada)
1 cdta. de pimentón
Una pizca de sal marina en escamas

1 Precalentar el horno a 70 °C (50 °C con ventilador). Poner los anacardos a remojar en agua 20 minutos.
2 Escurrirlos y pasarlos a una batidora junto con el aceite de colza y 50 ml de agua. Triturar unos 5 minutos, hasta que quede una mezcla homogénea. Añadir más agua si es necesario: la consistencia debe ser similar a la de la nata.
3 Separar las hojas del kale de los tallos y partirlas en trozos del tamaño de un bocado. Colocar en un bol grande y verter por encima la crema de anacardos. Mezclar con las manos para que todo se recubra bien con la crema.
4 Extender el kale en una bandeja de horno y espolvorear con la sal marina y el pimentón. Desecar en el horno caliente alrededor de 1 hora, hasta que esté crujiente. Dejar enfriar. Los chips se pueden guardar en un recipiente hermético hasta 2 días.

RICA EN vitamina C • folato

BENEFICIOSA PARA: inmunidad ① • hombres ②

FRUTOS SECOS PICANTES

2 RACIONES • 260 CALORÍAS POR RACIÓN

Aunque aportan muchas calorías, los frutos secos son un magnífico tentempié, pues contienen grasas monoinsaturadas que pueden beneficiar la salud del corazón, ya que reducen los niveles de colesterol en la sangre. Las especias utilizadas para estos frutos secos les dan un toque picante y la miel añade una dulzura deliciosa. Puedes sustituir estos frutos secos y semillas por los que tengas en la despensa.

50 g de almendras enteras
50 g de anacardos
50 g de pistachos pelados (comprados con cáscara)
50 g de nueces del Brasil partidas por la mitad
1 cdta. de pimentón
1 cdta. de guindilla molida
1 cdta. de canela en polvo
Una pizca de comino molido
Una pizca de cúrcuma molida
1 cdta. de miel líquida

1 Precalentar el horno a 180 °C (160 ° con ventilador). Forrar una bandeja de horno con papel de hornear.

2 Poner todos los frutos secos en un bol y añadir las especias y la miel. Mezclar bien.

3 Esparcir los frutos secos en la bandeja preprada y tostar en el horno caliente 8 minutos. Dejar enfriar del todo. Los frutos secos se pueden guardar en un recipiente hermético unas pocas semanas.

RICA EN vitamina E • selenio • magnesio • betaitosterol • fitoestrógenos

BENEFICIOSA PARA: corazón ①②③ • huesos ① • inmunidad ① • fatiga ③⑤ • hombres ① • mujeres ①③④

CRACKERS DE SEMILLAS

20 CRACKERS • 60 CALORÍAS CADA UNO

Estos crackers tienen un sabor concentrado a frutos secos, y las semillas de ajenuz les añaden una nota picante. Son fantásticos como acompañamiento del hummus (véase la página 66). Las semillas de calabaza, lino y girasol contienen hormonas vegetales que pueden contribuir a aliviar algunos trastornos relacionados con la salud de la mujer.

50 g de semillas de calabaza
20 g de semillas de lino
30 g de semillas de girasol
40 g de harina de arroz integral
1 cda. de aceite de oliva
1 cda. de miel líquida
10 g de semillas de sésamo blanco
30 g de semillas de sésamo negro
10 g de semillas de ajenuz

1 Precalentar el horno a 180 °C (160 °C con ventilador). Forrar un molde cuadrado de 20 cm con papel de horno.
2 Poner las semillas de calabaza y las semillas de lino en una batidora y triturar hasta obtener un polvo. Transferir a un bol y añadir las semillas de girasol, la harina de arroz, el aceite de oliva, la miel y 150 ml de agua. Mezclar bien. La mezcla debe quedar suficiente fluida al verterse.
3 Extender la mezcla de manera uniforme sobre la bandeja del horno con una cuchara de madera y luego espolvorear con las semillas de sésamo y ajenuz.
4 Cocer en el horno caliente 40 minutos. Cortar en 20 pequeños cuadrados y dejar enfriar. Se pueden conservar en un recipiente hermético durante 2 semanas.

RICA EN betasitosterol • fitoestrógenos

BENEFICIOSA PARA: corazón ① • hombres ① • mujeres ①③④

BARRITAS DE CEREALES CON PISTACHOS

12 BARRITAS • 280 CALORÍAS CADA UNA

Nuestra versión de las barritas de cereales bajas en azúcar fue un hallazgo fortuito cuando intentábamos crear un crocante de pistacho y miel. Como no se endurecía bien, le añadimos unos copos de avena, semillas de lino, cáscara de psyllium y orejones. El resultado fue una barrita de cereales crujiente, delicadamente dulce y saciante, además de rica en fibra.

300 g de miel líquida
200 g de copos de avena
200 g de pistachos pelados (comprados con cáscara)
2 cdas. de aceite de colza
1 cda. de semillas de lino
1 cdta. de cáscaras de *psyllium* o zaragatona (si no se encuentra, se puede sustituir por semillas de lino)
100 g de orejones de albaricoques ligeramente picados

1 Precalentar el horno a 190 °C (170 °C con ventilador). Forrar con papel de horno una bandeja de hornear cuadrada de 20 cm.
2 Mezclar todos los ingredientes en un bol grande.
3 Verter la mezcla en la bandeja de horno y aplastarla con una cuchara de madera. Cubrir con un poco de papel de horno y poner encima otra bandeja de horno del mismo tamaño y forma, y presionar suavemente toda la mezcla para aplanarla (no apretar demasiado, para que las barritas no salgan muy duras). Retirar la bandeja superior y el papel de encima.
4 Hornear unos 20 minutos, hasta se dore.
5 Retirar del horno y dejar enfriar antes de cortar en 12 barritas pequeñas. Las barritas aguantarán en un frasco o una lata de cierre hermético unos 10 días.

RICA EN fitoestrógenos • fibra

BENEFICIOSA PARA: corazón ① • digestión ① • inmunidad ① • mujeres ①③④

PASTELITOS DE CEREALES CON GOJI Y ANACARDOS

9 PASTELITOS • 275 CALORÍAS CADA UNO

No hay nada como una comida rápida saludable. Estos pastelitos son nutritivos y energizantes, y te mantendrán saciado durante horas. No son demasiado dulces y tienen una textura equilibrada entre crujiente y masticable. Las bayas de goji son ricas en los antioxidantes luteína y zeaxantina, que ayudan a proteger los ojos contra los radicales libres y pueden contribuir a conservar la vista a medida que se envejece. (El sabor sutil de las bayas también queda estupendo en un té; solo tienes que añadir un puñado al agua caliente).

300 g de copos de avena
30 g de almendras fileteadas
80 g de anacardos
200 g de miel líquida
1 cdta. de canela en polvo
Una pizca de sal
2 tortitas de arroz partidas en trozos 2,5 cm
Un puñado de bayas de goji

1 Precalentar el horno a 200 °C (180 °C con ventilador). Forrar con papel de hornear un molde metálico cuadrado para horno de 20 cm.
2 Extender la avena y los frutos secos en una bandeja para horno grande y tostar 10 minutos, hasta que estén ligeramente dorados. Sacar del horno y dejar enfriar. Mantener el horno encendido para más adelante.
3 En un bol grande, mezclar la miel, la canela, la sal y 2 cucharadas de agua. Añadir la avena, los frutos secos, las tortitas de arroz y las bayas de goji, y mezclar bien.
4 Transferir la mezcla al molde forrado y presionar ligeramente (no demasiado, para que no quede demasiado densa). Cocer en el horno caliente unos 25 minutos, hasta que esté ligeramente dorada por encima. Dejar enfriar en el molde antes de cortar en nueve cuadrados. En un recipiente hermético, se pueden conservar hasta 2 semanas.

RICA EN magnesio • fibra

BENEFICIOSA PARA: corazón ①②③ • huesos ① • digestión ① • inmunidad ① • mente ② • fatiga ⑤ • mujeres ①③

NUECES CARAMELIZADAS

2 RACIONES • 380 CALORÍAS POR RACIÓN

Además de ser un tentempié maravilloso, estas nueces quedan deliciosas en ensaladas o en postres para añadir algo dulce y nutritivo y una textura crocante. Las nueces son una gran fuente de ácidos grasos omega 3.

300 g de nueces partidas por la mitad
2 cdas. de miel líquida
1 cda. de aceite de cacahuete
1 cdta. de canela en polvo
1 cdta.de nuez moscada recién rallada

1 Precalentar el horno a 180 °C (160 °C con ventilador). Forrar una bandeja para horno con papel de hornear.
2 Mezclar todos los ingredientes en un bol y luego extenderlos en la bandeja de horno. Hornear durante 15 minutos. Dejar enfriar del todo. Guardar en un frasco hermético hasta un mes.

RICA EN vitamina B6 • omega 3 • fitoestrógenos

BENEFICIOSA PARA: corazón ① • huesos ② • digestión ③④ • piel, cabello y uñas ①③ • mente ① • fatiga ② • hombres ② • mujeres ①③④

SOPAS Y CREMAS

Una sopa caliente nutre el alma y el cuerpo, además de ser una fuente increíblemente rica en nutrientes. Por ello, es la comida perfecta si no tienes demasiada hambre o cuando no te encuentras bien. La mayoría de nuestras sopas aportan 2 raciones de fruta o verdura de las 5 que se recomienda comer diariamente. Las que llevan legumbres pueden tomarse como plato único, mientras que las sopas ligeras podrían servir como un nutritivo tentempié.

    La clave de una buena sopa es usar un caldo bien sabroso. Guarda todos los recortes de las verduras (en la nevera), ponlos a hervir en agua con algunas cebollas y una hoja de laurel, y *voilà*! Así puedes dar a tus sopas un toque extra de sabor (véase caldo de verduras, página 283).

    Para un resultado óptimo, prepara las sopas con los ingredientes de la estación. Y para que las verduras conserven muchas de sus cualidades, no las cuezas en exceso. Si vas a hacer un puré, necesitarás un poco más de tiempo para triturar todo hasta conseguir la textura necesaria, pero el puré será más rico en colores, sabores y nutrientes. Para potenciar aún más el sabor, puedes acabar la sopa con unas hierbas picadas o aceites aromáticos.

    Las sopas son una opción ideal para reforzar la dieta. Puedes añadirles legumbres para incrementar la fibra; semillas de chía, para enriquecerlas con omega 3, y lentejas, para aportar hierro. Agregar otras verduras es otra manera fácil de potenciar sus beneficios.

Al final de la mayoría de las recetas, se detallan los principales nutrientes que aporta una ración, así como los problemas de salud a los que puede beneficiar la receta incluida en una dieta saludable. Para más información, consulta la página 9.

SOPA DE PAK CHOI
Y JENGIBRE CON ARROZ

2 RACIONES • 350 CALORÍAS POR RACIÓN

Esta sopa está repleta de alimentos saludables para el corazón (arroz integral, chile, cebolla, ajo y jengibre) que pueden contribuir a mejorar los niveles de colesterol, la inflamación y la circulación. El arroz añade cuerpo a un suave caldo aromático, y aunque la sopa llena, sigue siendo depurativa gracias a las verduras.

RICA EN vitaminas B1 (tiamina), B6 y C • folato • potasio • magnesio • hierro • fibra

BENEFICIOSA PARA: corazón ①②③ • huesos ① • digestión ① • mente ① • fatiga ①③⑤ • mujeres ①

150 g de arroz integral
1 cdta. de aceite de oliva
1 cebolla roja cortada en rodajas finas
2 dientes de ajo cortados en rodajas finas
2 trozos del tamaño del pulgar de jengibre fresco, rallado con la piel
1 tallo de hierba limón machacado con un rodillo (para romper las fibras) y luego finamente picado
½ chile rojo fresco, sin semillas y picado
El zumo de 1 lima
1 tallo de apio finamente picado
1 cdta. de sal
2 manojos de pak choi
1 cebolla tierna cortada en rodajas finas en diagonal
½ lechuga iceberg cortada en juliana
Un puñado de hojas de cilantro fresco finamente picadas

1 En una olla de tamaño mediano, calentar agua hasta que hierva. Añadir el arroz y cocer 20 minutos, hasta que esté tierno pero aún firme. Escurrir y reservar.
2 Mientras se cuece el arroz, preparar el caldo. Poner una olla grande a fuego fuerte. Añadir el aceite de oliva, luego la cebolla y bajar el fuego a medio. Freír 10 minutos, hasta que la cebolla esté transparente. Añadir el ajo, el jengibre, la hierba limón, el chile y el zumo de lima, y cocinar 3 minutos. Agregar el apio, la sal y 600 ml de agua. Después de que hierva, cocer a fuego lento 20 minutos.
3 Cortar y desechar la base del pak choi, y luego cortarlo en trozos de 1 cm. Añadir el pak choi al caldo junto con el arroz cocido y la cebolla tierna. Cocinar a fuego lento 2 minutos más. Retirar del fuego y agregar la lechuga y el cilantro. Servir enseguida en tazones grandes.

SOPA DE LANGOSTINOS Y HIERBA LIMÓN CON FIDEOS

2 RACIONES • 340 CALORÍAS POR RACIÓN

Esta versión de la sopa de fideos clásica utiliza sabores tailandeses —jengibre, cilantro y hierba limón— para crear un caldo aromático, depurativo y muy fresco. Si no encuentras fideos de arroz integral, puedes usar cualquier tipo de fideos que no sean de trigo. También puedes añadir unos espaguetis de calabacín (véase la página 127). La hierba limón, que se cree ayuda a mejorar la circulación, puede usarse para preparar una bebida estimulante como alternativa al té o café. Basta con poner un tallo machacado en una taza de agua caliente con un poco de menta fresca.

1 cebolla roja cortada en tiras finas
Un trozo de jengibre fresco del tamaño del pulgar, pelado y cortado en tiras muy finas
1 diente de ajo finamente picado
1 tallo de hierba limón suavemente machacado con un rodillo (para romper las fibras)
1 cdta. de aceite de colza
600 ml de caldo de pollo o de verduras (véase la página 283)
200 g de langostinos crudos pelados
100 g de fideos de arroz integral
El zumo de 1 lima
1 cda. de tamari
2 cebollas tiernas cortadas en rodajas diagonalmente
Un puñado de hojas de cilantro fresco finamente picado, y un poco más para decorar
Una pizca de sal

1 Mezclar la cebolla, el jengibre, el ajo, la hierba limón, el aceite de colza y un chorrito de agua en una olla grande, y cocer a fuego lento 5 minutos. Añadir el caldo y llevar a ebullición. Cocer 10 minutos y bajar el fuego al mínimo.

2 Añadir los langostinos y cocer 5 minutos. Luego agregar los fideos junto con el zumo de lima, el tamari, la cebolla tierna, el cilantro y la sal. Poner a calentar de nuevo hasta que hierva y cocer 1 minuto.

3 Retirar del fuego, sacar la hierba limón y servir la sopa adornada con el resto del cilantro.

RICA EN vitaminas B12 y C • potasio • zinc • selenio • hierro • triptófano

BENEFICIOSA PARA: corazón ② • inmunidad ① • piel, cabello y uñas ①④ • mente ① • fatiga ①③ • hombres ①②

CREMA DE CALABAZA, COCO Y GUINDILLA

2 RACIONES • 190 CALORÍAS POR RACIÓN

Esta deliciosa crema picante tiene una textura suave y cremosa. Los sabores de la calabaza y la leche de coco se fusionan maravillosamente, con el coco equilibrando la dulzura de la calabaza. La guindilla aporta el contrapunto picante que necesita la crema. Vale la pena el esfuerzo de preparar un caldo casero, pues las verduras frescas añaden valor nutricional a cualquier plato.

1 calabaza moscada
1 cdta. de guindilla seca en polvo
1 cebolla roja cortada en rodajas finas
600 ml de caldo de verduras (véase la página 283)
200 ml de leche de coco
Sal y pimienta

1 Precalentar el horno a 180 °C (160 °C con ventilador). Forrar una bandeja de horno con papel para hornear.

2 Pelar la calabaza y cortarla longitudinalmente por la mitad. Extraer las semillas y las hebras con una cuchara y luego cortar la pulpa en trozos de 2,5 cm. Disponer los trozos en la bandeja de horno y asar 15 minutos.

3 Retirar la bandeja del horno y esparcir la guindilla y la cebolla sobre los trozos de calabaza. Asar 10 minutos más. Sacar del horno y dejar enfriar unos minutos.

4 Verter el caldo en una olla mediana, llevar a ebullición y luego reducir el fuego al mínimo. Agregar la leche de coco y calentar 2 minutos. Retirar del fuego.

5 Poner las calabazas, la cebolla y las guindillas en la batidora y agregar el caldo y la leche de coco. Triturar hasta que quede una crema homogénea y luego sazonar al gusto. Servir caliente.

RICA EN vitaminas B6, C y E • folato • potasio • magnesio • betacaroteno • fibra

BENEFICIOSA PARA: corazón ① ② ③ • huesos ① • digestión ① • inmunidad ① • piel, cabello y uñas ① ③ • mente ① ② • fatiga ③ ⑤ • mujeres ① ③

SOPA DE ALUBIAS A LA MEXICANA

4 RACIONES • 300 CALORÍAS POR RACIÓN

En esta sustanciosa sopa se dan cita los sabores intensos y picantes de diversas especias y hierbas mexicanas. Lleva un montón de alubias —cannellini, riñón roja y borlotti—, que aportan gran cantidad de fitoestrógenos, que pueden ayudar en los desequilibrios hormonales de las mujeres. Si no tienes tiempo de dejar en remojo y cocer las alubias secas, puedes usar 400 g de alubias en conserva, aunque no tendrán la misma textura.

100 g de alubias rojas riñón secas
100 g de alubias borlotti secas
100 g de alubias cannellini secas
1 cda. de aceite de colza
1 cebolla roja grande cortada en rodajas finas
2 dientes de ajo cortados en láminas finas
Un trozo del tamaño del pulgar de jengibre fresco, finamente rallado con la piel
1 cda. de pimentón
1 cdta. de chile en polvo
1 cdta. de cilantro molido
1 hoja de laurel
1 cdta. de tomillo seco
1 zanahoria finamente picada
6 tomates de rama maduros finamente picados
700 ml de caldo de pollo o de verduras (véase la página 283)
1 calabacín cortado en cubitos
Un puñado de hojas frescas de cilantro finamente picadas
Sal y pimienta

1. Dejar las alubias en remojo con el doble o triple de su volumen de agua durante la noche o por lo menos 8 horas. Escurrir y poner en una olla. Cubrir con agua fresca, llevar a ebullición y cocer 10 minutos. Volver a escurrir.
2. Colocar una olla grande a fuego fuerte, añadir el aceite y luego la cebolla. Freír 10 minutos, hasta que se dore ligeramente. Añadir el ajo, el jengibre, el pimentón, el chile, el cilantro, el laurel y el tomillo. Agregar un chorrito de agua para que las especias no se peguen, y sofreír 2 minutos revolviendo a menudo.
3. Añadir las alubias junto con la zanahoria, los tomates y el caldo. Llevar a ebullición, bajar el fuego y cocinar a fuego lento 1½ horas, hasta que las alubias estén tiernas pero aún enteras.
4. Agregar el calabacín, revolver y cocinar 10 minutos más. Retirar del fuego. Salpimentar la sopa y retirar la hoja de laurel. Dejar la sopa reposar 10 minutos antes de servir añadiendo un poco de cilantro picado en cada tazón.

RICA EN vitaminas B1 (tiamina), B6 y C • potasio • magnesio • hierro • betacaroteno • licopeno • fitoestrógenos • fibra

BENEFICIOSA PARA: corazón ①②③ • huesos ① • digestión ① • inmunidad ① • piel, cabello y uñas ①③ • mente ①② • fatiga ①③⑤ • hombres ① • mujeres ①③④

PURÉ DE LENTEJAS ROJAS

2 RACIONES • 315 CALORÍAS POR RACIÓN

Lo que más apetece cuando te sientes
destemplado es un puré nutritivo, y este no solo
reconforta sino que también es sorprendentemente
tonificante. Además es muy fácil de preparar y
está delicioso. Las lentejas aportan una buena
dosis de zinc y hierro, minerales que fortalecen el
sistema inmunitario. Servido con un poco de pollo
desmenuzado por encima y un bol de arroz
integral, puede ser una cena saludable
y sustanciosa.

1 cda. de aceite de colza
1 cebolla grande cortada en daditos
Un trozo de jengibre fresco del tamaño
del pulgar, rallado con la piel
2 dientes de ajo finamente picados
100 g de lentejas rojas
1 vaina de cardamomo
2 dientes de ajo
1 hoja de laurel
2 zanahorias cortadas en daditos
750 ml de caldo de verduras (véase la página 283)
El zumo de ½ limón
Un manojo de cilantro fresco
Sal y pimienta

1 Colocar una olla grande en un fuego medio
  y agregar el aceite. Añadir la cebolla y freírla
  10 minutos, hasta que esté transparente.
  Añadir el jengibre y el ajo, y cocinar 3 minutos más.
2 Agregar las lentejas, el cardamomo, el clavo
  y el laurel, y mezclar bien. Cocinar 1-2 minutos
  antes de añadir las zanahorias y el caldo.
  Después de que hierva, cocinar a fuego lento
  20 minutos, hasta que las lentejas estén
  blandas. Con una espumadera, retirar de vez en
  cuando la espuma que se forme en la superficie.
3 Desechar la vaina de cardamomo, el clavo y la
  hoja de laurel. Añadir a la olla el zumo de limón
  y el cilantro fresco, y luego verter la sopa en una
  batidora y triturar hasta que quede una mezcla
  homogénea. Salpimentar y servir caliente.

RICA EN vitaminas B6 y C • folato • potasio • hierro •
zinc • betacaroteno • fibra

BENEFICIOSA PARA: corazón ①② • digestión ① •
inmunidad ① • piel, cabello y uñas ①④ •
fatiga ① • hombres ①② • mujeres ①

CREMA DE COLIFLOR, APIO Y PIMENTÓN

2 RACIONES • 215 CALORÍAS POR RACIÓN

Este es un clásico de nuestra cocina: la reina de las sopas cremosas. El apionabo ofrece un fondo aromático para el sabor terroso de la coliflor, y el pimentón añade intensidad y un toque especiado. Cuando la coliflor se asa antes, adquiere un sabor más complejo. Al igual que otras crucíferas, contiene unas sustancias llamadas glucosinolatos, que al ser degradados en el cuerpo a compuestos activos pueden proteger contra ciertas enfermedades, incluido el cáncer.

1 coliflor
½ apionabo cortado en daditos
½ cdta. de pimentón ahumado, y un poco más para espolvorear
Una pizca de sal
1 cda. de aceite de colza
1 cebolla grande finamente picada
2 dientes de ajo finamente picados
1 tallo de apio cortado en daditos
500 ml de caldo de verduras (véase la página 283)

1 Precalentar el horno a 200 °C (180 °C con ventilador).
2 Cortar el tronco de la coliflor y picarlo en trocitos. Recortar y picar los ramilletes. Colocar la coliflor y el apionabo en una fuente de horno y espolvorear con el pimentón y la sal. Asar 20 minutos.
3 Mientras, calentar el aceite en una olla grande, agregar la cebolla y freír 10 minutos, hasta que esté transparente. Agregar el ajo y cocinar otros 3 minutos. Añadir el apio y el caldo. Llevar a ebullición y luego cocer a fuego lento 5 minutos.
4 Incorporar la coliflor y el apionabo a la olla y revolver para mezclar. Cocer a fuego lento otros 15 minutos.
5 Transferir todo a una batidora y triturar unos 3 minutos, hasta que quede una crema homogénea. Servir caliente espolvoreada con un poquito de pimentón.

RICA EN vitaminas B1 (tiamina), B6 y C • folato • fibra • potasio

BENEFICIOSA PARA: corazón ① ② • digestión ① • inmunidad ① • mente ①

SOPA ESCOCESA

2 RACIONES • 355 CALORÍAS POR RACIÓN

Cuando Sarah, nuestra chef de cocina escocesa, empezó a trabajar con nosotros, esta fue una de las primeras cosas que le pedimos que hiciera. Su versión depurativa de la tradicional sopa escocesa no lleva cordero. Por lo tanto, es esencial usar un caldo bien sabroso. Gracias a la cebada, esta sustanciosa sopa es muy rica en fibra, lo que es vital para la buena salud del sistema digestivo.

1 cda. de aceite de colza
1 cebolla finamente picada
1 puerro finamente picado
600 ml de caldo de pollo o de verduras
(véase la página 283)
100 g de cebada perlada
2 tallos de apio finamente picados
1 nabo sueco finamente picado
1 nabo finamente picado
2 zanahorias finamente picadas
Un puñado de perejil fresco finamente picado
Sal y pimienta

1 Calentar el aceite en una olla grande y freír la cebolla y el puerro 5 minutos. Verter el caldo y añadir la cebada perlada. Llevar a ebullición y luego cocer a fuego lento 20 minutos.

2 Añadir el resto de las verduras y cocinar otros 25 minutos, hasta que estén tiernas. Agregar el perejil, sazonar al gusto y servir caliente.

RICA EN vitaminas B y C • potasio • hierro • betacaroteno • fibra

BENEFICIOSA PARA: corazón ①②③ • digestión ① • inmunidad ① • piel, cabello y uñas ①③ • mente ① • fatiga ① • mujeres ①

SOPA DE BERROS CON PAVO

2 RACIONES • 255 CALORÍAS POR RACIÓN

El sabor ligeramente picante de los berros no solo da vida a las ensaladas, también puede aportar un exquisito sabor a las sopas. Si se añade en el último minuto, la sopa tendrá un hermoso color verde brillante. Esta sopa proporciona el 60 % de la dosis diaria recomendada de potasio, esencial para mantener una tensión arterial saludable.

1 cda. de aceite de colza
1 cebolla grande finamente picada
2 dientes de ajo finamente picados
4 tallos de apio finamente picados
500 ml de caldo de verduras (véase la página 283)
200 g de berros troceados
100 g de espinacas
200 g de pechuga de pavo deshuesada y sin piel, cortada en rodajas finas
Sal y pimienta

1 Poner una olla grande a fuego medio. Añadir 1 cucharadita de aceite y luego la cebolla. Freír 10 minutos, hasta esté transparente. Agregar el ajo y cocinar 3 minutos más.

2 Incorporar el apio, el caldo y 1 cucharadita de sal, y llevar a ebullición. Reducir el fuego un poco y cocer 10 minutos.

3 Añadir los berros y las espinacas, y cocer 2 minutos más. Retirar del fuego y dejar reposar unos minutos, hasta que las hojas se vuelvan lacias. En la misma olla, triturar todo con una batidora de mano hasta que quede una mezcla homogénea (o triturar en una batidora de vaso). Dejar reposar.

4 Colocar una sartén en el fuego, añadir el resto del aceite y luego el pavo. Freír unos 8 minutos, dándole la vuelta con frecuencia, hasta que se dore. Retirar del fuego, salpimentar y dejar que se enfríe un poco. Luego desmenuzar el pavo muy finamente con los dedos.

5 Añadir el pavo a la sopa y calentar esta antes de servir.

RICA EN vitaminas B y C • potasio • betacaroteno • triptófano • fibra

BENEFICIOSA PARA: corazón ①②③ • digestión ① • inmunidad ① • piel, cabello y uñas ①③ • mente ① • fatiga ①③ • mujeres ①

GAZPACHO

2-4 RACIONES • 80-160 CALORÍAS POR RACIÓN

No hay dos gazpachos que sepan igual. Es como el Bloody Mary, cada uno tiene su propia manera de prepararlo. Creemos que esta clásica sopa fría, dulce y ácida a la vez, no debe triturarse del todo, y además debe contener abundantes verduras. Los pimientos son una de las fuentes más ricas en vitamina C, esencial para tener un sistema inmunitario fuerte. Junto con el tomate, aportan tres veces la cantidad diaria recomendada de esta vitamina en una sola ración. En un día caluroso de verano, cuando el sol aprieta fuerte, no hay nada mejor que un gazpacho bien frío.

2 tomates beef (cuanto más maduros, mejor)
8 tomates en rama (cuanto más maduros, mejor)
10 tomates cherry
1 pepino pelado, sin semillas y picado
1 pimiento rojo
1 tallo de apio cortado en daditos
1 cda. de aceite de oliva
½ guindilla roja fresca, sin semillas y picada
2 dientes de ajo picados
Una pizca de sal marina en escamas
Una pizca de pimienta negra recién molida
El zumo de ½ limón
Un puñado de cebollino fresco finamente picado
Un puñado de hojas frescas de albahaca picada, y unas cuantas más para decorar

1 Si se tiene cocina de gas, encender un fuego medio. Poner el pimiento directamente en la llama (o sostener el pimiento sobre esta con un tenedor metálico de mango largo). Cuando se haya ennegrecido por un lado, girarlo con unas pinzas metálicas largas. Continuar girando hasta que todo el pimiento se haya churruscado. Otra opción es asarlo en una parrilla caliente, girándolo para que se tueste por todos los lados.

2 Retirar el pimiento del fuego y ponerlo en un bol de vidrio. Cubrirlo con film transparente y dejar reposar 10 minutos. Ahora debería poder pelarse fácilmente.

3 Cortar el pimiento pelado por la mitad y retirar las semillas y el tallo.

4 Triturar ligeramente todos los tomates en la batidora. Agregar el pepino, el pimiento pelado y sin semillas, el apio, el aceite de oliva, la guindilla, el ajo, la sal y la pimienta. Triturar un poco, de modo que quede una textura bastante gruesa.

5 Añadir el zumo de limón, el cebollino y la albahaca, y triturar unos segundos más.

6 Verter en una jarra o bol, tapar y dejar enfriar en la nevera unas horas.

7 Antes de servir, probarlo y añadir más sal y pimienta, si es necesario, y luego decorar con unas hojas de albahaca.

RICA EN vitamina B6, C y E • potasio • licopeno • betacaroteno • fibra

BENEFICIOSA PARA: corazón ① ② • digestión ① • inmunidad ① • piel, cabello y uñas ① ③ • mente ① • hombres ① • mujeres ①

ENSALADAS Y VERDURAS

Espero que me perdones por decir esta obviedad: todas las verduras aportan beneficios. Todas contienen vitaminas y minerales (algunas son más ricas en ciertas vitaminas y minerales que otras), así como diferentes antioxidantes que ayudan a protegernos de las enfermedades. Por eso es conveniente que las verduras constituyan la mayor parte de una dieta saludable y tengan un papel importante en todas las comidas y la mayoría de los tentempiés. Esto no tiene por qué ser aburrido: es posible incluir las verduras en la dieta en formas increíblemente deliciosas. Aprovecha y disfruta toda su diversidad.

En el Reino Unido, la ingesta media de verdura y fruta es de 4 raciones al día. Nuevas investigaciones sugieren que cuanto más comemos, más nos benefician, y que deberíamos tener como objetivo tomar 10 raciones al día. Aunque quizá te parezca difícil, no lo es. Toma una porción en el desayuno (generalmente una fruta), un par de raciones de verduras en la comida y dos o tres porciones para la cena. Súmale algunas porciones más como tentempiés y un zumo para recargarte de energía. ¡Y ya está!

Trata de comer verduras de tantos colores como puedas. Las verdes son muy nutritivas, pero si incluyes colores diversos contarás con una gama completa de nutrientes esenciales para reforzar tu salud. Algunas verduras destacan especialmente en nuestra lista de superestrellas: kale (col rizada), brócoli, calabaza, remolacha, aguacate, ajo, judías edamame, col y tomates. Verás que estas favoritas aparecen de manera especial en las recetas que vienen a continuación.

Al final de la mayoría de las recetas, se detallan los principales nutrientes que aporta una ración, así como los problemas de salud a los que puede beneficiar la receta incluida en una dieta saludable. Para más información, consulta la página 9.

ENSALADA DE AGUACATE

4 RACIONES • 215 CALORÍAS POR RACIÓN
(SIN EL ARROZ NI EL PAN)

Esta es una de las ensaladas con más éxito en nuestras tiendas de delicatessen. Lleva aguacate y un montón de verduras finamente picadas, como una especie de guacamole pero que puede tomarse solo. Recuerda que cuanto más maduros estén los aguacates, más deliciosa será la ensalada. Los aguacates son una buena fuente de vitamina B6, cuya falta se ha relacionado con la depresión asociada al síndrome premenstrual.

Un puñado de semillas de calabaza
3 aguacates maduros
El zumo de 1 limón
½ lechuga iceberg cortada en tiras muy finas
2 tallos de apio cortados en daditos
½ cebolla roja finamente picada
Una pizca de guindilla seca molida
1 pimiento amarillo sin semillas y finamente picado
Arroz integral o pan de quinoa (véase la página 44), para servir

1 Poner una pequeña sartén antiadherente en un fuego medio, agregar las semillas de calabaza y tostarlas suavemente 3-4 minutos. Reservar.

2 Pelar los aguacates y quitar el hueso. Poner la pulpa de dos aguacates en una batidora con la mitad del zumo de limón y mezclar hasta que quede cremoso. Retirar con una espátula y pasar a un bol grande.

3 Partir el aguacate restante en daditos y agregar al bol junto con el resto de los ingredientes, incluidas las semillas de calabaza y el zumo de limón restante. Mezclar bien hasta que todos los ingredientes se recubran con la crema de aguacate. Servir enseguida con arroz integral o pan de quinoa.

RICA EN vitaminas B1 (tiamina), B6, C y E • potasio • betasitosterol • fibra

BENEFICIOSA PARA: corazón ①②③ • digestión ① • inmunidad ① • mente ① • fatiga ① • hombres ① • mujeres ①③

ENSALADA DE GUISANTES FRESCOS Y CALABACÍN CRUDO

2 RACIONES • 280 CALORÍAS POR RACIÓN

Los guisantes frescos, dulces y tiernos, son una verdadera delicia en los meses de verano, que es la época adecuada para esta ensalada. Los guisantes son una fuente vegetal de hierro, lo que conviene tener en cuenta si sigues una dieta sin carne; este plato proporciona más de la mitad de su requerimiento diario. También es una rica fuente de vitamina C, que ayuda al cuerpo a absorber mejor el hierro. Si no tienes la suerte de cultivar tus propios guisantes o de encontrarlos frescos en el mercado, utiliza en su lugar habas blanqueadas.

400 g de guisantes frescos sin vainas
La ralladura de 1 limón
2 calabacines cortados en daditos muy pequeños
Un puñado de perejil finamente picado
Unas hojas de menta fresca finamente picadas
4 cebollinos finamente picados
1 cda. de aceite de oliva
Una pizca de sal marina en escamas
Una pizca de pimienta negra molida

1 Poner a hervir agua en una olla y blanquear los guisantes 1 minuto. Escurrir en un colador y enfriarlos con agua para que conserven su color verde brillante.

2 Pasar los guisantes a una batidora, agregar la ralladura de limón y pulsar el botón de marcha solo uno o dos segundos. Solo interesa romperlos ligeramente, no triturarlos. La textura es muy importante en este plato.

3 Transferir los guisantes a un bol y añadir los calabacines, el perejil, la menta, el cebollino y el aceite de oliva. Mezclar todo suavemente. Salpimentar y servir.

RICA EN vitaminas B1 (tiamina), B3 (niacina) y C • folato • potasio • hierro • magnesio • betacaroteno • fibra

BENEFICIOSA PARA: corazón ①②③ • huesos ① • digestión ① • inmunidad ① • piel, cabello y uñas ①③ • mente ①② • fatiga ①③⑤ • mujeres ①

ENSALADA DE RÁBANO, EDAMAME Y BROTES DE LENTEJAS

2 RACIONES • 250 CALORÍAS POR RACIÓN

Esta ensalada tiene una textura maravillosa: todos los elementos que la componen son crujientes y poseen un sabor fresco. Es perfecta para los meses de verano si deseas hacer algo refrescante que a la vez llene y aporte energía. La gracia de esta ensalada está en cortar todo con forma alargada y luego añadir los brotes y las judías edamame. El aceite de colza es una buena opción como aliño para vegetarianos y veganos que no comen pescado, pues el omega 3 que contiene les ayudará a equilibrar los ácidos grasos.

1 cdta. de aceite de colza, y un poco más para rociar
½ cebolla roja cortada en rodajas finas
150 g de brotes de lentejas
1 cda. de semillas de girasol
La ralladura y el zumo de 1 limón
100 g de judías edamame (descongeladas, si son congeladas)
100 g de tirabeques cortados longitudinalmente
100 g de rábanos alargados cortados longitudinalmente
2 tallos de apio cortados en tiras
½ pimiento amarillo sin semillas, cortado en tiras
Sal y pimienta

1 Calentar el aceite en una sartén a fuego medio y añadir la cebolla. Rehogar 3 minutos, hasta que se ablande. Añadir los brotes de lentejas y las semillas de girasol y cocinar hasta que las semillas se doren un poco. Agregar la ralladura de limón y una pizca de sal y pimienta, y luego retirar del fuego.

2 Transferir la mezcla de brotes y semillas a un bol grande y agregar las judías edamame, los tirabeques, los rábanos, el apio y el pimiento amarillo. Añadir el zumo de limón, un chorrito de aceite de colza y un poco de sal y pimienta. Mezclar todo y luego servir.

RICA EN vitaminas B1 (tiamina), B6, C y E • folato • potasio • hierro • fitoestrógenos • fibra

BENEFICIOSA PARA: corazón ①② • digestión ① • inmunidad ① • mente ①② • fatiga ① • mujeres ①③④

ENSALADA DE RÁBANO, PEPINO Y ENELDO

2 RACIONES • 60 CALORÍAS POR RACIÓN

Los rábanos son la hortaliza más bonita, con su piel de color fucsia intenso en contraste con la carne blanca (los redondos cherry belle son mi variedad favorita). Al mezclarlos con el pepino y las hierbas frescas, queda una ensalada de vistosos colores, el complemento perfecto para un pescado a la plancha o a la brasa. Si los rábanos son muy frescos, puedes utilizar también las hojas verdes. Su sabor picante queda bien con el cebollino.

2 pepinos
100 g de rábanos
El zumo de 1 limón
1 cdta. de miel líquida
Un manojo de eneldo fresco finamente picado
Un manojo de cebollino fresco
Sal y pimienta

1 Pelar los pepinos y cortarlos en rodajas muy finas. (Utilizar una mandolina, si se tiene, para que las rodajas queden lo más delgadas posible.) Otra opción es cortar el pepino a lo largo por la mitad y retirar las semillas antes de cortarlo en finas medias lunas. Ponerlo en un bol.

2 Arrancar la raicilla larga de cada rábano y luego cortar estos en rodajas finas (de nuevo, usar una mandolina, si se tiene). Añadir a los pepinos.

3 Mezclar el zumo de limón, la miel, el eneldo, el cebollino y un poco de sal y pimienta en un bol pequeño. Añadir este aliño a los pepinos y los rábanos y mezclar bien.

4 Cubrir la ensalada con film transparente y dejar reposar en la nevera 30 minutos. Escurrir el exceso de líquido antes de servir.

RICA EN vitamina C • potasio

BENEFICIOSA PARA: corazón ② • inmunidad ①

ENSALADA DE COL, MANZANA Y ESTRAGÓN

2 RACIONES • 120 CALORÍAS POR RACIÓN

Esta es una ensalada crujiente, de vivos colores y con un punto ácido. El pigmento morado de la col lombarda contiene un grupo de antioxidantes con propiedades antiinflamatorias, que pueden ayudar a prevenir ciertas enfermedades cardíacas. La época en que la col lombarda está en su punto más delicioso es en enero y febrero; por lo tanto, esta ensalada podría servir como guarnición de un pollo a la plancha para una comida ligera en invierno. El aroma anisado del estragón intensifica el sabor de la ensalada.

1 col lombarda pequeña
1 manzana
2 ramitas de estragón fresco finamente picadas
1 diente de ajo cortado en rodajitas finas
El zumo de 1 limón
1 cda. de aceite de colza
Una pizca de sal
Una pizca de pimienta negra

1 Partir la col en cuatro trozos y cortar y desechar el corazón. Con un cuchillo afilado o mandolina, cortar la col en tiras muy finas.
2 Quitar el corazón de la manzana y cortarla en rodajas muy finas. (Si puedes cortarla en rodajas redondas, la presentación será ideal, pero resulta más fácil partirla por la mitad y luego en rodajas finas.)
3 Mezclar la col y la manzana en un bol grande con el estragón, el ajo, el zumo de limón, el aceite, la sal y la pimienta. Servir inmediatamente.

RICA EN vitamina C • folato • fibra

BENEFICIOSA PARA: corazón ① • digestión ① • inmunidad ①

CINTAS DE PEPINO Y ZANAHORIA

2 RACIONES • 180 CALORÍAS POR RACIÓN

Esta ensalada fresca y crujiente es perfecta para una comida de verano. Las largas y delgadas cintas de color naranja y verde tienen un aspecto tremendamente apetecible, y como los pepinos contienen más del 90 % de agua, ayudan a mantenerse bien hidratado cuando hace calor. La ensalada está deliciosa como acompañamiento de un pescado o un pollo a la plancha.

1 cda. de semillas de sésamo
2 zanahorias
2 pepinos
2 cebollas tiernas finamente picadas

PARA EL ALIÑO
½ chile rojo fresco, sin semillas y finamente picado
2 dientes de ajo pelados
El zumo de 2 limas
1 cda. de aceite de sésamo tostado

1 Precalentar el horno a 200 °C (180 °C con ventilador).
2 Esparcir las semillas de sésamo en una bandeja pequeña de horno y tostarlas 6 minutos, hasta que estén doradas. Reservar.
3 Para hacer el aliño, poner el chile, el ajo, el zumo de lima y el aceite de sésamo en una batidora pequeña y mezclar hasta formar una pasta. Si no tienes una batidora pequeña, picar todo bien y mezclar en un bol. Dejar reposar unas pocas horas para que los sabores se fundan.
4 Pelar las zanahorias. Con el pelador de verduras, desde el extremo de la raíz a la punta, cortar cintas largas. Ir girando la zanahoria para cortar las cintas por todos los lados.
5 Cortar tiras largas de pepino con el pelador, desde una punta a la otra. Dejar de cortar al llegar al centro con las semillas.
6 Mezclar las zanahorias, pepinos y cebollas tiernas en una ensaladera. Incorporar el aliño y las semillas de sésamo tostadas, y servir.

RICA EN vitamina C • potasio • betacaroteno • fibra

BENEFICIOSA PARA: corazón ① ② ③ • huesos ① • digestión ① • inmunidad ① • piel, cabello y uñas ① ③

ENSALADA DE CRUDITÉS CON JENGIBRE

4 RACIONES • 215 CALORÍAS POR RACIÓN

Crujiente, aromática y picante, esta ensalada es un arcoíris de verduras con un aliño de textura granulada a base de jengibre. El jengibre fresco es un potente antiinflamatorio, así que no te prives de añadir algo más, si eres capaz de soportar su fuerte sabor. La ensalada es perfecta sola o para acompañar pollo o pescado a la plancha.

50 g de anacardos
30 g de semillas de girasol
2 zanahorias
1 remolacha
1 calabacín
1 pimiento rojo sin semillas y cortado en tiras finas
½ col pequeña, sin el corazón y cortada en juliana
2 cebollas tiernas cortadas en rodajas finas en diagonal
Gajos de lima, para servir

PARA EL ALIÑO
Un trozo grande de jengibre fresco del tamaño del pulgar, pelado y picado
1 cda. de aceite de colza
El zumo de 1 limón
El zumo de 1 lima
Un puñado de hojas de menta fresca
2 puñados de cilantro fresco

RICA EN vitaminas B6, C y E • folato • potasio • betacaroteno • nitratos • fibra

BENEFICIOSA PARA: corazón ①②③ • huesos ① • digestión ① • inmunidad ① • piel, cabello y uñas ①③ • mente ① • mujeres ①③

1 Precalentar el horno a 200 °C (180 °C con ventilador).

2 Esparcir los anacardos y semillas de girasol en una bandeja de horno y tostarlos unos 8 minutos, hasta que estén dorados. Dejar enfriar.

3 Para hacer el aliño de jengibre, poner la mitad de los anacardos y semillas tostados en una licuadora con todos los ingredientes del aliño y triturar 1 minuto, de modo que quede una mezcla granulada.

4 Pelar la zanahoria, la remolacha y el calabacín, y luego cortarlos en juliana. Si se tiene poco tiempo, se pueden rallar.

5 Poner todas las verduras preparadas en una ensaladera y mezclar todo con el aliño de jengibre. Esparcir sobre la ensalada el resto de las semillas y anacardos tostados y servir con los gajos de lima para exprimir por encima.

ENSALADA DE KALE, BRÓCOLI, CHALOTAS Y CHILE

2 RACIONES • 420 CALORÍAS POR RACIÓN

El kale, o col rizada, parece ser la verdura de moda: todo el mundo la usa. Para esta ensalada tibia, no compres el kale que venden envasado en bolsas en los supermercados, porque puede ser insípido y quedará blando cuando lo frías. Procura comprar una col entera, preferiblemente morada, para que aporte su maravilloso color al plato. Esta es la receta perfecta para unos huesos sanos, gracias al calcio del kale y del brócoli (33 % de la dosis diaria recomendada) y al magnesio de los anacardos (60 % de la dosis diaria recomendada).

1 kale (col rizada) púrpura
1 cdta. de aceite de colza
3 chalotas cortadas en rodajas finas
1 diente de ajo finamente picado
100 g de anacardos
1 brócoli cortado en ramilletes (con la mayor cantidad posible de tallo)
Una pizca de chile seco molido

1 Separar las hojas de la col de los tallos gruesos centrales. Trocear las hojas rasgándolas.
2 Poner una sartén grande o un wok antiadherente en un fuego medio y agregar el aceite. Añadir la chalota y freír 5 minutos, hasta que se dore un poco. Agregar el ajo y freír 3 minutos más.
3 Añadir los anacardos y el brócoli, y saltear 3-5 minutos, hasta que el brócoli empiece a ablandarse. Echar un poco de agua si los ingredientes empiezan a pegarse.
4 Agregar el chile y el kale, y saltear 4 minutos más, hasta que la col se vuelva algo lacia pero esté todavía crujiente. Retirar del fuego y servir enseguida

RICA EN vitaminas B1 (tiamina), B6 y C • folato • potasio • magnesio • zinc • calcio • cromo • fibra

BENEFICIOSA PARA: corazón ①②③ • huesos ① • digestión ① • inmunidad ① • piel, cabello y uñas ①④ • mente ①② • fatiga ③⑤ • hombres ①② • mujeres ①④

ENSALADA DE REMOLACHA ASADA, HINOJO Y MANZANA

2 RACIONES • 220 CALORÍAS POR RACIÓN

Esta ensalada es preciosa y llena de colorido, y presenta una mezcla compleja de sabores: dulce, terroso y amargo. El bulbo y las semillas de hinojo aportan su característico aroma anisado. El hinojo se ha utilizado tradicionalmente como tónico; con las semillas, un poco de menta y agua caliente se puede preparar una infusión digestiva.

4 remolachas grandes
4 dientes de ajo machacados con la piel
1 cdta. de semillas de hinojo
La ralladura y el zumo de 1 limón
1 cdta. de aceite de oliva
Un puñado de semillas de girasol
1 bulbo de hinojo
3 manzanas (p. ej., de la variedad braeburn)
2 cebollas tiernas cortadas en rodajas finas
Un puñado de cebollino fresco picado
Un puñado de cilantro fresco picado
Sal y pimienta
Hojas o flores de hinojo para decorar

1 Precalentar el horno a 200 °C (180 °C con ventilador).
2 Lavar bien las remolachas sin pelarlas y cortarlas en octavos. Ponerlas en una bandeja de horno con el ajo, las semillas de hinojo, la ralladura de limón, el aceite y una pizca de sal y de pimienta. Cubrir con papel de aluminio y asar 20 minutos. Retirar el papel aluminio y asar otros 15 minutos.
3 Sacar la bandeja del horno y esparcir las semillas de girasol sobre la remolacha. Hornear 5 minutos más.
4 Mientras, cortar el bulbo de hinojo en tiras finas, ya sea con una mandolina o a mano, y ponerlo en un bol grande. Lavar dos de las manzanas y licuarlas, y luego verter el zumo sobre el hinojo. Pelar la tercera manzana, quitarle el corazón y cortarla en rodajas finas. Añadir al hinojo junto con las cebolletas, el zumo de limón, el cebollino y el cilantro. Sazonar al gusto. Mezclar y transferir a una fuente.
5 Poner la mezcla de remolacha sobre la ensalada de hinojo y adornar con unas flores de hinojo.

RICA EN vitamina C • folato • potasio • hierro • nitratos • fibra

BENEFICIOSA PARA: corazón ①② • digestión ① • inmunidad ① • fatiga ①

CALABACÍN Y ESPÁRRAGOS A LA PLANCHA CON PESTO DE RÚCULA

2 RACIONES • 310 CALORÍAS POR RACIÓN

Los calabacines son las verduras más fáciles de cultivar. Por ello, se suelen recolectar en exceso y luego siempre hay que buscar nuevas maneras de cocinarlos. Asados en una sartén o una plancha acanalada quedan perfectos, porque conservan su textura crujiente a la vez que adquieren un ligero sabor ahumado. Los espárragos también quedan estupendos cocinados de este modo. Así que este plato es para hacerlo en primavera, en la época de los espárragos. Estos son ricos en un aminoácido llamado asparragina, que actúa como diurético natural.

12 espárragos verdes
12 calabacines baby cortados longitudinalmente por la mitad
2 cdas. de aceite de colza
Una pizca de sal marina en escamas
Una pizca de pimienta negra molida
1 cda. de semillas de girasol
1 cdta. de piñones
La ralladura y el zumo de 1 limón
200 g de rúcula
Sal

1 Poner a calentar una sartén o plancha acanalada de hierro fundido a fuego fuerte. Cuando la plancha eche humo, bajar el fuego a medio.

2 Mientras, eliminar el extremo duro de los espárragos doblándolos para partirlos, y luego cortarlos longitudinalmente por la mitad. Poner los espárragos y calabacines, con el lado cortado hacia arriba, sobre una tabla, rociarlos con un poco de aceite y espolvorearlos con la sal y la pimienta.

3 Introducir las verduras en la plancha o sartén con la cara cortada hacia abajo y freír 3 minutos, hasta que se vean las líneas carbonizadas. Dar la vuelta y cocinar por el otro lado 2 minutos. Retirar de la sartén y mantener calientes.

4 Disponer las semillas y piñones en una sartén pequeña y tostarlos suavemente 3 minutos, hasta que estén dorados, revolviéndolos de vez en cuando. Pasarlos a una batidora y agregar la ralladura y el zumo de limón, el aceite restante, la mitad de la rúcula y una pizca de sal. Triturar hasta que quede una crema homogénea.

5 Para servir, poner sobre una fuente el resto de la rúcula, colocar encima las verduras a la plancha y rociarlas con el pesto.

RICA EN vitaminas B1 (tiamina), B6, C y E • folato • potasio • hierro • calcio • magnesio • betacaroteno • asparragina • fibra

BENEFICIOSA PARA: corazón ①②③ • huesos ① • digestión ① • inmunidad ① • piel, cabello y uñas ①③ • mente ①② • fatiga ①⑤ • mujeres ①③

PASTELITOS DE BONIATO CON KALE Y JUDÍAS VERDES

4 RACIONES • 355 CALORÍAS POR RACIÓN

Elije boniatos pequeños o medianos para esta receta, porque quedarán más tiernos al asarse y serán perfectos para hacer el puré. Los boniatos tienen una carga glucémica baja, lo que significa que alteran menos los niveles de azúcar en la sangre tras comerlos. Una dieta con una CG baja puede ser una buena estrategia para perder peso.

4 cda. de sal de roca (no para comer)
4 boniatos pequeños o medianos
1 yema de huevo
2 cdas. de harina sin gluten ni trigo
½ cebolla roja finamente picada
Las hojas separadas de 2 ramitas de tomillo fresco
Una pizca de pimienta negra molida
200 g de kale (col rizada) cortado en juliana
150 g de judías verdes
40 g de avellanas
40 g de semillas de calabaza
La ralladura de 1 naranja
150 g de tomates cherry
Sal

1 Precalentar el horno a 200 °C (180 °C con ventilador). Forrar una bandeja de horno con papel para hornear.

2 Poner cuatro montículos de sal de roca en la bandeja de horno y colocar un boniato encima de cada uno. Asarlos 35 minutos, hasta que estén blandos.

3 Retirar del horno y dejar enfriar 15 minutos. Luego pelarlos (se puede asar la piel un poco más y tomarla como un aperitivo dulce y crujiente). Poner la pulpa del boniato en un bol. (Desechar la sal.)

4 Añadir la yema de huevo, la harina, la cebolla, el tomillo, la pimienta y la sal. Mezclar bien; debe quedar una masa bastante húmeda. Formar ocho pastelitos de 2 cm de espesor y ponerlos en la bandeja de horno. Hornear 25 minutos, hasta que estén crujientes.

5 Mientras, poner a hervir agua en una olla grande. Añadir el kale y las judías verdes, y cocer 1 minuto. Escurrir, enfriar con agua y transferir a un bol grande.

6 Poner una sartén pequeña a fuego medio y tostar las avellanas y las semillas de calabaza 4 minutos, hasta que estén ligeramente doradas. Añadir al bol de las verduras junto con la ralladura de naranja, los tomates cherry y una pizca de sal. Mezclar bien.

7 Servir los pastelitos de boniato sobre un lecho de ensalada de col rizada y judías verdes.

RICA EN vitaminas B1 (tiamina), B6, C y E • folato • potasio • hierro • betacaroteno • fibra

BENEFICIOSA PARA: corazón ①② • digestión ① • piel, cabello y uñas ①③ • mente ① • fatiga ① • mujeres ①

FALAFEL DE REMOLACHA

4 RACIONES · 385 CALORÍAS POR RACIÓN

Esta receta es el resultado de una serie indecible de intentos de hacer falafel. La principal razón por la que los falafel salen mal es por querer ahorrar tiempo usando garbanzos en conserva.
El resultado son unos falafel demasiado húmedos, blandos y de aspecto poco apetitoso. Pero si empiezas con garbanzos secos, te quedarán unos falafel maravillosamente crujientes, redondos y granulados. Aquí hemos añadido la remolacha por su color rojo brillante. La remolacha es una rica fuente de folato, necesario para producir glóbulos rojos y prevenir la anemia.

200 g de garbanzos secos
2 remolachas peladas y finamente picadas
1 zanahoria finamente picada
50 g anacardos
30 g de pistachos comprados con cáscara y pelados
1 cdta. de aceite de oliva
½ cebolla roja finamente picada
2 dientes de ajo finamente picado
1 huevo, ligeramente batido con un tenedor
La ralladura de 1 limón
2 cdta. de comino molido
1 cdta. de pimentón ahumado
1 cda. de semillas de sésamo

PARA LA SALSA DE YOGUR

3 cdas. de yogur de soja natural
La ralladura y el zumo de 1 limón
1 cdta. de tahini
1 pepino pelado sin semillas y cortado en rodajas finas
Una pizca de comino molido
Una pizca de sal

PARA SERVIR

Hojas de lechuga iceberg
Hojas de menta fresca

1 Dejar los garbanzos en remojo en agua fría durante la noche. Al día siguiente, escurrirlos y colocarlos en una olla con agua fría. Llevar a ebullición y luego cocerlos a fuego lento unos 50 minutos, hasta que estén blandos. Escurrir y secar con papel de cocina.

2 Precalentar el horno a 180 °C (160 °C con ventilador). Forrar una bandeja de horno con papel de hornear.

3 Poner en una batidora los garbanzos, la remolacha, la zanahoria, los anacardos y los pistachos y triturar hasta que queden finamente picados. Pasar a un bol y reservar.

4 Calentar el aceite de oliva en una sartén antiadherente y freír la cebolla y el ajo hasta que estén tiernos. Incorporarlos al bol junto con el resto de los ingredientes (excepto las semillas de sésamo). Mezclar bien.

5 Dividir la mezcla en pequeñas bolas y hacerlas rodar sobre las semillas de sésamo para recubrirlas. Poner las bolas en la bandeja de horno y hornear 50 minutos.

6 Mientras tanto, preparar la salsa mezclando todos los ingredientes.

7 Servir los falafel con la salsa y unas hojas de lechuga y de menta. Para comerlos, poner tres hojas de menta sobre una hoja de lechuga, colocar encima un falafel, añadir una cucharada de salsa de yogur y envolver.

RICA EN vitaminas B1 (tiamina) y B6 · folato · potasio · hierro · magnesio · betacaroteno · fitoestrógenos · betasitosterol · nitratos

BENEFICIOSA PARA: corazón ①②③ · huesos ① · piel, cabello y uñas ①③④ · mente ①② · fatiga ①③⑤ · hombres ① · mujeres ①③④

FILETES DE CALABAZA Y CHALOTAS ASADAS

2 RACIONES • 155 CALORIAS POR RACIÓN

Cuando sirvas estos filetes de calabaza, es posible que alguien frunza el ceño desconcertado: ¿dónde está la carne? Pero después de dar dos bocados se producirá un silencio seguido de una sonrisa, porque este sustancioso y exquisito plato va a dejar satisfecho a cualquier amante de la carne (incluso a mi hermano carnívoro le encanta). La calabaza es una buena fuente de vitamina B6, esencial para el buen funcionamiento del sistema inmunitario y nervioso.

1 calabaza moscada
1 cda. de aceite de oliva
1 cdta. de sal marina en escamas
1 cdta. de pimienta negra molida
4 ramitas de romero fresco
4 ramitas de tomillo fresco
1 cda. de aceite de colza
1 cdta. de miel líquida
3 chalotas alargadas cortados por la mitad sin pelar

PARA LA ENSALADA DE ESPINACAS Y RÚCULA

2 manojos de espinacas más o menos picados
2 manojos de rúcula
Un puñado de hojas de albahaca troceadas
1 cdta. de aceite de oliva
El zumo de ½ limón
1 cda. de semillas de calabaza tostadas
Sal y pimienta

1 Precalentar el horno a 200 °C (180 °C con ventilador). Forrar dos bandejas de horno con papel de hornear.

2 Comenzando por el extremo del tallo, cortar la calabaza en rodajas diagonalmente, de modo que queden cuatro rodajas ovaladas de 2,5 cm de grosor. No usar la parte inferior bulbosa (se puede guardar para una sopa).

3 Disponer los «filetes» de calabaza en una de las bandejas de horno. Marcar la superficie con unas incisiones formando rombos, rociar con un poco de aceite de oliva y salpimentar. Colocar una ramita de romero y una ramita de tomillo sobre cada rodaja. Reservar.

4 Calentar el aceite de colza con la miel líquida en una sartén antiadherente. Poner las chalotas con el lado cortado hacia abajo y freír 10 minutos, hasta que estén doradas.

Transferirlas a otra bandeja de horno, manteniendo la parte cortada hacia abajo (esto evitará que asen demasiado y se deshidraten).

5 Meter las dos bandejas en el horno y asar 30-40 minutos, hasta que la calabaza y las chalotas estén tiernas.

6 Mientras, preparar la ensalada mezclando las espinacas, la rúcula y la albahaca con el aceite de oliva, zumo de limón, sal y pimienta. Espolvorear con las semillas de girasol.

7 Retirar la piel de las chalotas. Colocar estas sobre las rodajas de calabaza y servir con la ensalada.

RICA EN vitaminas B6, C y E • folato • potasio • magnesio • calcio • hierro • betacaroteno • fibra

BENEFICIOSA PARA: corazón ①②③ • huesos ① • digestión ① • inmunidad ① • piel, cabello y uñas ①③ • mente ①② • fatiga ①③⑤ • mujeres ①③

CALABACINES RELLENOS DE REMOLACHA Y CHALOTAS

2 RACIONES • 380 CALORÍAS POR RACIÓN

En la India tomamos un plato similar, y esta versión la creé gracias a la memoria gustativa. La clave está en usar calabacines grandes que se puedan rellenar con gran cantidad de boniato y remolacha. El plato se adorna con chalotas, que armonizan todos los elementos del plato y le añaden un sabor deliciosamente adictivo. Todos los tipos de cebollas y ajo contienen fibras no digeribles que actúan como prebióticos (más aún si se comen crudas) y favorecen el crecimiento de las bacterias beneficiosas del intestino, lo que ayuda a una buena digestión. Se pueden servir dos calabacines por persona, como plato principal, o uno por persona, como un rico entrante.

1 cda. de sal de roca (no para comer)
1 boniato
4 calabacines
1 cdta. de aceite de colza
5 chalotas finamente picadas
Un trozo de 2,5 cm de jengibre fresco rallado con la piel
2 dientes de ajo finamente picados
2 tallos de apio finamente picados
2 remolachas, peladas y ralladas
150 ml de leche de coco
1 cda. de semillas de sésamo

1 Precalentar el horno a 200 °C (180 °C con ventilador). Forrar una bandeja pequeña de horno con papel de hornear.

2 Formar un montículo con sal de roca en la bandeja de horno y colocar encima el boniato. Hornear 35 minutos, hasta que esté blando. Retirar del horno (mantener este encendido) y dejar enfriar. Luego pelar el boniato y reservar. (Desechar la sal de roca.)

3 Mientras se asa el boniato, cortar los calabacines por la mitad a lo largo y extraer el centro blando con una cucharita. Tener cuidado de no extraer demasiada carne y romper la piel; los calabacines deben quedar como «cazuelitas» lo bastante gruesas para contener el líquido del relleno. Reservar.

4 Calentar una sartén y añadir el aceite. Freír las chalotas 5 minutos, hasta que estén tiernas. Retirar la mitad de las chalotas y reservar. Añadir a la sartén el jengibre, el ajo, el apio y la remolacha, y saltear 5 minutos; luego reducir el fuego a bajo. Añadir la leche de coco y revolver para mezclar. Cocinar a fuego lento 5 minutos para que se reduzca, revolviendo de vez en cuando. Retirar del fuego. Añadir el boniato asado y finamente picado. Mezclar bien.

5 Colocar las mitades de calabacín en la bandeja de horno. Rellenarlas con la mezcla de boniato y remolacha y añadir por encima las chalotas reservadas y las semillas de sésamo. Meter en el horno y hornear 15 minutos. Servir calientes con una ensalada de espinacas y semillas de girasol.

RICA EN vitaminas B1 (tiamina), B6 y C • folato • potasio • hierro • calcio • magnesio • betacaroteno • prebióticos • nitratos • fibra

BENEFICIOSA PARA: corazón ① ② • huesos ① • digestión ① • inmunidad ① • piel, cabello y uñas ① ③ • mente ① ② • fatiga ① ⑤ • mujeres ①

BERENJENAS AL HORNO CON GRANADA

4 RACIONES • 145 CALORÍAS POR RACIÓN

Muchas de nuestras recetas están inspiradas en la cocina de Oriente Medio. Este es un plato precioso lleno de contrastes: la carne de berenjena cremosa, terrosa y algo amarga se complementa a la perfección con el yogur ligero, la menta fresca y las dulces semillas de granada. Las hierbas y especias frescas reducen la necesidad de usar sal para condimentar, además de añadir valor nutricional a los platos.

4 berenjenas
1 cdta. de pimentón ahumado
1 cdta. de aceite de oliva
1 granada
Una pizca de zumaque molido, para decorar

PARA LA SALSA DE TOMATE

8 tomates de rama picados
4 chalotas picadas
1 guindilla roja fresca, sin semillas y picada
1 ramita de apio picada
5 dientes de ajo picados
Un puñado de perejil fresco picado
Las hojas de 2 ramitas de tomillo fresco

PARA LA SALSA DE YOGUR

1 cda. de yogur de soja natural
La ralladura y el zumo de 1 limón
Un puñado de cilantro fresco finamente picado
Un puñado de menta fresca finamente picada, y unas cuantas hojas más para decorar
Sal y pimienta

1 Precalentar el horno a 200 °C (180 °C con ventilador).
2 Cortar las berenjenas por la mitad en sentido longitudinal. Marcar la carne con unas incisiones de 1 cm de profundidad formando rombos. Espolvorear con el pimentón y un poco de sal y pimienta, y rociar con el aceite de oliva. Poner las berenjenas en una bandeja de horno, con la parte cortada hacia arriba, y asar 25 minutos, hasta que estén totalmente tiernas.
3 Mientras, preparar la salsa de tomate. Poner todos los ingredientes en una batidora y triturar 30 segundos, de modo que quede una mezcla con una textura gruesa. Transferir a un cazo mediano. Llevar a ebullición y luego cocer suavemente a fuego bajo o medio 20 minutos, revolviendo de vez en cuando.

4 Mezclar el yogur con la ralladura y el zumo de limón, el cilantro y la menta. Salpimentar al gusto.
5 A continuación retirar las semillas de la granada. Partir esta por la mitad y poner las mitades hacia abajo sobre papel de cocina. Golpear suavemente con una cuchara de madera hasta que todas las semillas hayan caído. Retirar los trocitos de piel que también hayan caído.
6 Para servir, poner dos mitades de berenjena en cada plato. Cubrir con la salsa de tomate, el yogur y, por último, las semillas de granada. Decorar con las hojas de menta y el zumaque.

RICA EN vitaminas B6 C • folato • potasio • licopeno • fibra

BENEFICIOSA PARA: corazón ① ② • digestión ① • inmunidad ① • mente ① • hombres ① • mujeres ①

ENSALADA DE BERENJENAS BABY CON ESPINACAS

4 RACIONES • 185 CALORÍAS POR RACIÓN

Las deliciosas berenjenas baby quedan estupendas en esta colorida ensalada de espinacas con salsa picante. El plato puede servir como un maravilloso entrante o como un plato principal, según el tamaño de la ración, y también como una guarnición para pollo o pescado.
Las berenjenas baby existen en distintas formas: pequeñas y redondas o alargadas y delgadas, como las que usamos aquí. Si solo las encuentras redondas, córtalas en cuartos. Todas las berenjenas son ricas en fibra, que ayuda a mantener la salud del sistema digestivo.

20 berenjenas baby (mejor, pequeñas y delgadas)
1 cda. de aceite de oliva
1 cdta. de sal marina en escamas

PARA LA ENSALADA ESPINACAS
200 g de espinacas cortadas en trozos pequeños
½ cebolla roja cortada en tiras
La ralladura y el zumo de ½ limón
1 cdta. de aceite de colza
Un puñado de cilantro fresco
30 g de pistachos pelados (comprados con cáscara)
30 g de anacardos

PARA LA SALSA DE TOMATE
4 tomates maduros finamente picados
½ cebolla roja finamente picada
½ chile verde fresco, sin semillas y picado
Un puñado de perejil fresco finamente picado

1 Precalentar el horno a 200 °C (180 °C con ventilador).
2 Cortar las berenjenas por la mitad en sentido longitudinal y disponerlas con la parte cortada hacia arriba en una bandeja de horno. Rociarlas con el aceite de oliva y espolvorearlas con la sal. Asar 20 minutos, hasta que estén blandas.
3 Mientras, poner las espinacas en un bol con la cebolla y el zumo de limón. Poner la ralladura de limón, el aceite, el cilantro, los pistachos y anacardos en una batidora, y triturar hasta conseguir una textura gruesa. Añadir esta mezcla a las espinacas y la cebolla, y mezclar bien.
4 En otro bol mezclar todos los ingredientes para la salsa.

5 Para servir, disponer las mitades de berenjena, con el lado cortado hacia arriba, en un plato grande y añadir por encima una cucharada de ensalada de espinacas y otra de salsa de tomate.

RICA EN vitaminas B1 (tiamina), B6 y C • folato • potasio • betacaroteno • fibra

BENEFICIOSA PARA: corazón ① ② • huesos ① • digestión ① • inmunidad ①

BERENJENAS AL HORNO

6 RACIONES • 380 CALORÍAS POR RACIÓN

Este sencillo plato de berenjenas y tomates al horno se basa en el plato italiano *melanzane alla parmigiana*, pero aquí el puré de alubias proporciona la cremosidad que en la receta clásica aporta el queso. El pan rallado sin trigo y la levadura en copos logran el mismo efecto que el tradicional parmesano. La levadura en copos, ideal para añadir un sabor parecido al queso, se puede encontrar en la mayoría de las tiendas de alimentación dietética.

3 berenjenas
300 g de maíz fresco o congelado (ya descongelado)
50 g de levadura en copos
300 g de pan rallado sin trigo

PARA LA SALSA DE TOMATE
1 cdta. de aceite de oliva
1 cebolla finamente picada
2 dientes de ajo finamente picados
2 tallos de apio finamente picados
1 cda. de pimentón
1 cdta. de orégano seco
1 cdta. de sal
1 cdta. de pimienta
800 g de tomates troceados en conserva
100 g de tomates cherry

PARA EL PURÉ
800 g de judiones en conserva, escurridos y lavados
200 ml de leche de arroz
Una pizca de canela en polvo
1 cdta. de guindilla molida

1 Primero preparar la salsa de tomate. Calentar el aceite en una cacerola, agregar la cebolla y el ajo y rehogar 5 minutos. Agregar el apio, el pimentón, el orégano, la sal y la pimienta, y saltear 2 minutos más. Añadir los tomates en conserva y frescos. Llevar a ebullición y luego bajar el fuego y cocinar a fuego lento 20 minutos, revolviendo de vez en cuando. Añadir un poco de agua si la salsa empieza a pegarse a la olla.

2 Precalentar el horno a 200 °C (180 °C con ventilador).

3 Para hacer el puré, mezclar los ingredientes en una olla y cocinar a fuego medio 10 minutos. Transferir a una batidora y triturar hasta que quede una mezcla homogénea. (Si no se tiene batidora, triturar a mano; tendrá una textura más gruesa, pero quedará igual de bien.)

4 Limpiar las berenjenas y cortarlas en rodajas de 1 cm. Poner la mitad en una fuente de horno de 20 x 26 cm.

5 Cubrir con la mitad del maíz y la mitad del puré, y luego recubrir con la mitad de la salsa de tomate. Repetir las mismas capas con los ingredientes restantes. Espolvorear con los copos de levadura y pan rallado.

6 Hornear 50 minutos, hasta que la superficie esté crujiente y la berenjena tierna. Servir caliente.

RICA EN vitaminas B1 (tiamina), B6, C y E • potasio • magnesio • hierro • licopeno • fibra

BENEFICIOSA PARA: corazón ① ② • digestión ① • inmunidad ① • mente ① ② • fatiga ① ③ ⑤ • hombres ① • mujeres ① ③

LASAÑA VEGETARIANA

4 RACIONES • 430 CALORÍAS POR RACIÓN

Pensábamos que sería imposible hacer una lasaña sin carne, lácteos ni trigo, pero los sustitutos que hemos encontrado para los ingredientes clave son ideales para el plato. La crema de alubias consigue el mismo efecto que la bechamel en una lasaña tradicional: fusiona los ingredientes y añade cremosidad. El calabacín hace la función de la pasta, con una textura muy similar. Y las verduras picadas funcionan muy bien como relleno por su sabor y aspecto. Este plato es rico en folato, que ayuda a reducir los niveles altos de homocisteína en la sangre, relacionados con ciertas enfermedades cardíacas.

8 calabacines
2 cdas. de aceite de oliva
1 cebolla roja finamente picada
2 dientes de ajo finamente picados
6 tomates de rama grandes cortados en daditos
4 tomates secados al sol picados
1 mazorca de maíz dulce o unos 150 g de granos de maíz congelado (ya descongelado)
1 pimiento rojo sin semillas y cortado en rodajas finas
1 berenjena cortada en rodajas de 1 cm de espesor
1 cda. de tomillo seco
800 g de judiones en conserva, bien lavados
250 ml de leche de arroz
Un puñado de perejil fresco finamente picado
Una pizca de guindilla seca molida
Sal marina en escamas y pimienta negra molida

1 Precalentar el horno a 200 °C (180 °C con ventilador).

2 Para hacer la «pasta» de calabacín, cortar los calabacines en cintas delgadas con un pelador de verduras. Untarlas con 2 cucharaditas de aceite y un poco de sal y pimienta. En este punto se pueden dejar macerar o bien freírse a la plancha para que se marquen las líneas de la plancha. Para esto, calentar una plancha o sartén acanalada y freír las cintas de calabacín 1 minuto por cada lado (quizá haya que hacerlo en 4 o 5 tandas, según el tamaño de la plancha). Reservar las cintas.

3 Calentar 1 cucharadita de aceite de oliva en una sartén mediana, agregar la cebolla y el ajo, y freír 5 minutos, hasta que se ablanden. Retirar la mitad de la mezcla de cebolla y pasar en una batidora o robot de cocina (para hacer la salsa de alubias). Añadir a la sartén los tomates frescos y los secos más 100 ml de agua, y dejar cocer a fuego lento 30 minutos, revolviendo de vez en cuando.

4 Mientras, si se usa maíz fresco, retirar las hojas y barbas, si es necesario, y desgranar la mazorca. Para ello, sostener la mazorca inclinada por un extremo, apoyando el otro en el centro de un trapo de cocina sobre la superficie de trabajo, y pasar un cuchillo de arriba abajo para desprender los granos. Hacer esto a todo alrededor. Desechar la mazorca. Extender los granos de maíz dulce en una bandeja de horno con el pimiento rojo y la berenjena. Rociar con la cucharada restante de aceite de oliva y espolvorear con el tomillo seco. Asar 20 minutos.

5 Mientras las verduras se asan, preparar la salsa de alubias. Añadir los judiones, la leche de arroz y el perejil a la cebolla y ajo en la batidora, y triturar 5 minutos, hasta que quede una mezcla muy homogénea. Pasar a un bol. Lavar la batidora o robot de cocina (se necesitará de nuevo para la salsa de tomate).

6 Sazonar la salsa de tomate con sal, pimienta y guindilla. Transferir a la batidora o robot de cocina y triturar para hacer una salsa de textura granulada. Verter en un bol grande y agregar las verduras asadas. (Dejar el horno encendido).

7 Ahora se pueden montar las capas. Primero cubrir el fondo de una fuente para horno con una capa de calabacín (alrededor de un tercio). Añadir una capa de salsa de tomate (la mitad), seguida de una capa de salsa de alubias (la mitad). Repetir las capas del mismo modo y terminar con una de calabacín.

8 Hornear 25 minutos. Servir la lasaña caliente con una ensalada verde.

RICA EN vitaminas B1 (tiamina), B3 (niacina), B6, C y E • folato • potasio • hierro • magnesio • betacaroteno • fibra

BENEFICIOSA PARA: corazón ①②③ • huesos ① • digestión ① • inmunidad ① • piel, cabello y uñas ①③ • mente ①② • fatiga ①③⑤ • mujeres ①

ESPAGUETIS DE CALABACÍN CON PESTO DE TOMATE

2 RACIONES • 230 CALORÍAS POR RACIÓN

¡Qué maravilla haber descubierto los espaguetis de calabacín! Tendrás que comprar un pelador/cortador en juliana para hacerlos, pero la inversión merece la pena. Lo mejor de estos espaguetis de calabacín con salsa de tomate fresco es que es una alternativa baja en calorías a la pasta tradicional, por lo que puedes comer hasta hartarte. Puede ser un almuerzo estupendo si estás intentando perder peso.

4 calabacines
Una pizca de sal marina en escamas
8 tomates grandes en rama
2 puñados de hojas de albahaca fresca finamente picadas
1 cda. de aceite de oliva
1 diente de ajo picado
Sal
1 cda. de piñones tostados, para decorar

1 Con un pelador, cortar los calabacines sin pelarlos en tiras largas como espaguetis, hasta llegar al centro blando donde están las semillas. Mezclar con la sal marina y reservar.

2 Poner a hervir agua en una olla. Cortar una cruz en la base de los tomates y meterlos en agua hirviendo 20-30 segundos; transferirlos enseguida a un bol con agua fría. Retirar la piel.

3 Cortar los tomates por la mitad, quitar las semillas y picarlos. Ponerlos con la albahaca, el aceite, el ajo y sal al gusto en una sartén antiadherente.

4 Calentar la salsa de tomate a fuego suave 2-3 minutos. Añadir los espaguetis de calabacín y calentar de 1-2 minutos. Servir enseguida con unos piñones tostados por encima.

RICA EN vitaminas B6, C y E • folato • potasio • hierro • magnesio • licopeno • fibra

BENEFICIOSA PARA: corazón ①②③ • huesos ① • digestión ① • inmunidad ① • mente ①② • fatiga ①③⑤ • hombres ① • mujeres ①③

COLIFLOR, ZANAHORIAS Y ALCARAVEA AL HORNO CON YOGUR DE LIMÓN

2 RACIONES • 210 CALORÍAS POR RACIÓN

La coliflor es muy versátil y puede adoptar innumerables formas —de cuscús o rissotto, cruda en trocitos o en ramilletes al curry— cada una con una textura y un sabor distintos. Pero de todas las maneras posibles de prepararla, asada es como queda más buena. Al cocinarla al horno se potencia su sabor intenso y terroso y su suave textura cremosa. El plato es rico en vitamina B1, que participa en la conversión de carbohidratos en energía.

1 coliflor
3 zanahorias grandes
1 cda. de aceite de cacahuete
La ralladura de 1 limón
Una pizca de sal marina en escamas
Una pizca de pimienta negra
1 cdta. de pimentón
1 cdta. de semillas de alcaravea
1 cdta. de semillas de sésamo

PARA EL YOGUR DE LIMÓN Y MENTA

2 cdas. de yogur de soja natural
La ralladura y el zumo de ½ limón
Una pizca de pimentón
3 hojas de menta fresca finamente picada
Una pizca de sal
Una pizca de pimienta negra

1 Precalentar el horno a 200 °C (180 °C con ventilador). Forrar una bandeja de horno con papel para hornear.

2 Cortar los ramilletes de la coliflor dejando la mayor cantidad de tallo posible, y luego cortarlos por la mitad. Ponerlos en un bol grande. Pelar las zanahorias y cortarlas en diagonal en rodajas de 1 cm de grosor. Añadir al bol.

3 Agregar el aceite, la ralladura de limón, la sal marina, la pimienta, el pimentón, el comino y las semillas de sésamo. Mezclar todo de modo que las verduras queden bien recubiertas por el aderezo. Transferir a una fuente de horno y asar 20 minutos.

4 Mientras, mezclar el yogur con la ralladura y el zumo de limón, el pimentón, la menta, la sal y la pimienta. Mantener en la nevera hasta que se necesite.

5 Rociar la coliflor y las zanahorias con el yogur de limón y menta, y servir.

RICA EN vitaminas B1 (tiamina) y C • folato • potasio • fitoestrógenos • betacaroteno • fibra

BENEFICIOSA PARA: corazón ① ② • huesos ① • digestión ① • inmunidad ① • piel, cabello y uñas ① ④ • hombres ① • mujeres ① ③ ④

RISOTTO DE COLIFLOR CON PISTACHOS

2 RACIONES • 320 CALORÍAS POR RACIÓN

Aquí te presentamos un risotto... hecho sin arroz. La alternativa de la coliflor funciona a la perfección. Al cocinar el tronco bastante tiempo antes de añadir los ramilletes reducidos a «granos de arroz», se obtiene la cremosidad típica de un risotto, pero con la consistencia ligera de la coliflor. Este maravilloso plato vegetariano se acaba con unos pistachos al chile para añadir un toque algo más crujiente. Al igual que otros frutos secos, los pistachos son una buena fuente de proteínas y contienen grasas monoinsaturadas saludables.

1 coliflor
1 cda. de aceite de colza
3 chalotas finamente picadas
1 diente de ajo finamente picado
Un trozo de jengibre fresco del tamaño del pulgar, pelado y finamente rallado
2 tallos de apio finamente picados
2 zanahorias finamente picadas
600 ml de caldo de verduras (véase la página 283)
1 cdta. de guindilla seca molida
1 cdta. de semillas de sésamo
30 g de pistachos pelados (comprados con cáscara)

RICA EN vitaminas B1 (tiamina) y C • folato • potasio • hierro • betasitosterol • fibra

BENEFICIOSA PARA: corazón ① ② ③ • digestión ① • inmunidad ① • fatiga ① • hombres ①

1 Desechar todas las hojas exteriores de la coliflor. Separar los ramilletes de sus tallos. Poner los tallos y el tronco en una batidora y triturar hasta conseguir una textura de granos de arroz. Verter en un bol. Repetir lo mismo con los ramilletes para obtener la misma textura, y agregar al bol. Reservar.

2 Calentar un poco del aceite en una sartén grande y añadir dos de las chalotas. Freír a fuego medio 10 minutos, hasta que estén ligeramente doradas. Añadir el ajo y el jengibre y freír 3 minutos más. Ahora agregar el tronco de la coliflor triturado junto con los apios, zanahorias y caldo. Llevar a ebullición y luego cocer a fuego lento 25 minutos.

3 Añadir los ramilletes triturados y cocinar 3 minutos.

4 Mientras, calentar el resto del aceite en una sartén, agregar la chalota restante, la guindilla, las semillas de sésamo y los pistachos, y freír suavemente 2-3 minutos revolviendo bien.

5 Incorporar la mezcla de pistacho al «risotto» de coliflor y servir.

PASTEL DE VERDURAS DE PRIMAVERA CON HOJALDRE DE CALABACÍN

4 RACIONES • 190 CALORÍAS POR RACIÓN

Este plato vegetariano puede tomarse perfectamente solo, pero los carnívoros pueden acompañarlo con una pechuga de pollo. Es un rico pastel sin gluten que admite cualquier verdura de la temporada. En lugar de hojaldre, se cubre con unas cintas de calabacín. Los calabacines tienen un alto contenido de agua, por lo que son una de las verduras con menos calorías.

5 calabacines
1 cda. de aceite de colza, y un poco más para rociar
1 cebolla roja finamente picada
2 dientes de ajo finamente picados
2 ramitas de romero fresco
5 ramitas de tomillo fresco
2 puñados de perejil fresco finamente picado
La ralladura de 1 limón
1 cda. de harina sin gluten ni trigo
600 ml de caldo de verduras (véase la página 283)
½ nabo finamente picado
2 zanahorias finamente picadas
1 tallo de apio finamente picado
1 puerro cortado en rodajas finas
100 g de kale (col rizada) cortado en juliana
100 g de guisantes frescos o congelados
(ya descongelados)

1 Con un pelador de verduras, cortar el calabacín en cintas largas y delgadas hasta llegar al centro. (Se puede cortar en dados y añadirse a la olla con el kale, si se desea). Reservar.

2 Poner una cacerola grande en el fuego y añadir el aceite. Agregar la cebolla y freír 10 minutos, hasta que esté ligeramente dorada. Añadir el ajo, el romero, el tomillo, el perejil y la ralladura de limón, y cocinar otros 2 minutos. Incorporar la harina. Añadir la mitad del caldo y remover bien. Después de que hierva, cocer a fuego lento 5 minutos, revolviendo de vez en cuando.

3 Añadir el nabo, la zanahoria, el apio, el puerro y el caldo restante, y llevar de nuevo a ebullición. Cocer a fuego lento 20 minutos, y luego añadir el kale y los guisantes. Cocinar a fuego lento 5 minutos más.

4 Precalentar el grill del horno a la potencia media.

5 Transferir las verduras a un molde para pasteles (quitar las ramitas de romero). Cubrir con las cintas de calabacín y rociar con un poco de aceite. Colocar bajo el grill y gratinar unos 10 minutos, hasta que el calabacín esté crujiente. Servir enseguida.

RICA EN vitaminas B1 (tiamina), B6 y C • folato • potasio • hierro • betacaroteno • fibra

BENEFICIOSA PARA: corazón ①② • digestión ① • inmunidad ① • piel, cabello y uñas ①③ • mente ① • fatiga ① • mujeres ①

TAJÍN DE REMOLACHA Y ZANAHORIA CON CUSCÚS DE COLIFLOR

4 RACIONES • 230 CALORÍAS POR RACIÓN

Este guiso marroquí se hace tradicionalmente en un recipiente llamado tajín, pero como la mayoría de la gente no lo tenemos, aquí utilizamos una cacerola corriente. Aun así se logra muy bien el sabor dulce, rico y aromático de un tajín clásico. La remolacha añade un delicioso sabor a tierra y las zanahorias le dan un vivo colorido. Las zanahorias son una de las fuentes más ricas de betacaroteno, que se transforma en vitamina A en el cuerpo. Esta vitamina es esencial para la salud de la piel y los ojos.

1 cda. de aceite de colza
1 cebolla finamente picada
2 dientes de ajo finamente picados
1 cda. de jengibre fresco rallado
1 cdta. de cúrcuma molida
1 cdta. de cilantro molido
1 cdta. de canela en polvo
½ manojo de apio cortado en daditos
2 remolachas peladas y picadas
4 zanahorias cortadas en daditos
300 ml de caldo de verduras (véase la página 283)
400 g de garbanzos en conserva bien lavados
La ralladura de 1 limón
Un puñado de hojas de menta fresca finamente picadas
Un puñado de cilantro fresco finamente picado
La ralladura de 1 naranja

PARA EL CUSCÚS

1 coliflor grande
Aceite de colza, para rociar
La ralladura y el zumo de 1 limón
Sal y pimienta negra molida

1 Precalentar el horno a 200 °C (180 °C con ventilador). Forrar una bandeja de horno con papel de hornear.

2 Para hacer el cuscús de coliflor, quitar las hojas exteriores de la coliflor. Separar los ramilletes de sus tallos. Poner los tallos y el tronco en una batidora y triturar hasta conseguir una textura de cuscús. Verter sobre la bandeja de horno. Triturar igualmente los ramilletes hasta obtener una textura de cuscús, y verter también sobre la bandeja de horno. Extender de manera uniforme. Reservar.

3 Colocar una cacerola grande sobre un fuego medio. Añadir la cucharada de aceite y la cebolla y freír 10 minutos. Añadir el ajo y el jengibre y cocinar 3 minutos. Incorporar la cúrcuma, el cilantro y la canela con un chorrito de agua. Bajar el fuego y cocinar 3 minutos.

4 Agregar el apio, la remolacha y las zanahorias y cocinar 2 minutos, revolviendo para que todo se impregne con la mezcla de especias. Verter el caldo y después de que hierva, cocer a fuego lento 20 minutos. Las verduras deben quedar algo crujientes, no blandas.

5 Mientras, rociar el cuscús de coliflor con un poco de aceite y la ralladura y el zumo de limón. Asar en el horno 10 minutos. Sacar del horno y salpimentar.

6 Mientras se asa el cuscús, añadir los garbanzos y la ralladura de limón al tajín, y cocinar 5 minutos más. Retirar del fuego y dejar reposar 5 minutos antes de incorporar la menta y el cilantro picado, la ralladura de naranja y sal y pimienta al gusto. Servir con el cuscús de coliflor.

RICA EN vitaminas B6 y C • folato • potasio • hierro • betacaroteno • fibra

BENEFICIOSA PARA: corazón ① ② • digestión ① • inmunidad ① • piel, cabello y uñas ① ③ • fatiga ① • mujeres ①

CURRY DE CALABAZA AL ESTILO DE SRI LANKA

4 RACIONES • 535 CALORÍAS POR RACIÓN (CON ARROZ)

En la India, cuanto más se desciende hacia el sur, más se llena el paisaje de cocoteros. Por ello no es de extrañar que en Sri Lanka, una isla frente a la costa más meridional de la India, los ricos y cremosos cocos se usen en abundancia. Esta receta es una adaptación de un pollo al curry, en la que la calabaza asume el papel principal junto con una aromática salsa especiada. Si estás intentando reducir el consumo de calorías, utiliza leche de coco baja en grasa.

300 g de arroz integral
1 cda. de aceite de coco
1 cdta. de semillas de mostaza
1 cebolla grande finamente picada
2 dientes de ajo finamente picados
2 cdas. de jengibre fresco rallado
1 chile rojo fresco picado
5 hojas de curry
2 cdas. de curry en polvo
1 cdta. de cúrcuma molida
2 vainas de cardamomo
4 tallos de apio cortados en rodajas finas
2 tomates sin semillas y cortados en daditos
1 calabaza moscada pelada, sin semillas
y cortada en daditos
100 g de anacardos picados
600 ml de caldo de verduras (véase la página 283)
200 ml de leche de coco
Sal y pimienta
Cilantro fresco picado, para decorar

1 Poner el arroz en una olla mediana y cubrir con el triple de su volumen de agua. Añadir una pizca de sal. Llevar a ebullición a fuego fuerte y luego cocer a fuego lento 20 minutos, hasta que esté blando. Escurrir bien y mantener caliente.

2 Mientras se cuece el arroz, preparar el curry. Poner a calentar una cacerola grande a fuego medio y agregar el aceite de coco. Añadir las semillas de mostaza y la cebolla, y rehogar 5 minutos, hasta que se dore ligeramente. Añadir el ajo y el jengibre, bajar el fuego y cocinar 2 minutos más.

3 Añadir el chile, las hojas de curry, el polvo de curry, la cúrcuma y el cardamomo, y cocinar 1 minuto más; si fuera necesario, agregar un poco de agua para evitar que las especias se peguen a la base de la olla.

4 Incorporar los tomates, el apio, la calabaza y los anacardos, y mezclar con las especias y la cebolla. Verter el caldo de verduras y revolver. Cubrir y cocer a fuego medio 15 minutos.

5 Bajar el fuego y agregar la leche de coco. Cocinar a fuego lento 5 minutos, revolviendo de vez en cuando. Sazonar al gusto y espolvorear con cilantro antes de servir junto con el arroz integral.

RICA EN vitaminas B3 (niacina), B6 y C • folato • potasio • magnesio • hierro • zinc • betacaroteno • curcuminoides • fibra

BENEFICIOSA PARA: corazón ①②③ • huesos ①② • digestión ① • inmunidad ① • piel, cabello y uñas ①②③④ • mente ①② • fatiga ①③⑤ • hombres ①② • mujeres ①

CURRY DE CALABAZA Y TOFU AL HORNO

2 RACIONES • 515 CALORÍAS POR RACIÓN

Un curry al horno es una de las maneras más fáciles de cocinar un plato bien sabroso. Una vez preparada la calabaza con el tomate, el trabajo más duro habrá terminado. La salsa de coco aporta ese clásico sabor asiático de un curry, además de añadir frescura. Es la salsa perfecta para el tofu, que es una importante fuente no láctea de calcio y una fuente rica vegetariana de proteínas.

1 calabaza pequeña
2 cdas. de curry suave en polvo
½ cebolla roja finamente picada
2 dientes de ajo finamente picados
40 ml de aceite de colza
5 tomates de herencia (*heirloom*) no del todo maduros y cortados en cuartos
100 g de tofu firme cortado en daditos

PARA EL ALIÑO
2 cdas. de yogur de coco
1 cda. de aceite de colza
La ralladura y el zumo de ½ limón
Un puñado de semillas de calabaza tostadas

PARA LA ENSALADA
100 g de hojas de espinaca
½ pepino pelado y picado
Un puñado de cilantro fresco picado
Sal y pimienta

1 Precalentar el horno a 200 °C (180 °C con ventilador). Forrar una bandeja de horno con papel de hornear.
2 Cortar la calabaza por la mitad y quitarle las semillas y las hebras. Rebanarla en medias lunas de 1 cm de grosor.
3 Mezclar el curry en polvo, la cebolla, el ajo y el aceite en un bol. Añadir la calabaza, el tomate y el tofu, y revolver para que se recubran bien con las especias.
4 Transferir a la bandeja de horno y asar 25 minutos, sacudiendo la bandeja con frecuencia para que la calabaza no se pegue ni se queme.
5 Mientras, preparar el aliño mezclando todos los ingredientes.
6 Por último, trocear las espinacas y mezclar con el pepino y el cilantro. Sazonar al gusto. Añadir la mitad del aliño y mezclar.

7 Rociar el resto del aliño sobre el curry de calabaza y tofu, y servir con la ensalada.

RICA EN vitaminas B6, C y E • folato • hierro • potasio • calcio • magnesio • triptófano • fitoestrógenos • curcuminoides • betacaroteno • licopeno • fibra

BENEFICIOSA PARA: corazón ①②③ • huesos ①② • digestión ① • inmunidad ① • piel, cabello y uñas ①②③ • mente ①② • fatiga ①③⑤ • hombres ① • mujeres ①③④

CURRY VERDE TAILANDÉS

4 RACIONES • 265 CALORÍAS POR RACIÓN

Cuando te apetezca algo reconfortante y especiado, haz este perfumado curry tailandés. Lo fundamental de esta receta es la pasta de curry de color verde intenso, que se hace con gran cantidad de ingredientes aromáticos, lima y aceite de coco. Aunque el aceite de coco es rico en grasas saturadas, contiene ácidos grasos únicos que se absorben rápidamente y se oxidan para producir energía.

RICA EN vitaminas B1 (tiamina), B6 y C • folato • potasio • cromo • betacaroteno • fibra

BENEFICIOSA PARA: corazón ① ② • digestión ① • inmunidad ① • piel, cabello y uñas ① ③ • mente ① • mujeres ①

La ralladura y el zumo de 1 lima
1 palito de hierba limón troceado
4 hojas de lima kafir
½ chile rojo fresco, sin semillas y picado
Un trozo de jengibre fresco del tamaño del pulgar, picado con la piel
2 dientes de ajo
Un puñado de cilantro fresco picado
1 cda. de tamari
1 cda. de aceite de coco
50 g de anacardos
200 ml de leche de coco
1 berenjena cortada en trozos de 2,5 cm
2 tallos de apio cortados en daditos
1 pimiento rojo sin semillas y cortado en rodajas
150 g de broccolini o de ramilletes de brócoli
100 g de guisantes (sin vaina) frescos o congelados (ya descongelados)
1 calabacín cortado en daditos
Sal y pimienta

1 Para hacer la pasta de curry, poner la ralladura y el zumo de lima, la hierba limón, las hojas de lima kafir, el chile, el jengibre, el ajo, el cilantro, el tamari, 1 cucharadita de sal y el aceite de coco en una batidora, y triturar hasta conseguir una pasta de textura gruesa (o picar muy finamente los ingredientes).

2 Poner una cacerola grande en un fuego fuerte y tostar ligeramente los anacardos. Añadir la pasta de curry, reducir el fuego a medio y cocinar 5 minutos, revolviendo a menudo.

3 Verter la leche de coco y 200 ml de agua y revolver para mezclar. Añadir la berenjena, el apio y el pimiento rojo. Una vez hierva, cocinar a fuego lento 15 minutos.

4 Agregar el brócoli, los guisantes y el calabacín. Cocinar a fuego lento 5 minutos. Sazonar bien y servir con quinoa o arroz integral.

POTAJE DE JUDIONES Y CALABAZA

2 RACIONES • 315 CALORÍAS POR RACIÓN

La calabaza y el romero son estupendos compañeros: el sabor dulce y rico de la calabaza se equilibra a la perfección con el intenso aroma floral del romero. Además esta hierba es conocida como estimulante de los sistemas nervioso y circulatorio, y ha sido usada por los herbolarios para tratar trastornos como el síndrome de Raynaud (frío en los dedos de manos y pies), por lo que es una receta ideal para los meses de otoño e invierno. Puedes disfrutarlo como un plato vegetariano o como una guarnición de bonito color, en vez de puré de patatas, para acompañar carne o pescado.

RICA EN vitaminas B6, C y E • folato • potasio • hierro • magnesio • betacaroteno • fibra

BENEFICIOSA PARA: corazón ①② • huesos ① • digestión ① • inmunidad ① • piel, cabello y uñas ①③ • mente ①② • fatiga ①③⑤ • mujeres ①③

1 cebolla roja cortada en rodajas finas
1 cda. de aceite de oliva
1 chalota cortada en rodajas finas
2 dientes de ajo picados
Las hojas de 1 ramita de romero fresco finamente picadas
½ calabaza pelada, sin semillas y cortada en dados de 2,5 cm
Una pizca de nuez moscada recién rallada
150 ml de caldo de verduras (véase la página 283)
400 g de judiones en conserva, escurridos y enjuagados
Sal y pimienta

1 Precalentar el horno a 200 °C (180 °C con ventilador).
2 Disponer las rodajas de cebolla roja sobre una bandeja de horno y añadir un chorrito de aceite de oliva y un poco de sal y pimienta. Asar unos 15 minutos, hasta que se doren, y reservar.
3 Mientras, rehogar la chalota con el resto del aceite en una cacerola de base gruesa durante 5 minutos, hasta que esté transparente. Añadir el ajo y el romero y rehogar 3 minutos. Agregar la calabaza y la nuez moscada y rehogar 2-3 minutos, revolviendo.
4 Verter el caldo y llevar a ebullición. Luego cocer a fuego lento 15 minutos, hasta que la calabaza esté totalmente tierna.
5 Agregar los judiones y calentar todo 6 minutos. Sazonar y servir con la cebolla roja por encima.

POTAJE DE LEGUMBRES A LA MEXICANA

4 RACIONES • 475 CALORÍAS POR RACIÓN

Esta es una versión de un potaje de frijoles vegetariano que tomé en el restaurante La Esquina en Nueva York. La clave está en conseguir que las alubias queden con un punto de resistencia al masticarlas; si están demasiado cocidas, el plato se convertirá en un puré. Puedes añadir más chile si te apetece, y servir el plato con una ensalada abundante de aguacate (véase la página 97). Las legumbres son una fuente esencial de proteínas para los que no comen carne. Si combinas este potaje con un plato de cereales, estarás consumiendo la gama completa de aminoácidos.

200 g de frijoles negros secos
200 g de judías azuki secas
100 g de garbanzos secos
1 cda. de aceite de colza
1 cebolla picada
2 dientes de ajo finamente picados
Un puñado de tomates secados al sol finamente picados
1 cdta. de comino molido
Una pizca de pimentón ahumado
2 zanahorias finamente picadas
4 tallos de apio finamente picados
400 g de tomates en conserva troceados
1 mazorca de maíz
Una pizca de canela en polvo
Sal y pimienta

1 Poner las legumbres en un bol y cubrirlas con el doble o triple de su volumen de agua fría. Dejar en remojo toda la noche.

2 Escurrir las legumbres y transferirlas a una olla grande. Cubrir con agua fresca y llevar a ebullición, y luego cocer a fuego lento unos 40 minutos, hasta que estén tiernas. Escurrir y reservar.

3 Poner una cacerola grande con aceite en un fuego fuerte. Añadir la cebolla y cocinar 10 minutos, hasta que se dore ligeramente. Agregar el ajo, los tomates secados al sol, el comino, el pimentón, las zanahorias, el apio y los tomates en conserva, y remover bien. Verter 400 ml de agua y cocer a fuego lento durante 10 minutos.

4 Añadir las legumbres con 200 ml más de agua. Subir el fuego hasta que hierva, y luego bajarlo y cocer a fuego lento 20 minutos.

5 Mientras, separar los granos de la mazorca. Para ello, sostener la mazorca inclinada por un extremo, con la otra punta en el centro de un trapo de cocina sobre la superficie de trabajo. Pasar un cuchillo de arriba abajo para desprender los granos. Hacer esto a todo alrededor. Desechar la mazorca.

6 Agregar el maíz y la canela al potaje y cocinar 5 minutos más. Sazonar bien y servir.

RICA EN vitaminas B1 (tiamina) y B6 • folato • potasio • hierro • magnesio • fibra

BENEFICIOSA PARA: corazón ①②③ • huesos ① • digestión ① • mente ①② • fatiga ①③⑤ • mujeres ①

TOFU CON PIMIENTA NEGRA

2 RACIONES • 310 CALORÍAS POR RACIÓN

Este plato está inspirado en una receta del libro de cocina de Yotam Ottolenghi *El gourmet vegetariano*. Es posible que pienses que el tofu es demasiado insípido y aburrido, pero esta sencilla y deliciosa receta va a cambiar tu opinión. Como entrante queda ideal, y también puedes servirlo con un poco de arroz y un salteado de pak choi como plato principal.

400 g de tofu
1 cda. de harina de arroz integral
2 cdas. de aceite de colza
1 cda. de aceite de cacahuete
2 cebollas rojas cortadas en rodajas finas
5 chiles rojos frescos cortados en rodajas finas
3 dientes de ajo finamente picados
2 cdas. de jengibre fresco rallado
2 cdas. de salsa tamari
1 cdta. de miel líquida
2 cdas. de pimienta negra molida
1 cdta. de semillas de sésamo
2 cebollas tiernas cortadas en rodajas finas

1 Cortar el tofu en dados de 3 cm y rebozarlos con la harina de arroz; sacudir el exceso de harina. Calentar el aceite de colza en una sartén y freír el tofu girando los trozos con frecuencia para que se frían por todos los lados por igual. Retirarlo y dejar reposar sobre papel de cocina.

2 Limpiar la sartén con papel de cocina y ponerla sobre un fuego medio con el aceite de cacahuete. Cuando esté caliente, agregar la cebolla roja, los chiles, el ajo y el jengibre. Cocer 10 minutos, hasta que la cebolla esté tierna. Añadir el tamari, la miel, la pimienta y el sésamo, y mezclar bien.

3 Volver a añadir el tofu a la sartén y dejar que se caliente, revolviendo suavemente para mezclarlo con los demás ingredientes. Servir caliente adornado con las cebollas tiernas.

RICA EN vitaminas B6 y C • folato • potasio • calcio • hierro • fitoestrógenos • triptófano • fibra

BENEFICIOSA PARA: corazón ①②③ • huesos ① • digestión ① • inmunidad ① • mente ① • fatiga ①③ • hombres ① • mujeres ①③④

SALTEADO DE SETAS SHIITAKE CON DAIKON

2 RACIONES • 475 CALORIAS POR RACIÓN

Una de las mejores cualidades de la cocina asiática es su capacidad de crear platos vegetarianos llenos de sabor. Con sus ingredientes básicos —ajo, jengibre y salsa de soja—, cualquier plato queda gustoso. El tipo de salsa de soja que se utiliza aquí es la salsa tamari, que se produce durante la fabricación del miso. La salsa tamari es rica en fitoestrógenos y no contiene trigo.

6 setas shiitake secas
200 g de fideos de arroz integral
2 cdas. de aceite de colza
2 dientes de ajo picados
1 cdta. de jengibre fresco rallado
100 g de champiñones portobello en rodajas finas
3 cdas. de tamari
½ chile verde fresco en rodajas
2 cebollas tiernas cortadas en rodajas finas
½ daikon (nabo japonés) pelado y cortado en juliana
Sal y pimienta

1 Remojar las setas shiitake 45 minutos en agua caliente para rehidratarlas. Escurrirlas y quitarles el tallo (guardarlo para un caldo). Cortarlas en rodajas finas.
2 Calentar agua en una olla hasta que hierva, añadir los fideos y cocer 2 minutos, hasta que estén blandos. Escurrirlos y enjuagarlos con agua fría. Rociarlos con un poco de aceite y reservar.
3 Calentar 1 cucharada de aceite en un wok. Añadir el ajo, el jengibre, las setas shiitake y los champiñones, y saltear 2-3 minutos, hasta que las setas empiecen a dorarse. Añadir el tamari y el chile, y saltear otros 2 minutos. Transferir el contenido del wok a un plato y reservar.
4 Limpiar el wok y agregar la cucharada de aceite restante. Añadir las cebollas y el daikon, y saltear 2 minutos. Luego volver a añadir las setas a la sartén junto con los fideos. Saltear otros 2 minutos para calentar todo. Sazonar al gusto y servir.

RICA EN vitaminas B3 (niacina), B6 y C • folato • potasio • magnesio • selenio • zinc • fitoestrógenos • fibra

BENEFICIOSA PARA: corazón ① ② ③ • huesos ① • digestión ① • inmunidad ① • piel, cabello y uñas ① ④ • mente ① ② • fatiga ① ③ ⑤ • hombres ① ②

«ARROZ» DE COLIFLOR FRITO CON SETAS SHIITAKE Y TOFU

2 RACIONES • 620 CALORÍAS POR RACIÓN

La coliflor aporta a este plato una textura crujiente y, al añadir el huevo al final, todos los sabores se fusionan felizmente. Pero lo que da un toque especial al plato es la mezcla de anacardos, cilantro y tamari con la que se decora. Las setas shiitake contienen un tipo de fibra conocido como betaglucano, que puede ayudar a reforzar el sistema inmunitario.

1 coliflor sin las hojas exteriores
1 cda. de aceite de coco
2 dientes de ajo finamente picados
1 chile rojo fresco picado
5 setas shiitake frescas cortadas en rodajas
2 cdas. de aceite de sésamo tostado
150 g de tofu firme cortado en dados de 1 cm
4 cebollas tiernas cortadas en rodajas
3 huevos
Un puñado de cilantro fresco picado
Un puñado de anacardos tostados y picados
2 cdas. de salsa tamari

1 Separar los ramilletes de coliflor de sus tallos. Poner los tallos y el tronco en una batidora y triturar hasta conseguir una textura de granos de arroz. Verter en un bol. Repetir lo mismo con los ramilletes hasta obtener la misma textura, y agregar al bol

2 Forrar un bol grande con un paño de cocina y verter el «arroz» de coliflor. Doblar las esquinas del paño para envolver la coliflor y apretar para eliminar el exceso de líquido.

3 Poner un wok a calentar a fuego fuerte con el aceite de coco. Añadir el ajo, el chile y las setas shiitake, y saltear 2 minutos. Transferir la mezcla a un bol y reservar.

4 Limpiar el wok con papel de cocina y poner a calentar en un fuego fuerte con el aceite de sésamo. Agregar el tofu y rehogar hasta que se dore por todos lados. Añadir el «arroz» de coliflor y las cebollas tiernas. Saltear un minuto para impregnar todo con el aceite. Incorporar de nuevo las setas al wok y mezclar.

5 Formar un pequeño hueco en el centro de la mezcla de la sartén. Cascar los huevos en el hueco y remover para que las yemas se rompan y los huevos se cuajen revueltos con la coliflor. Servir caliente con el cilantro, los anacardos y la salsa tamari por encima.

RICA EN vitaminas del grupo B • vitaminas C y D • potasio • magnesio • zinc • calcio • hierro • fitoestrógenos • triptófano • fibra

BENEFICIOSA PARA: corazón ①②③ • huesos ① • digestión ① • inmunidad ① • piel, cabello y uñas ①④ • mente ①② • fatiga ①③⑤ • hombres ①② • mujeres ①③④

SALTEADO DE OCRA, COLIFLOR Y TOMATE

2 RACIONES • 215 CALORÍAS POR RACIÓN

La ocra, también llamada «dedos de dama», tiene un sabor y una textura únicos. Cruda tiene una superficie ligeramente vellosa, pero cuando se cocina adquiere una maravillosa textura crujiente (o puede volverse glutinosa si se cocina demasiado). Su sabor terroso con un toque de frutos secos queda muy bien en currys y salteados.

1 cda. de aceite de coco
4 cebollas tiernas cortadas en rodajas finas
2 dientes de ajo cortados en láminas finas
200 g de ocras cortadas en trozos transversalmente
1 chile verde fresco, sin semillas y finamente picado
Una pizca de jengibre en polvo
Una pizca de comino en polvo
Una pizca de canela en polvo
3 hojas de curry frescas
Un puñado de anacardos
½ coliflor cortada en ramilletes
400 g de tomates baby partidos por la mitad
Un puñado de perifollo fresco picado
1 limón cortado en rodajas

1 Calentar el aceite de coco en una cacerola mediana a fuego medio alrededor de 1 minuto. Agregar las cebollas y el ajo y freír 5 minutos. Añadir la ocra y rehogar 5 minutos, revolviendo con frecuencia.

2 Añadir el chile, las especias molidas, las hojas de curry y los anacardos. Al cabo de unos segundos agregar la coliflor y los tomates y reducir el fuego a bajo. Cocinar a fuego lento 10 minutos, hasta que los tomates estén blandos, revolviendo de vez en cuando. La coliflor debe quedar crujiente.

3 Servir adornado con el perifollo y el limón.

RICA EN vitaminas B3 (niacina), B6, C y E • folato • hierro • potasio • calcio • magnesio • licopeno • betacaroteno • fibra

BENEFICIOSA PARA: corazón ①②③ • huesos ① • digestión ① • inmunidad ① • piel, cabello y uñas ①③ • mente ①② • fatiga ①③⑤ • hombres ① • mujeres ①③

CEREALES Y LEGUMBRES

Los platos vegetarianos a base de cereales y legumbres de este capítulo son suficientemente nutritivos como para dejar satisfechos tanto a vegetarianos como a no vegetarianos. Muchos están inspirados en las cocinas de otros países, como una muestra de las numerosas maneras interesantes de cocinar estos nutritivos alimentos.

Los cereales integrales y las legumbres son una valiosa fuente de fibra, esencial para la salud del sistema digestivo. Una dieta alta en fibra ofrece grandes beneficios para la salud, como la reducción de los niveles de colesterol y la protección contra el cáncer de colon y la diabetes, además de ayudar a controlar el peso. Los cereales integrales y las legumbres son también ricos en proteínas y otros nutrientes esenciales, como vitaminas del grupo B, hierro, zinc y potasio.

Gracias a que muchos supermercados incluyen ahora una zona de «productos del mundo», puedes tener acceso a distintos tipos de legumbres y cereales. Desde la quinoa a la cebada perlada, desde el arroz salvaje al trigo sarraceno o desde las judías azuki a las lentejas caviar, estos alimentos se están convirtiendo en ingredientes corrientes en las despensas, ofreciendo alternativas interesantes y variadas al trigo y la carne roja.

Al final de la mayoría de las recetas, se detallan los principales nutrientes que aporta una ración, así como los problemas de salud a los que puede beneficiar la receta incluida en una dieta saludable. Para más información, consulta la página 9.

ENSALADA DE AGUACATE Y QUINOA

4 RACIONES • 480 CALORÍAS POR RACIÓN

Una comida exquisita debe tener también una textura agradable que se vaya transformando a medida que se mastica cada bocado, y eso es precisamente lo que ocurre en este plato a base de quinoa crujiente y cremoso aguacate. Con el complemento de la cebolla tierna y el punto cítrico del limón, será un deleite para el paladar. La quinoa tiene una carga glucémica baja y es una buena fuente de proteínas, por lo que es el hidrato de carbono perfecto para regular el nivel de azúcar en la sangre.

25 g de semillas de girasol
200 g de quinoa
2 aguacates
Un manojo de espinacas troceadas
1 cda. de cilantro fresco picado
2 cebollas tiernas cortadas en rodajas finas
60 g de tirabeques troceados
20 ml de aceite de colza
El zumo de 1 limón
Sal y pimienta

1 Precalentar el horno a 200 °C (180 °C con ventilador). Extender las semillas de girasol en una pequeña bandeja de horno y hornear 8 minutos, hasta que se doren. Dejar enfriar.

2 Poner la quinoa en una olla mediana y cubrir con el triple de su volumen de agua. Llevarla a ebullición a fuego fuerte, añadir entonces la sal y cocer otros 6-8 minutos, hasta que la quinoa esté tierna. Escurrir en un colador y enjuagar con agua fría para que se enfríe del todo. Dejar que escurra bien.

3 Pelar los aguacates y quitar los huesos. Picar la pulpa del aguacate y ponerla en un bol grande. Añadir las espinacas, el cilantro, la cebolla y los tirabeques, y mezclar todo con suavidad.

4 Agregar las semillas de girasol tostadas, la quinoa escurrida, el aceite de colza y el zumo de limón. Sazonar al gusto y servir.

RICA EN vitaminas B2 (riboflavina) y B6 • potasio • magnesio • hierro • zinc • betasitosterol

BENEFICIOSA PARA: corazón ①②③ • huesos ① • piel, cabello y uñas ①④ • mente ① • fatiga ⑤ • hombres ①② • mujeres ①

PIZZA DE QUINOA

4 RACIONES • 664 CALORÍAS POR RACIÓN

Esta es una versión saludable y sustanciosa de una pizza sin gluten ni lácteos. Para la base hemos utilizado la masa de nuestro pan de quinoa y para crear el sabor a queso, levadura en copos. Esta se puede conseguir en la mayoría de tiendas de alimentos dietéticos, pero si no la encuentras, la pizza seguirá estando igualmente deliciosa. Te sobrará algo de salsa, pero podrás usarla para una pasta sin trigo o para los espaguetis de calabacín (véase la página 127).

PARA LA BASE
La misma cantidad de masa de la receta del pan de quinoa (véase la página 44)

PARA LA COBERTURA
400 g de tomates cherry en conserva, escurridos
1 diente de ajo
Las hojas de un manojito de tomillo fresco
Una buena pizca de sal
4 tomates grandes (beef) cortados en rodajas
2 puñados de ramilletes de brócoli
2 cdas. de levadura en copos

1 Precalentar el horno a 200 °C (180 °C con ventilador). Forrar dos bandejas para el horno (o una grande si se va a hacer una pizza grande) con papel de hornear.

2 Dividir la masa de quinoa en cuatro porciones. Con cada una, moldear un disco de algo menos de 1 cm de grosor y disponer sobre las bandejas. Hornear las bases 40 minutos.

3 Mientras, preparar una salsa de tomate poniendo los tomates cherry, el ajo, el tomillo y la sal en una batidora o robot de cocina, y triturar hasta obtener una mezcla homogénea.

4 Retirar las bases del horno y untar por encima la salsa de tomate en una capa uniforme. Disponer las rodajas de tomate sobre la salsa y luego el brócoli. A continuación espolvorear con los copos de levadura.

5 Volver a hornear 15 minutos, hasta que el brócoli esté ligeramente dorado y tierno. Servir las pizzas calientes.

RICA EN vitaminas B3 (niacina), B6 y C • folato • zinc • potasio • magnesio • hierro • cromo • licopeno • fibra

BENEFICIOSA PARA: corazón ①②③ • huesos ① • digestión ① • inmunidad ① • piel, cabello y uñas ①④ • mente ①② • fatiga ①③⑤ • hombres ①② • mujeres ①④

ENSALADA DE QUINOA, ESPÁRRAGOS Y ALMENDRAS

4 RACIONES • 340 CALORÍAS POR RACIÓN

Haz esta sabrosa ensalada en la temporada de los espárragos. Estos son una fuente ideal de la fibra inulina, que actúa como prebiótico, ayudando a mantener una flora intestinal saludable.

200 g de quinoa
8 espárragos verdes
Los ramilletes cortados de 1 coliflor
40 g de almendras blanqueadas sin piel
La ralladura y el zumo de 2 limas
1 cdta. de aceite de oliva
5 ramitas de tomillo fresco
1 cdta. de aceite de colza
Un manojo de cebollino fresco finamente picado
Un pequeño puñado de pasas sultanas
Sal y pimienta

1 Precalentar el horno a 200 °C (180 °C con ventilador). Forrar una bandeja para horno con papel de hornear.
2 Poner la quinoa en una cacerola, cubrir con el triple de su volumen de agua y llevar a ebullición. Después cocinar a fuego lento 6-8 minutos, hasta que esté tierna. Escurrir en un colador y enjuagar, y luego dejar que se enfríe antes de transferirla a un bol.
3 Recortar el extremo leñoso de los espárragos. Cortar las puntas en trozos de 3,5 cm de largo y el resto en trozos de 1 cm. Disponer los espárragos en la bandeja de horno con la coliflor y las almendras.
4 En un pequeño bol mezclar la ralladura de lima, el aceite de oliva y el tomillo. Esparcir esta mezcla sobre las verduras con una pizca generosa de sal y pimienta. Hornear 6 minutos; al asarse poco tiempo, los sabores de las verduras se potencian pero se conserva la textura crujiente.
5 Añadir las verduras y almendras asadas a la quinoa y mezclar todo. Incorporar el aceite de colza, el zumo de lima, el cebollino, las pasas sultanas y un poco de sal y pimienta, y servir.

RICA EN vitaminas B6, C y E • folato • potasio • magnesio • hierro • betacaroteno • asparragina • prebióticos • fibra

BENEFICIOSA PARA: corazón ①②③ • huesos ① • digestión ①② • inmunidad ① • piel, cabello y uñas ①③ • mente ①② • fatiga ①③⑤ • mujeres ①③

CEBADA PERLADA CON MELÓN CANTALOUPE

2 RACIONES • 400 CALORÍAS POR RACIÓN

Esto puede parecer una combinación extraña, pero funciona sorprendentemente bien. El melón añade un sabor dulce y una textura suave que complementa la consistencia algo gomosa de la cebada. El melón cantaloupe es rico en el antioxidante betacaroteno, que es el que le aporta su bonito color naranja. Se encuentra en los meses de verano, la época perfecta para tomar esta ensalada en una comida al aire libre. Sírvela con pescado o carne a la plancha.

150 g de cebada perlada
1 cebolla roja cortada en rodajas finas
3 tomates en rama cortados en rodajas finas
El zumo de 2 limones
Una pizca de sal marina en escamas
1 cda. de aceite de colza
½ melón cantaloupe
Una pizca de sal
Una pizca de pimienta negra molida

1 Poner la cebada perlada en un colador y enjuagarla con agua fría. Escurrir y verter en una olla con el triple de su volumen de agua fresca. Llevar a ebullición sobre un fuego fuerte, y luego cocer a fuego lento 20-25 minutos, hasta que esté blanda. Escurrir y enjuagar con agua fría para enfriar. Dejar que escurra bien.

2 Verter la cebada en un bol grande. Añadir la cebolla y el tomate.

3 Poner en un bol pequeño el zumo de limón, la sal marina y el aceite de colza y batir hasta que se espese. Añadir a la cebada perlada y revolver bien.

4 Cortar el melón por la mitad y extraer las semillas. Cortar cada mitad en cuatro trozos, pelarlos y cortar la pulpa en dados de 2,5 cm. Poner el melón en un bol y sazonar con la sal y la pimienta negra molida.

5 Servir la cebada perlada con el melón sazonado encima.

RICA EN vitaminas B6, C y E • potasio • betacaroteno • licopeno • fibra

BENEFICIOSA PARA: corazón ① ② • inmunidad ① • piel, cabello y uñas ① ③ • mente ① • hombres ① • mujeres ③

TABOULÉ CON PISTACHOS

2 RACIONES • 350 CALORÍAS POR RACIÓN

Este plato árabe se hace tradicionalmente con bulgur, pero aquí lo hemos sustituido por trigo sarraceno, que tiene una textura y un sabor muy similar, aunque sin trigo. (A pesar de su nombre, el trigo sarraceno no tiene ningún parentesco con el trigo). La clave para un buen tabulé está en mezclar un montón de tomate y hierbas con algo de trigo sarraceno, y no al revés. Este plato resulta fresco y delicioso, y puede tomarse solo, con un buen pan sin gluten, o como guarnición de carne o pescado. Es también ideal para una cena con invitados, servido con hummus envuelto en hojas de lechuga.

100 g de trigo sarraceno
2 manojos de perejil fresco
Un manojo de menta fresca
300 g de tomates en rama maduros, sin semillas y picados en trocitos
½ cebolla roja finamente picada
El zumo de 1 limón
1 cda. de aceite de oliva
1 cdta. de sal
Una pizca de pimienta negra
Un puñado de pistachos sin cáscara (pelados en casa) y ligeramente triturados

1 Poner el trigo sarraceno en una olla y cubrir con el doble de su volumen de agua. Llevar a ebullición y luego cocer 5 minutos, hasta que esté blando. Escurrir en un colador, enjuagar con agua fría para que se enfríe y escurrir bien.
2 Arrancar las hojas del perejil y la menta y picarlas bien (guardar unas hojas de menta para decorar, si se desea).
3 Transferir el trigo sarraceno a un bol grande y añadir el tomate, la cebolla, el perejil, la menta, el zumo de limón, el aceite, la sal y la pimienta. Mezclar bien.
4 Decorar con los pistachos y las hojas de menta, y servir.

RICA EN vitaminas B1 (tiamina), B6 y C • folato • potasio • fitoestrógenos • licopeno

BENEFICIOSA PARA: corazón ① • inmunidad ① • mente ① • hombres ① • mujeres ①③④

ENSALADA DE ARROZ SALVAJE CON TUPINAMBO Y TOMATES DE HERENCIA

2 RACIONES • 410 CALORÍAS POR RACIÓN

Los dulces y crujientes tupinambos son un complemento estupendo para una ensalada de invierno. Se conocen también como alcachofas de Jerusalén, aunque ni son alcachofas ni vienen de Tierra Santa. El nombre de «Jerusalén» evolucionó a partir de la palabra italiana *girasole*, pues estos tubérculos son una variedad de girasol. Contienen cantidades importantes de una fibra insoluble llamada inulina, que actúa como prebiótico, favoreciendo la salud del sistema digestivo. En esta ensalada los tupinambos se combinan con arroz salvaje y tomates de herencia (*heirloom*), que existen en una gran variedad de colores, formas, sabores y tamaños, y añaden interés y belleza al plato.

4 tupinambos raspados
1 cdta. de aceite de oliva
Una pizca de sal marina en escamas
Una pizca de pimienta negra molida
5 tomates de herencia (*heirloom*) cortados en rodajas finas
1 cebolla roja cortada en rodajas
El zumo de ½ limón
1 cdta. de miel líquida
100 g de arroz salvaje
100 g de rúcula finamente picada
Un puñado de hojas de albahaca finamente picadas

RICA EN vitaminas B3 (niacina), B6 y C • potasio • hierro • magnesio • betacaroteno • licopeno • prebióticos • fibra

BENEFICIOSA PARA: corazón ①②③ • huesos ① • **digestión** ①② • piel, cabello y uñas ①③ • mente ①② • fatiga ①③⑤ • **mujeres** ①

1 Precalentar el horno a 200 °C (180 °C con ventilador). Cortar los tupinambos en discos de 1 cm de grosor. Disponerlos en una bandeja de horno y rociar con el aceite de oliva. Salpimentarlos. Hornear 40 minutos, hasta que estén tiernos y un poco dorados. Dejar enfriar.

2 Mezclar los tomates y la cebolla en un bol grande y añadir el zumo de limón y la miel. Mezclar todo con suavidad.

3 Poner el arroz salvaje en una olla grande y cubrir con el triple de su volumen de agua. Llevar a ebullición y cocinar a fuego lento 30-35 minutos, hasta que el arroz esté tierno. Escurrir y enjuagar bien con agua fría para que se enfríe.

4 Añadir el arroz salvaje a los tomates y la cebolla, junto con los tupinambos, la rúcula y la albahaca. Revolver con cuidado y servir.

GARBANZOS CON YOGUR

2 RACIONES • 305 CALORÍAS POR RACIÓN

Puedes preparar rápidamente una comida mezclando estos dos ingredientes. Lo único que requiere un poco de tiempo es dejar en remojo la cebolla con el zumo de limón. Podrías saltarte este paso y mezclar todo y consumirlo vorazmente, pero te perderás el precioso color rosa que adquiere la cebolla. Vale la pena comprar garbanzos de buena calidad, que seguramente quedarán más crujientes. Esta ensalada aporta fitoestrógenos, que pueden ayudar a aliviar los síntomas asociados con el síndrome premenstrual y a equilibrar los niveles hormonales.

1 cebolla roja cortada en rodajas finas
1 cdta. de sal marina en escamas
El zumo de 1 limón
Una pizca de guindilla seca molida
1 pepino
400 g de garbanzos en conserva, lavados y escurridos y secados con papel de cocina
Un manojo de menta fresca finamente picada
Un manojo de hojas de espinaca
1 cda. de yogur de soja natural
Una pizca de semillas de sésamo negro
Sal y pimienta

1 Poner las rodajas de cebolla roja en un bol pequeño y agregar la sal, el zumo de limón y la guindilla. Dejar en remojo 5 minutos, hasta que la cebolla tome un color rosa brillante.
2 Mientras pelar el pepino. Cortarlo longitudinalmente por la mitad, y luego en medias lunas delgadas.
3 Mezclar el pepino, los garbanzos, la menta, las espinacas y el yogur en un bol. Sazonar al gusto. Añadir por encima las rodajas de cebolla y luego las semillas de sésamo.

RICA EN vitamina E • hierro • fitoestrógenos • fibra

BENEFICIOSA PARA: corazón ① • digestión ① • fatiga ① • mujeres ①③④

ENSALADA DE JUDÍAS FLAGEOLET CON MAÍZ ASADO

2 RACIONES • 400 CALORÍAS POR RACIÓN

Las judías flageolet son judías verdes que se cosechan y se secan antes de que lleguen a madurar del todo. Tienen una textura cremosa y un sabor delicado, perfecto para cualquier guiso. En esta ensalada se aliñan con una crema de anacardos y se acompañan con una crujiente mazorca de maíz recién hecha. Los anacardos son una buena fuente de magnesio, cuya deficiencia puede estar relacionada con el insomnio. Esta ensalada es ideal para una deliciosa cena veraniega.

Un puñado anacardos
El zumo de ½ limón
2 cdas. de yogur de soja natural
5 hojas de menta fresca
Una pizca de guindilla seca molida
Una pizca de sal
400 g de judías flageolet en conserva, bien enjuagadas
Un manojo de espinacas troceadas
2 mazorcas de maíz con las hojas
Una pizca de sal marina en escamas
Una pizca de zumaque molido

1 Remojar los anacardos en agua caliente 10 minutos. Escurrir y transferir a una batidora o robot de cocina. Añadir el zumo de limón, el yogur de soja, la menta, el chile, la sal y 50 ml de agua fría, y triturar hasta que quede una mezcla homogénea.
2 Transferir a un bol grande y añadir las judías y las espinacas. Mezclar bien. Dejar enfriar mientras se cocina el maíz.
3 Calentar una plancha o sartén acanalada. Colocar las mazorcas con las hojas sobre la plancha. Cocinar unos 20 minutos, dándoles la vuelta cuando se doren las hojas que la rodean.
4 Retirar las hojas y las barbas de la mazorca, y sazonarla con sal marina. Espolvorear la ensalada con el zumaque y servir con la mazorca de maíz.

RICA EN vitaminas B1 (tiamina) y B6 • potasio • magnesio • selenio • betacaroteno • fitoestrógenos • fibra

BENEFICIOSA PARA: corazón ①②③ • huesos ① • digestión ① • piel, cabello y uñas ①③ • mente ①② • fatiga ③⑤ • hombres ① • mujeres ①③④

JUDIONES CON TOMATES CHERRY Y SALSA VERDE

2 RACIONES • 230 CALORÍAS POR RACIÓN

La salsa verde debería formar parte del repertorio culinario de todo el mundo, pues añade sabor y color a cualquier tipo de plato. La clave de una buena salsa verde está en probarla mientras se prepara: un poco más de zumo de limón o una pizca de sal pueden transformarla del todo. Esta es una receta vegetariana muy simple pero llena de sabores intensos. También tiene un alto contenido en fibra, lo que significa que ayuda a mantenerse saciado durante más tiempo con menos calorías, por lo que es perfecta si estás intentando perder peso.

400 g de judiones en conserva
Un puñado de semillas de girasol
200 g de tomates cherry cortados por la mitad
1 cda. de cebollino fresco finamente picado
Un puñado de hojas de albahaca fresca
Una pizca de sal marina en escamas
Una pizca de pimienta negra molida

PARA LA SALSA VERDE

Un manojo de perejil fresco
Las hojas de 2 ramitas de albahaca fresca
Las hojas de 1 ramita de tomillo fresco
½ diente de ajo
10 alcaparras
1 cda. de aceite de oliva
Un chorrito de zumo de limón
Sal y pimienta

1 Precalentar el horno a 200 °C (180 °C con ventilador).

2 Escurrir los judiones, enjuagarlos con agua fría y secarlos con papel de cocina. Disponerlos en una bandeja para horno con las semillas de girasol. Cocinar en el horno caliente 10 minutos, para que las alubias se sequen y las semillas se doren un poco. Dejar enfriar y luego transferir a una ensaladera grande. Añadir los tomates cherry, el cebollino, la albahaca, la sal marina y la pimienta negra molida, y mezclar bien. Reservar.

3 Para hacer la salsa verde, picar bien las hierbas, el ajo y las alcaparras, junto con el aceite, el zumo de limón, la sal y la pimienta en una tabla de cortar, y luego transferir a un mortero y triturar hasta conseguir una pasta de textura gruesa. Si se tiene poco tiempo, poner todos los ingredientes en una batidora o robot de cocina, y triturar hasta obtener una textura gruesa.

4 Servir la ensalada de alubias con la salsa verde a un lado.

RICA EN vitamina C • potasio • hierro • licopeno • fibra

BENEFICIOSA PARA: corazón ① ② • digestión ① • inmunidad ① • fatiga ① • hombres ①

LENTEJAS DE PUY CON BERENJENA ASADA Y PESTO

2 RACIONES • 465 CALORÍAS POR RACIÓN

Este delicioso pesto de color verde brillante transformará la más simple de las ensaladas. En este caso tenemos una mezcla de lentejas y berenjena que resulta sustanciosa y saludable. El aceite de oliva usado en aliños, como en este pesto, es beneficioso para la salud del corazón.

1 cebolla roja cortada en rodajas
1 berenjena cortada en dados de 1 cm
1 cdta. de aceite de oliva
150 g de lentejas de Puy
50 g tomates secados al sol finamente picados
10 cebollino fresco finamente picado

PARA EL PESTO
Un puñado de hojas de albahaca fresca
Un manojo de espinacas
Un puñado de anacardos
1 cda. de aceite de oliva
El zumo de ½ limón
Sal y pimienta

RICA EN potasio • zinc • licopeno • fibra

BENEFICIOSA PARA: corazón ①② • digestión ① • inmunidad ① • piel, cabello y uñas ①④ • hombres ①②

1 Precalentar el horno a 200 °C (180 °C con ventilador). Forrar una bandeja de horno con papel para hornear.
2 Disponer la cebolla y la berenjena en la bandeja de horno. Rociar con el aceite y salpimentar. Hornear 15 minutos.
3 Mientras, poner las lentejas en una olla grande con agua fría y calentar a fuego fuerte. Cuando hierva, cocerlas 10 minutos, hasta que estén tiernas pero todavía algo firmes. Escurrir bien, dejándolas en el colador al menos 5 minutos antes de transferirlas a un bol.
4 Añadir a las lentejas la berenjena y la cebolla asadas, los tomates secados al sol y el cebollino. Sazonar al gusto, y mezclar todo. Dejar enfriar.
5 Ahora preparar el pesto. Reservar algunas hojas de albahaca para decorar. Picar el resto de la albahaca con los otros ingredientes y un poco de sal y pimienta. Pasar luego a un mortero grande y triturar hasta conseguir una textura gruesa. (También se puede hacer en una batidora o robot de cocina).
6 Servir el pesto sobre las lentejas adornado con las hojas de albahaca.

DAHL CON HINOJO ASADO

2 RACIONES • 430 CALORÍAS POR RACIÓN

En la India, cada restaurante y cada casa preparan su propia versión de dahl. Algunos utilizan lentejas rojas con la clásica base de jengibre y cebolla, que quedan con un color amarillo y un sabor a tierra. Otros añaden tomate, para darles más gusto y un tono rojo brillante. Este dahl es una sopa fuertemente condimentada que resulta deliciosa y muy reconfortante. El crujiente aderezo de tomate e hinojo asado aporta un contraste frente a la textura blanda de las lentejas.

1 cdta. de aceite de colza
1 cdta. de semillas de mostaza
1 cebolla roja finamente picada
1 diente de ajo finamente picado
Un trozo de jengibre fresco del tamaño del pulgar, rallado con la piel
150 g de lentejas rojas
1 zanahoria finamente picada
2 tallos de apio finamente picados
1 hoja de laurel
1 cdta. de comino molido
600 ml de caldo de verduras (véase la página 283)
1 bulbo de hinojo
1 cdta. de chile seco molido
La ralladura y el zumo de 1 limón
Un puñado de cilantro fresco finamente picado
3 tomates de rama maduros picados
Sal marina en escamas y pimienta negra molida

1 Precalentar el horno a 200 °C (180 °C con ventilador). Forrar una bandeja de horno con papel para hornear.
2 Poner una olla grande sobre un fuego fuerte. Añadir el aceite y luego las semillas de mostaza y rehogar 2 minutos. Sin bajar el fuego, incorporar la cebolla y freír hasta que esté ligeramente dorada. Agregar el ajo y el jengibre y cocinar revolviendo 2 minutos.
3 Añadir las lentejas, la zanahoria, el apio, el laurel, el comino y el caldo. Salpimentar. Cuando hierva, reducir el fuego y cocinar a fuego lento 20 minutos, revolviendo de vez en cuando, hasta que las lentejas se hayan roto del todo.
4 Mientras, recortar y desechar el centro del bulbo de hinojo y cortar este longitudinalmente en rodajas. Disponer las rodajas de hinojo en la bandeja de horno y espolvorear con el chile, la ralladura de limón, la sal y la pimienta. Asar 15 minutos. Retirar del horno y reservar.

5 Cuando las lentejas estén cocidas, retirar la hoja de laurel y añadir un chorrito de zumo de limón y el cilantro. Triturar con una batidora de mano (o verter en una batidora de vaso o robot de cocina y triturar). No debe quedar una textura demasiado homogénea; aún deben verse los trocitos de lentejas.
6 Servir en platos hondos o cuencos con el tomate y el hinojo asado por encima.

RICA EN vitaminas B3 (niacina) y C • folato • potasio • hierro • magnesio • calcio • zinc • betacaroteno • fibra

BENEFICIOSA PARA: corazón ①②③ • huesos ① • digestión ① • inmunidad ① • piel, cabello y uñas ①②④ • mente ② • fatiga ①③⑤ • hombres ①② • mujeres ①

CURRY DE GARBANZOS, GRANADA Y CALABAZA

4 RACIONES • 285 CALORÍAS POR RACIÓN

Los garbanzos son la legumbre ideal para un curry de verduras, pues tienen una textura maravillosamente saciante y absorben todos los sabores de las especias. Esta receta combina especias de la India con algunas aportaciones de Oriente Medio, como las semillas de granada y la menta. Los currys son la comida nutritiva perfecta cuando tienes una gripe, pues el hierro y la vitamina C son esenciales para reforzar el sistema inmunitario, y el coco contiene ácido láurico, que posee propiedades antivíricas.

½ calabaza grande
1 cdta. de aceite de coco
1 cebolla grande finamente picada
2 dientes de ajo cortados en rodajas finas
Un trozo de jengibre del tamaño del pulgar, rallado con la piel
5 hojas de curry (preferiblemente frescas)
1 cda. de curry en polvo
3 vainas de cardamomo
1 chile rojo fresco, sin semillas y cortado en rodajas finas
1 cdta. de sal
1 cdta. de pimienta negra molida
1 granada
400 g de garbanzos en conserva bien enjuagados
200 ml de leche de coco
El zumo de 1 lima
Un puñado de hojas frescas de menta finamente picadas, y algunas hojas más para decorar

1 Para preparar la calabaza, cortarla por la mitad y retirar las semillas y las hebras. Cortar cada mitad en cuatro trozos y perlarlos. Cortar la pulpa en medias lunas de 1 cm de grosor.

2 Poner una olla grande sobre un fuego fuerte y añadir el aceite. Añadir la cebolla y cocinar 5 minutos. Reducir el fuego a bajo y cocinar otros 5 minutos. Agregar el ajo, el jengibre y las hojas de curry, y cocinar 3 minutos más. Incorporar el curry en polvo, el cardamomo, el chile, 100 ml de agua, sal y pimienta. Cocinar otros 3 minutos.

3 Agregar la calabaza y 150 ml de agua. Revolver bien. Cocinar a fuego lento 20-25 minutos, hasta que esté tierna.

4 Mientras, partir la granada por la mitad y poner cada mitad con la parte cortada hacia abajo en un papel de cocina. Golpear suavemente con una cuchara de madera hasta que todas las semillas hayan caído. Retirar los trocitos de piel que también habrán caído. Reservar las semillas.

5 Añadir al curry los garbanzos y la leche de coco y cocinar a fuego lento 5 minutos. Por último, añadir el zumo de lima y la menta picada y remover todo. Servir caliente, adornado con las semillas de granada y las hojas de menta

RICA EN vitaminas B1 (tiamina), C y E • hierro • potasio • fitoestrógenos • fibra

BENEFICIOSA PARA: corazón ①② • digestión ① • inmunidad ① • fatiga ① • mujeres ①③④

CURRY DE JUDÍAS MUNGO CON ENSALADA DE CEBOLLA, PEPINO Y ANACARDOS

2 RACIONES • 480 CALORÍAS POR RACIÓN

Las judías mungo, también conocidas como soja verde (aunque es otra especie distinta de la soja), son cada vez más populares, lo que significa que pueden encontrarse en muchos supermercados. Son unas alubias únicas, con un sabor terroso ligeramente a frutos secos y una textura crujiente. Quedan muy bien en un curry, pues son el telón de fondo perfecto para el sabor picante de las especias. Estas son una fuente concentrada de hierro, y el plato proporciona casi la mitad de la dosis diaria recomendada de este mineral, que nos ayuda a luchar contra la fatiga.

100 g de judías mungo secas
1 cdta. de aceite de oliva
1 cebolla roja finamente picada
Un trozo de jengibre fresco del tamaño del pulgar, pelado y bien picado
1 diente de ajo finamente picado
5 hojas de curry (preferiblemente frescas)
1 cdta. de curry en polvo
1 cdta. de cúrcuma molida
½ cdta. de cilantro molido
1 cdta. de comino molido
1 cdta. de garam masala
150 g de tomates cherry o 6 tomates en rama picados
Una pizca de sal
100 ml de leche de coco
El zumo de 1 lima

PARA LA ENSALADA
½ cebolla roja cortada en rodajas finas
1 pepino pelado y cortado en rodajas
Un puñado de anacardos tostados
Un puñado de semillas de girasol tostadas
El zumo de ½ limón
1 cdta. de aceite de colza

1 Poner las judías mungo en una olla grande y cubrir con el triple de su volumen de agua. Llevar a ebullición a fuego fuerte y dejar que hierva 20 minutos, hasta que las judías estén casi cocidas. Escurrir y reservar.
2 Poner una cacerola mediana en un fuego fuerte y añadir el aceite de oliva y luego la cebolla, el jengibre y el ajo. Rehogar, revolviendo, durante 4 minutos. Añadir todas las especias con un poco de agua y remover. Luego añadir los

tomates y mantener la cocción a fuego alto, revolviendo con frecuencia, hasta que los tomates se vuelvan tiernos. Reducir el fuego, añadir 50 ml de agua y cocinar a fuego lento 10 minutos, removiendo de vez en cuando.
3 Mientras, mezclar todos los ingredientes de la ensalada.
4 Salar el curry y añadir la leche de coco y un buen chorrito de lima junto con las judías mungo cocidas, y cocinar a fuego lento 5 minutos. Servir caliente acompañado con la ensalada y un poco de arroz integral o quinoa.

RICA EN vitaminas B1 (tiamina), B6, C y E • folato • potasio • hierro • curcuminoides • fibra

BENEFICIOSA PARA: corazón ① ② • huesos ② • digestión ① • inmunidad ① • piel, cabello y uñas ② • mente ① • fatiga ① • mujeres ③

CHILI CON ALUBIAS PINTAS

4 RACIONES • 380 CALORÍAS POR RACIÓN

Una fantasía de muchos cocineros es poner un montón de ingredientes en una olla, dejar que interactúen mágicamente y encontrarse luego una deliciosa comida caliente. Esta receta es exactamente eso. Además, es un plato barato, saciante y nutritivo, que constituye una valiosa fuente de proteínas. Las alubias secas, dejadas en remojo la noche anterior, ofrecen una textura mejor para el chili que las alubias en conserva, y como se cocinan a fuego lento durante 2 horas, tienen tiempo de absorber los deliciosos sabores de la salsa.

200 g de alubias pintas secas
100 g de alubias negras secas
100 g de alubias rojas riñón secas
1 cdta. de aceite de colza
1 cebolla grande finamente picada
1 zanahoria finamente picada
2 tallos de apio finamente picados
1 pimiento rojo sin semillas y picado
2 dientes de ajo finamente picados
1 cda. de jengibre fresco rallado
½ chile rojo fresco, sin semillas y picado
400 g de tomates cherry en conserva
1 cdta. de chile en polvo
1 cdta. de pimentón
Perifollo para decorar
Gajos de lima, para servir

PARA EL GUACAMOLE
2 aguacates
½ cebolla roja finamente picada
½ chile verde fresco, sin semillas y picado
El zumo de 1 lima
Sal y pimienta

1 Poner todas las alubias en un bol grande, cubrir con abundante agua fría y dejar en remojo durante la noche. Escurrir en un colador y enjuagar. Transferir las alubias a una olla, cubrir con agua fría y llevar a ebullición. Cocer 10 minutos, escurrir y reservar.

2 Calentar el aceite en una cacerola grande y freír la cebolla 10 minutos a fuego medio, hasta que empiece a dorarse. Añadir la zanahoria, el apio y el pimiento rojo y cocinar 5 minutos más. Agregar el ajo, el jengibre y el chile, y cocinar otros 5 minutos.

3 Añadir las alubias, los tomates, el chile en polvo, el pimentón y 250 ml de agua. Cocer a fuego lento durante 2 horas, revolviendo de vez en cuando.

4 Mientras, preparar el guacamole. Partir los aguacates por la mitad y retirar el hueso. Extraer la pulpa y ponerla en un bol. Aplastarla con un tenedor. Incorporar la cebolla roja, el chile, el zumo de lima y una pizca de sal y pimienta.

5 Sazonar las alubias. Servir en cuencos con perifollo y una buena cucharada de guacamole por encima, y acompañar con unos gajos de lima.

RICA EN vitaminas B1 (tiamina), B6, C y E • folato • potasio • magnesio • hierro • betacaroteno • licopeno • betasitosterol • fibra

BENEFICIOSA PARA: corazón ①②③ • huesos ① • digestión ① • inmunidad ① • piel, cabello y uñas ①③④ • mente ①② • fatiga ①③⑤ • hombres ① • mujeres ①③

LENTEJAS AL HORNO

4 RACIONES • 305 CALORÍAS POR RACIÓN

Este es un plato casero y nutritivo, justo lo que apetece en un día de invierno. Todo el trabajo consiste en picar, porque una vez lo metes en el horno, puedes sentarte a disfrutar de los especiados aromas que llenarán tu cocina. Este potaje es rico en selenio (las lentejas son una valiosa fuente de este mineral), que tiene un papel clave en la regulación del sistema inmunitario.

250 g lentejas de Puy o pardinas
1 cda. de aceite de oliva
1 cebolla roja finamente picada
1 berenjena cortada en daditos
1 cabeza de ajos
1 cdta. de sal marina en escamas
1 cdta. de pimienta negra molida
1 calabacín cortado en dados
1 pimiento rojo sin semillas y cortado en dados
400 g de tomates cherry en conserva
1 cdta. de comino molido
Una pizca de canela en polvo
Un manojo de tomillo fresco
2 hojas de laurel
200 ml de caldo de verduras (véase la página 283)
Un manojo de cilantro fresco picado finamente
La ralladura y el zumo de ½ limón

1 Precalentar el horno a 180 °C (160 °C con ventilador). Forrar una bandeja de horno con papel de hornear.

2 Colocar la cabeza de ajos en la bandeja del horno y asar 20 minutos. Retirar del horno, envolver la cabeza de ajos en papel de aluminio y ponerla de nuevo en la bandeja. Sacar del horno y dejar enfriar los ajos envueltos en el papel de aluminio. Mantener el horno encendido, subiendo la temperatura a 200 °C (180 °C con ventilador).

3 Poner las lentejas en una olla grande, cubrir con agua fría y llevar a ebullición. Luego cocerlas a fuego lento 5 minutos. Escurrir y verterlas en un bol grande.

4 Abrir la cabeza de ajos, sacar los dientes y pelarlos. Solo se necesitarán 3 dientes (los demás pueden guardarse en la nevera durante 5 días cubiertos con aceite de oliva en un recipiente hermético; se podrá usar también este aceite con un sabor sutil a ajo).

5 Calentar el aceite en una sartén y freír la cebolla 8 minutos, hasta que esté tierna. Añadir la berenjena y cocinar 5 minutos, revolviendo de vez en cuando, hasta que esté ligeramente dorada. Incorporar al bol de las lentejas junto con el resto de los ingredientes. Mezclar bien.

6 Transferir la mezcla a una fuente de horno y cubrir con papel de aluminio. Hornear 50-60 minutos, revolviendo un poco la mezcla después de 20 minutos. Cuando las lentejas y las verduras estén tiernas, servir calientes con una ensalada de espinacas.

RICA EN vitamina C • folato • selenio • potasio • hierro • zinc • betacaroteno • licopeno • fibra

BENEFICIOSA PARA: corazón ①②③ • digestión ① • inmunidad ① • piel, cabello y uñas ①③④ • fatiga ① • hombres ①②

HAMBURGUESAS DE LENTEJAS CON ENSALADA DE COL Y TIRABEQUES

2 RACIONES • 600 CALORÍAS POR RACIÓN

Este plato es muy fácil de preparar, además de barato. Una de las mejores cosas de la col es que si compras una grande, aguanta hasta una semana entera; la puedes usar en ensaladas como esta o incorporarla a guisos y sopas para añadir algo crujiente. Esta ensalada de col queda perfecta con las tiernas hamburguesas de lentejas. Utilizamos dos tipos de lentejas, la caviar, de color negro, y la roja, más pequeña. Las lentejas son una buena fuente de hierro, y en las dietas sin carne son un proveedor clave de este mineral.

PARA LAS HAMBURGUESAS

100 g de lentejas caviar
100 g de lentejas rojas
1 cdta. de comino molido
1 cebolla tierna finamente picada
Un manojo de cilantro fresco finamente picado
Un puñado de hojas de menta fresca finamente picadas
La ralladura de 1 limón
20 g de anacardos picados
1 cdta. de aceite de cacahuete
1 huevo batido, para ligar la mezcla
1 cda. de harina sin gluten ni trigo
Un puñado de semillas de calabaza

PARA LA ENSALADA

20 g de semillas de girasol
½ col pequeña
100 g de tirabeques
2 cebollas tiernas finamente picadas
1 cda. de cilantro fresco finamente picado
4 hojas de menta fresca finamente picadas
1 cda. de zumo de limón
1 cdta. de aceite de colza

1 Poner las lentejas caviar y las rojas en una olla con agua fría y una pizca de sal, y llevar a ebullición. Cocinar a fuego lento 15 minutos, hasta que estén tiernas pero aún firmes. Escurrir y dejar enfriar del todo.

2 Mientras se enfrían las lentejas, hacer la ensalada. Primero, tostar las semillas de girasol en una sartén seca, sacudiéndola constantemente, durante 4 minutos; dejar enfriar. Cortar la col en tiras largas (o en juliana, si se prefiere) y ponerla en un bol grande.

Cortar los tirabeques en tiras y añadir al bol. Agregar las cebollas tiernas, el cilantro, la menta y las semillas tostadas. Mezclar con el zumo de limón y el aceite de colza. Reservar (enfriar en la nevera si se desea).

3 Precalentar el horno a 200 °C (180 °C con ventilador). Forrar una bandeja pequeña de horno con papel para hornear.

4 Cuando las lentejas estén frías, transferirlas a un bol grande. Agregar el comino, la cebolla, el cilantro, la menta, la ralladura de limón, los anacardos, el aceite, el huevo batido y la harina. Mezclar bien y luego formar cuatro hamburguesas de tamaño mediano. Espolvorear con las semillas de calabaza y presionar estas para que se incrusten en las hamburguesas.

5 Poner las hamburguesas en la bandeja de horno y hornear 20 minutos, hasta que estén doradas. Servir calientes con la ensalada de col.

RICA EN vitaminas B6, B12 y C • hierro • potasio • zinc • magnesio • selenio • triptófano • fibra

BENEFICIOSA PARA: corazón ① ② • huesos ① • digestión ① • inmunidad ① • piel, cabello y uñas ① ④ • mente ① ② • fatiga ① ③ ⑤ • hombres ① ② • mujeres ①

HAMBURGUESAS DE QUINOA, COLIFLOR Y PISTACHOS

8 HAMBURGUESAS PARA 4 RACIONES • 315 CALORÍAS POR RACIÓN

Si has cocinado las recetas de este libro, quizá te habrás dado cuenta de que nos encanta la coliflor. Hace poco nuestro proveedor de verduras ha incorporado el romanesco, una coliflor de color verde con ramilletes en forma de conos puntiagudos, y la coliflor morada. Cualquiera de las dos o la coliflor normal quedarán bien en esta receta. Si preparas grandes cantidades y tienes tiempo, haz lotes de tres colores diferentes para causar una mayor sensación. Acompañadas de una ensalada, estas hamburguesas son excelentes para una cena en un día de verano.

150 g de quinoa
30 g de pistachos pelados (comprados con cáscara)
1 coliflor separada en ramilletes
1 diente de ajo finamente picado
1 cebolla tierna cortada en rodajas finas
1 huevo batido, para ligar la mezcla
Un manojo de hojas de kale (col rizada) finamente picadas
Un manojo de cilantro fresco finamente picado
Un manojo de perejil fresco finamente picado
1 cdta. de semillas de cebolla
1 cda. de aceite de colza, y un poco más para freír (opcional)
2 cdas. de copos de avena
2 cdas. de harina sin gluten ni trigo
Una pizca de sal
Una pizca de pimienta

PARA SERVIR

8 hojas grandes de col
100 g de crema de tomate y anacardos (véase la página 62)

1 Poner la quinoa en una olla con el triple de su volumen de agua y llevar a ebullición. Como para esta receta interesa que la quinoa quede algo pasada, cocerla 12 minutos. Escurrir y luego enjuagar con agua para que se enfríe. Dejar que escurra bien.

2 Poner los pistachos y los ramilletes de coliflor en un robot de cocina y triturar hasta conseguir una textura granulada. Transferir a un bol grande y agregar la quinoa y el resto de los ingredientes. Mezclar todo.

3 Extender la mezcla sobre una bandeja de horno y dejar enfriar 1 hora, para que tome consistencia. Luego moldear ocho hamburguesas pequeñas.

4 Precalentar el grill a media potencia. Forrar una bandeja para horno con papel de horno.

5 Poner las hamburguesas en la bandeja y gratinarlas, dándoles la vuelta a menudo, durante unos 12 minutos, hasta que estén doradas y crujientes por ambos lados. (También se pueden freír con un poco de aceite de colza 5 minutos por cada lado, pero el grill es un método de cocción más sano.)

6 Servir las hamburguesas sobre una hoja de col con una cucharada de crema de tomate y anacardos.

RICA EN vitaminas B1 (tiamina), B6 y C • folato • potasio • magnesio

BENEFICIOSA PARA: corazón ② ③ • huesos ① • inmunidad ① • mente ① ② • fatiga ⑤ • mujeres ①

COLIFLOR ASADA ENTERA

2 RACIONES • 350 CALORÍAS POR RACIÓN

Mi entusiasmo por esta humilde verdura no tiene límites: a menudo solía imaginarme que cuando me fuera a casar llevaría una coliflor como ramo de novia. Bueno, tal vez eso sería excederse... Pero no hay duda de que la coliflor es increíblemente versátil (ramos de flores aparte) y asarla entera es solo una de las fantásticas maneras de cocinarla. La clave está en mantener la coliflor vertical mientras se asa en el horno. La coliflor es una de las fuentes vegetales más ricas en vitamina C, que se necesita para producir colágeno, un componente esencial para una piel sana.

1 coliflor grande
1 cda. de aceite de colza
1 cda. de miel líquida
Una pizca de canela en polvo
Una pizca de pimentón
5 clavos de olor

PARA LA CEBADA PERLADA
100 g de cebada perlada
Un puñado de hojas de menta fresca finamente picadas
Un puñado de perejil fresco finamente picado
½ cebolla roja picada
El zumo de 1 limón
Sal y pimienta

1 Precalentar el horno a 200 °C (180 °C con ventilador).

2 Moldear con papel de aluminio una especie de salchicha. Apretar bien el papel de aluminio para que quede compacta. Deberá medir unos 30 cm de largo y 7 cm de alto. Curvarla para formar un anillo y colocarla en el centro de una bandeja de horno.

3 Retirar las hojas exteriores de la coliflor, y luego apoyarla sobre el anillo de papel de aluminio; este evitará que la coliflor toque la bandeja.

4 Mezclar el aceite, la miel, la canela, el pimentón y una pizca de sal y pimienta en un bol. Untar la coliflor con esta mezcla. Incrustar los clavos en la coliflor. Asar 30 minutos. Retirar del horno y dejar enfriar.

5 Mientras la coliflor se enfría, poner la cebada perlada en una olla grande y cubrirla con el triple de su volumen de agua. Llevar a ebullición y luego cocer a fuego lento 25-30 minutos, hasta que la cebada esté blanda. Escurrir en un colador y enjuagar con agua fría del grifo.

6 Transferir la cebada a un bol y mezclar la menta, el perejil, la cebolla roja, el zumo de limón y una pizca de sal y pimienta. Mantener caliente.

7 Cuando la coliflor esté fría, cortarla en rodajas y servirla con la cebada perlada.

RICA EN vitaminas B1 (tiamina), B6 y C • folato • potasio • hierro • fibra

BENEFICIOSA PARA: corazón ② • digestión ① • inmunidad ① • mente ① • fatiga ① • mujeres ①

QUINOA CON COLES DE BRUSELAS Y ANACARDOS

2 RACIONES • 594 CALORÍAS POR RACIÓN

Este plato lo servimos en un festival de comida navideña. Queríamos crear algo reconfortante, especiado y apropiado para la Navidad, por eso optamos por preparar unas clásicas coles de Bruselas con un toque de guindilla. Las servimos con un sustancioso puré de lentejas rojas (véase receta en la página 89) como salsa, que funcionó muy bien. La quinoa es uno de los favoritos en nuestra cocina depurativa, pues es una excelente fuente de proteínas para los que no comen carne, ya que contiene todos los aminoácidos esenciales.

200 g de quinoa
1 cdta. de aceite de colza
3 chalotas cortadas en rodajas finas
1 diente de ajo finamente picado
50 g de anacardos
Una pizca de guindilla seca molida
250 g de coles de Bruselas cortadas por la mitad
Un puñado de cilantro fresco finamente picado
Sal y pimienta

1 Poner la quinoa en una olla mediana y cubrirla con el triple de su volumen de agua. Llevar a ebullición a fuego fuerte y luego cocerla 6-8 minutos, hasta que esté blanda. Escurrirla en un colador y enjuagarla.

2 Poner una sartén mediana sobre un fuego fuerte. Añadir el aceite y luego las chalotas, y freír 3 minutos. Añadir los anacardos y el ajo y freír 3 minutos más, hasta que los anacardos empiecen a dorarse.

3 Agregar el chile y 2 cucharadas de agua y luego las coles de Bruselas. Cocinar unos 3 minutos, hasta que las coles se vuelvan tiernas pero estén todavía crujientes. Agregar la quinoa y calentar todo 3 minutos. Retirar del fuego y mezclar con el cilantro. Sazonar y servir.

RICA EN vitaminas B1 (tiamina), B6 y C • folato • potasio • magnesio • fibra

BENEFICIOSA PARA: corazón ①②③ • huesos ① • digestión ① • inmunidad ① • mente ①② • fatiga ③⑤ • mujeres ①

CEBADA PERLADA CON GUISANTES, ESPINACAS, HABAS Y AVELLANAS

4 RACIONES • 305 CALORÍAS POR RACIÓN

Servimos este plato en nuestro primer restaurante *pop-up* (temporal) en Londres. La cebada perlada es perfecta cuando se cocina para mucha gente. Combinada con verduras de color verde intenso y avellanas tostadas, además de ser tremendamente sana, tiene un aspecto impresionante y un sabor increíble. Dio la casualidad de que presentamos nuestro restaurante provisional el primer día de primavera, por eso utilizamos ingredientes frescos con ese precioso color verde de la nueva estación.

30 g de avellanas blanqueadas (peladas)
200 g de cebada perlada
200 g de guisantes congelados
100 g habas frescas o congeladas
(ya descongeladas)
Un manojo de espinacas troceadas
1 cda. de aceite de colza
1 cebolla tierna cortada en rodajas
10 hojas de menta fresca, y algunas más
para decorar
Una pizca de sal marina en escamas
Una pizca de pimienta negra molida
Unos gajos de limón para servir

RICA EN vitaminas C y E • folato • fibra

BENEFICIOSA PARA: corazón ① • huesos ① • inmunidad ① • mujeres ③

1 Precalentar el horno a 200 °C (180 °C con ventilador). Extender las avellanas en una bandeja de horno pequeña y tostarlas en el horno 8 minutos, hasta que se doren.

2 Pasar las avellanas en una batidora y triturarlas unos segundos para romperlas un poco.

3 Lavar la cebada perlada en agua fría y ponerla en una olla grande con cuatro veces su volumen de agua. Llevar a ebullición a fuego fuerte y luego reducir el fuego a medio y cocer 20 minutos. Añadir los guisantes y subir el fuego para que hierva de nuevo. Una vez que hierva, cocer 2 minutos más y escurrir.

4 Mientras, poner las habas en una batidora o robot de cocina y añadir las espinacas, el aceite de colza, la cebolla tierna y la menta. Triturar hasta obtener una pasta granulada (debe quedar una textura gruesa para que el plato tenga un punto crujiente).

5 Mezclar todos los ingredientes con la cebada. Servir adornada con unas hojas de menta y unos gajos de limón para exprimir por encima. Este plato está bueno tanto caliente como frío.

PASTA CON HABAS Y PESTO DE MENTA

2 RACIONES • 465 CALORÍAS POR RACIÓN

Este plato es una celebración del color verde: desde el verde hierba luminoso de las habas hasta el más intenso del pesto de menta y espinacas. Estos ingredientes combinados con la reconfortante pasta constituyen un plato veraniego muy atractivo. Las habas son ricas en potasio, que ayuda a mantener la tensión arterial en un nivel adecuado.

30 g piñones
100 g de habas sin vainas
150 g de pasta fusilli sin gluten
100 g de guisantes congelados

PARA EL PESTO
100 g de espinacas
Un puñado de hojas de menta fresca
Un puñado de cebollino fresco
Un puñado de perejil fresco
El zumo de ½ limón
1 cda. de aceite de colza
1 cdta. de sal marina en escamas

1 Precalentar el horno a 200 °C (180 °C con ventilador). Forrar una pequeña bandeja de horno con papel de hornear.

2 Esparcir los piñones en la bandeja de horno y tostarlos durante 6 minutos, hasta que se doren. Reservar.

3 Hervir agua en una olla, añadir las habas y cocerlas 4 minutos. Escurrirlas y enjuagarlas con agua fría, y luego quitarles la piel. Reservar.

4 Poner a hervir agua en una olla mediana. Añadir la pasta y cocer 8 minutos. Luego agregar los guisantes y cocinar 3 minutos (o según las instrucciones del paquete), hasta que la pasta esté tierna.

5 Mientras se hace la pasta, picar muy finamente las espinacas y las hierbas para el pesto. Machacarlas luego en el mortero con el zumo de limón, aceite y sal, hasta conseguir una pasta granulada. (También se pueden triturar todos los ingredientes en un robot de cocina.)

6 Cuando la pasta esté cocida, reservar una taza del agua de la cocción y escurrir la pasta. Procurar que quede bastante húmeda, pues esto ayudará a que se recubra bien con el pesto. Volver a introducir la pasta en la olla vacía y calentar de nuevo. Agregar el pesto y las habas, y calentar 3 minutos, incorporando el agua reservada de la cocción, según sea necesario. Adornar con unos piñones tostados por encima.

RICA EN vitaminas B3 (niacina), C y E • folato • magnesio • potasio • zinc • hierro • betacaroteno • fibra

BENEFICIOSA PARA: corazón ①②③ • huesos ① • digestión ① • inmunidad ① • piel, cabello y uñas ①③④ • mente ② • fatiga ①③⑤ • hombres ①② • mujeres ①③

PASTA CON BRÓCOLI A LA PLANCHA

2 RACIONES • 445 CALORÍAS POR RACIÓN

Este es un plato sencillo, sustancioso y saludable. El brócoli es la fuente alimenticia más rica en cromo, un mineral que ayuda a mantener los niveles normales de azúcar en la sangre.
Al cocinar el brócoli a la plancha, se le añade profundidad de sabor sin que pierda su textura crujiente. Aquí lo combinamos con pasta sin gluten, pero queda igualmente bien con arroz integral, quinoa o trigo sarraceno.

Un puñado de anacardos
2 puñados de ramilletes de brócoli
200 g de pasta sin gluten
1 cdta. de guindilla seca molida
1 cdta. de semillas de sésamo tostadas
2 cebollas tiernas cortadas en rodajas finas
Una pizca de sal marina en escamas
Una pizca de pimienta negra molida
1 cdta. de aceite de oliva

1 Precalentar el horno a 200 °C (180 °C con ventilador). Esparcir los anacardos en una pequeña bandeja de horno y tostarlos en el horno 8 minutos, hasta que estén dorados. Reservar.

2 Cortar los ramilletes del brócoli y luego cortar los tallos en tiras largas y delgadas. Poner a hervir agua en una olla y escaldar los ramilletes y las tiras de brócoli durante 1 minuto. Escurrir y enjuagar con agua fría.

3 Hervir agua en otra olla, agregar la pasta y cocer 8-12 minutos, hasta que esté blanda. Escurrir.

4 Mientras se cocina la pasta, poner a calentar una plancha o sartén acanalada a fuego medio. Cuando la plancha esté caliente, añadir el brócoli y cocinar 2 minutos por cada lado. Los ramilletes deben quedar ligeramente tostados. Transferir a un bol y cocinar los tallos de brócoli de la misma manera.

5 Agregar al brócoli las guindillas, los anacardos, las semillas de sésamo tostadas, las cebollas, la sal y la pimienta. Mezclar con la pasta y servirla rociada con un chorrito de aceite de oliva.

RICA EN vitaminas B1 (tiamina) y C • folato • potasio • magnesio • cromo • fibra

BENEFICIOSA PARA: corazón ①②③ • huesos ① • digestión ① • mente ② • fatiga ⑤ • mujeres ①

ARROZ CON COCO, HIERBA LIMÓN Y EDAMAME

2 RACIONES • 520 CALORÍAS POR RACIÓN

Esto podría describirse como un risotto asiático. La hierba limón le da un fuerte aroma a cítricos y el coco suaviza los sabores y crea una deliciosa textura cremosa. Las judías edamame añaden unas notas crujientes a este plato rico en texturas y sabores interesantes. Debido a que contienen isoflavonas de soja, es recomendable incluir judías edamame en la dieta si deseas reducir tu nivel de colesterol.

150 g de arroz integral
1 tallo de hierba limón troceado
2 hojas de lima kafir
½ chile fresco verde, sin las semillas
Un trozo de jengibre fresco del tamaño del pulgar, picado con la piel
1 chalota picada
Un manojo de cilantro fresco finamente picado, y un poco más para decorar
1 cda. de aceite de coco
150 ml de leche de coco
200 g de judías edamame (descongeladas, si son congeladas)
1 calabacín cortado en daditos
Sal
Gajos de lima, para servir

1 Poner el arroz integral en un bol con agua fría y llevar a ebullición. Cocer después ligeramente durante 15 minutos. Escurrir y reservar.

2 Poner la hierba limón, las hojas de lima kafir, el chile, el jengibre, la chalota, el cilantro y el aceite de coco en una batidora, y triturar hasta que quede una pasta granulada. Si no se tiene batidora, se pueden picar finamente los ingredientes y luego machacar en un mortero.

3 Poner a calentar una sartén ancha y honda, agregar la pasta de especias y cocinar 2 minutos, revolviendo. Añadir el arroz parcialmente cocido y mezclar bien. Verter la leche de coco y 100 ml de agua, y añadir una pizca de sal. Cuando empiece a hervir, cocer a fuego lento 10 minutos.

4 Añadir el calabacín y las judías y cocinar 3 minutos. Decorar con cilantro y servir con unos gajos de lima.

RICA EN vitaminas B3 (niacina), B6 y C • folato • potasio • magnesio • hierro • zinc • fitoestrógenos • fibra

BENEFICIOSA PARA: corazón ①②③ • huesos ① • digestión ① • inmunidad ① • piel, cabello y uñas ①④ • mente ①② • fatiga ①③⑤ • hombres ①② • mujeres ①③④

RISOTTO DE CALABAZA Y SALVIA

4 RACIONES • 315 CALORÍAS POR RACIÓN

En esta receta es el almidón de la cebada perlada el que aporta la cremosidad típica de un risotto hecho con arroz. La clave está en cocinar la cebada lentamente, añadiendo el líquido caliente poco a poco.

30 g de semillas de girasol
1 litro de caldo de verduras (véase la página 283)
Las hojas de 3 ramitas de salvia fresca
1 cdta. de aceite de colza
3 chalotas alargadas cortadas en láminas finas
3 dientes de ajo finamente picados
200 g de cebada perlada
1 calabaza pelada y cortada en dados de 1 cm
Un puñado de judías verdes finamente picadas
Un manojito de cebollino fresco finamente picado
La ralladura de 1 limón
Sal y pimienta

RICA EN vitaminas B1 (tiamina), C y E • folato • potasio • magnesio • hierro • betacaroteno • fibra

BENEFICIOSA PARA: corazón ①②③ • huesos ① • digestión ① • inmunidad ① • piel, cabello y uñas ①③ • mente ② • fatiga ⑤ • mujeres ①③

1 Precalentar el horno a 200 °C (180 °C con ventilador).

2 Esparcir las semillas de girasol en una bandeja de horno. Tostarlas en el horno 10 minutos, hasta que estén doradas.

3 Verter el caldo en una cacerola mediana, agregar las hojas de salvia y hacer que hierva a fuego lento.

4 Mientras, calentar el aceite en una sartén grande. Añadir las chalotas y freírlas durante 6 minutos. Agregar el ajo y freír 3 minutos.

5 Añadir la cebada perlada y revolver para que se impregne bien con el aceite. Verter dos cucharones del caldo caliente y cocinar a fuego lento, revolviendo, hasta que se haya absorbido todo el líquido; tardará 4-5 minutos.

6 Agregar la calabaza con otro cucharón de caldo. Cuando se haya absorbido el líquido, verter otro cucharón, removiendo a menudo. Seguir añadiendo caldo de esta manera y, con el último cucharón, añadir también las judías verdes. Cuando se haya absorbido este último cucharón de caldo, retirar del fuego.

7 Sazonar e incorporar el cebollino y la ralladura de limón. Dejar reposar el risotto 5 minutos antes de servirlo con las semillas de girasol tostadas por encima.

HUEVOS

En los últimos años los huevos habían adquirido mala reputación, sobre todo por su alto contenido de colesterol y por su supuesta asociación con ciertas enfermedades cardíacas. Esta mala fama es inmerecida, pues hoy se sabe que el colesterol que se encuentra naturalmente en los huevos (y otros alimentos) afecta muy poco a los niveles de colesterol en la sangre y no aumenta el riesgo de padecer problemas cardíacos. Por ello, no hay un límite en el número de huevos que pueden tomarse a la semana para mantenerse sano.

Esta es una buena noticia para tu salud, pues los huevos son uno de los alimentos más nutritivos que se pueden comer. Además de una magnífica fuente de proteínas, son ricos en las vitaminas B2 y B12, selenio y yodo, y son una de las pocas fuentes alimenticias de vitamina D. Contienen también importantes cantidades de los antioxidantes luteína y zeaxantina, que se han relacionado con un riesgo menor de padecer enfermedades oculares.

Al ser tan versátiles, los huevos son perfectos para preparar rápidamente una comida que pueda saciar; y como tortillas y frittatas, son la base ideal para cocinar una gran variedad de sabrosas verduras. En las páginas que siguen, ofrecemos las recetas a las que recurrimos una y otra vez en nuestros menús para comidas y cenas de lunes a viernes.

Al final de la mayoría de las recetas, se detallan los principales nutrientes que aporta una ración, así como los problemas de salud a los que puede beneficiar la receta incluida en una dieta saludable. Para más información, consulta la página 9.

ESPÁRRAGOS CON HUEVO

2 RACIONES • 248 CALORÍAS POR RACIÓN

En la temporada de los espárragos es fácil hacer pedidos grandes. Esta deliciosa verdura se encuentra fresca en un período tan breve, que parece un crimen no aprovecharla. Por ello, en nuestra cocina siempre hay excedentes de espárragos para los cocineros. Así que ponemos la plancha a fuego fuerte, calentamos agua para los huevos y en menos de 10 minutos está preparado este sustancioso y rico almuerzo. Es una fuente abundante de vitamina B12, esencial para la producción de glóbulos rojos y para combatir la fatiga.

4 huevos
8 espárragos verdes
1 cda. de aceite de colza, y un poco más para rociar
Unas gotas de zumo de limón
Un puñado de berros
Sal y pimienta

1 Poner a hervir agua en una olla de tamaño mediano y colocar en ella los huevos. Cocerlos a fuego lento 8-10 minutos (quedarán duros; si se desean menos hechos, cocerlos menos tiempo). Enfriar con agua antes de pelarlos.
2 Mientras, poner a calentar a fuego fuerte una plancha o sartén acanalada.
3 Recortar la parte leñosa de los espárragos (un trozo de 2,5-5 cm en la base, de color más claro que la punta; suele quebrarse fácilmente de manera natural al presionar). Poner los espárragos en un bol y rociarlos con un poco de aceite de colza. Cuando la plancha esté caliente, añadir los espárragos y cocinarlos 5 minutos, girándolos de vez en cuando. Retirar los espárragos de la plancha y reservarlos.
4 Poner la cucharada de aceite de colza, el zumo de limón y un poco de sal y pimienta en un bol y mezclar bien. Añadir los huevos y aplastarlos con un tenedor, mezclándolos con el aliño. Debe quedar una textura de puré con algunos trocitos de huevo.
5 Servir el puré de huevo con los berros por encima y los espárragos al lado.

RICA EN vitaminas B2 (riboflavina), B12 y D • folato • asparragina

BENEFICIOSA PARA: huesos ① • mente ① • fatiga ⑤ • mujeres ①

ESPÁRRAGOS Y HUEVOS DE CODORNIZ

2 RACIONES • 310 CALORÍAS POR RACIÓN

El día en que nos traen los primeros espárragos de la temporada, preparamos este plato. Es el ejemplo perfecto de cocina de mercado. El espárrago es una buena fuente de glutatión, un compuesto desintoxicante que ayuda a descomponer las sustancias cancerígenas y a proteger las células de los radicales libres. Si no puedes encontrar huevos de codorniz, los huevos normales también sirven; solo deberás usar menos cantidad.

10 espárragos verdes grandes
La ralladura de 1 limón
1 cdta. de aceite de colza
2 dientes de ajo ligeramente machacados con la piel
2 ramitas de tomillo fresco
2 pizcas de sal marina en escamas
8 huevos de codorniz
Una pizca de sal de apio

PARA SERVIR
100 g de rúcula
Aceite de colza
El zumo de 1 limón

1 Precalentar el horno a 200 °C (180 °C con ventilador). Extender dos hojas de papel de hornear de 10 x 20 cm.

2 Recortar el extremo leñoso de cada espárrago y luego pelar ligeramente el tallo restante. Dividir los espárragos en dos manojos y formar un paquete con cada uno atándolos con cordel de cocina. Poner cada manojo en una hoja de papel y esparcir sobre los espárragos la ralladura de limón, el ajo, el tomillo, el aceite y la sal en partes iguales.

3 Plegar el papel sobre los espárragos para formar un paquete cerrado. Colocar los paquetes en una bandeja de horno y asar en el horno caliente 10 minutos.

4 Mientras, poner a calentar agua en una olla grande hasta que hierva. Reducir el fuego para que hierva suavemente y añadir los huevos de codorniz con una cuchara grande. Cocerlos 4 minutos. Retirar los huevos y ponerlos bajo el chorro de agua fría para detener la cocción (las yemas estarán blandas, pero no demasiado líquidas). Pelar los huevos y espolvorearlos con la sal de apio.

5 Aliñar la rúcula con un poco de aceite de colza y el zumo de limón, y luego disponerla en dos platos. Colocar los manojos de espárragos encima y los huevos (enteros o partidos por la mitad) alrededor.

RICA EN vitaminas B2 (riboflavina), B3 (niacina), B6, C y D • folato • hierro • potasio • calcio • triptófano • asparragina • betacaroteno • fibra

HUEVOS DUROS Y ENSALADA DE ALCAPARRAS

2 RACIONES • 220 CALORÍAS POR RACIÓN

La deliciosa combinación de alcaparras, saladas y ácidas, con huevos duros resulta impactante. La ensalada puede parecer frugal, pero es exquisita y te deja saciado. Puedes rociar todo con el aliño o bien picar muy finamente los ingredientes y mezclarlos bien. Los pimientos rojos y amarillos son la fuente vegetal más rica en vitamina C.

4 huevos a temperatura ambiente
1 pimiento amarillo sin semillas y cortado en tiras
100 g de hojas de espinacas baby
Un puñado de alcaparras enjuagadas
Una pizca de sal marina en escamas
Una pizca de pimienta negra molida
Cebollino fresco para decorar
Aceite de oliva para rociar

1 Poner a hervir agua en una olla de tamaño mediano. Con cuidado, añadir los huevos y cocerlos a fuego lento durante 8-10 minutos. Quedarán duros (cocerlos menos tiempo, si se prefieren menos cocidos). Sacar los huevos y ponerlos bajo el chorro de agua fría para detener la cocción.
2 Pelar los huevos y cortarlos en sentido longitudinal en cuartos.
3 Poner en un bol el pimiento, las espinacas, las alcaparras, la sal y la pimienta, y mezclar bien todo.
4 Repartir la ensalada en cuencos individuales y poner los huevos encima. Decorar con cebollino y un chorrito de aceite de oliva.

RICA EN vitaminas B6, B12, C y D • folato • potasio • betacaroteno • triptófano

BENEFICIOSA PARA: corazón ② • huesos ① • piel, cabello y uñas ① • mente ① • fatiga ③ • hombres ① • mujeres ①

ENSALADA DE ALUBIAS BORLOTTI, TOMATE Y CEBOLLA CON HUEVOS DUROS

2 RACIONES • 460 CALORÍAS POR RACIÓN

Los sabores de esta colorida ensalada son fuertes e intensos. Los huevos la hacen más nutritiva y, junto con las alubias, la convierten en un plato ideal para una cena rápida y sustanciosa. Es perfecta para los vegetarianos, pues contiene la gama completa de aminoácidos y es una buena fuente de hierro.

4 huevos
1 aguacate
½ cebolla roja cortada en rodajas
El zumo de 1 limón
400 g de alubias borlotti en conserva, bien enjuagadas
4 tomates cherry maduros cortados en cuartos
1 cdta. de miel líquida
Un manojo de cebollino fresco cortado con tijeras
1 cda. de semillas de girasol tostadas
Sal y pimienta negra molida

1 Poner a calentar agua en una sartén de tamaño medio hasta que hierva y luego introducir con cuidado los huevos. Cocerlos a fuego lento 8-10 minutos (quedarán duros; cocerlos menos tiempo si se prefieren menos cocidos). Enfriarlos con agua fría antes de pelarlos.

2 Mientras, pelar el aguacate, quitarle el hueso y cortar la pulpa. Ponerlo en un bol con la cebolla y cubrirlo con el zumo de limón. Dejarlo reposar 5 minutos. (El limón evitará que el aguacate se vuelva marrón, y también hará que la cebolla tome un tono rosa brillante.)

3 Añadir las alubias borlotti al bol junto con los tomates, la miel, el cebollino y las semillas de girasol. Mezclar bien.

4 Cortar los huevos en cuartos y servirlos sobre la ensalada con un poco de sal y pimienta negra molida.

RICA EN vitaminas B1 (tiamina), B6, C y E • folato • potasio • hierro • fitoestrógenos • fibra

BENEFICIOSA PARA: corazón ① ② • huesos ① • digestión ① • inmunidad ① • mente ① • fatiga ① • mujeres ① ③ ④

TORTILLA DE CHALOTAS

1 TORTILLA • 330 CALORÍAS

La inspiración para esta receta tiene su origen en el hotel Taj Mahal Palace de Bombay. Es un plato supersimple: una sencilla tortilla de chalotas dulces con un toque de chile. A menudo son los platos más sencillos los que permanecen en la memoria.

3 huevos
50 ml de leche de arroz
Una pizca de chile seco molido
Una pizca de sal marina en escamas
Una pizca de pimienta blanca
1 cda. de aceite de colza
2 chalotas cortadas en finas rodajas

1 Mezclar la leche de arroz y los huevos en un bol grande con un batidor de varillas. Añadir el chile, la sal y la pimienta, y batir de nuevo. Reservar.

2 Poner a calentar a fuego vivo una sartén antiadherente de unos 20 cm de diámetro. Añadir muy poquito aceite y luego las chalotas. Freírlas unos minutos, y luego reducir el fuego y cocinarlas suavemente 6 minutos, hasta que las chalotas estén ligeramente doradas. Transferirlas a un bol y reservar.

3 Agregar unas gotas más de aceite a la sartén y volver a subir el fuego a alto. Verter la mezcla de huevo. Cocinarlo a fuego alto 1 minuto, y luego reducir el fuego a medio. Añadir las chalotas esparciéndolas por igual en la tortilla, y cocinar 2 minutos, hasta que la mezcla de huevo comience a cuajarse por encima.

4 Plegar la tortilla por la mitad y presionarla hacia abajo para que esté más firme antes de transferirla a un plato. Servir enseguida espolvoreada con un poco de chile, si se desea aún más picante.

RICA EN vitaminas B2 (riboflavina), B12 y D • folato • selenio • hierro • triptófano

BENEFICIOSA PARA: huesos ① • mente ① • fatiga ①③⑤ • hombres ①

BUÑUELOS DE MAÍZ CON ENSALADA DE TOMATE Y CEBOLLA

8-10 BUÑUELOS PARA 4 RACIONES • 165 CALORÍAS POR RACIÓN

Cuando pruebes este plato, querrás convertir en buñuelos todo lo que encuentres. Son facilísimos de hacer y están riquísimos. Solo tienes que usar una sartén antiadherente y muy poco aceite, para que los buñuelos no queden gomosos. Para esta receta se necesita maíz fresco en mazorca. El maíz en conserva queda demasiado dulce, aunque lo compres sin azúcar, y tiene una textura más blanda que los granos frescos. Los buñuelos son estupendos como entrante o como aperitivo.

1 mazorca de maíz
1 huevo
50 ml de leche de arroz
Una pizca de sal
Una pizca de pimentón
75 g de harina sin gluten ni trigo
2 cebollas tiernas finamente picadas
1 cdta. de aceite de oliva, para freír
Cilantro fresco, para decorar

PARA LA ENSALADA

3 tomates de rama maduros cortados en rodajas
½ cebolla cortada en rodajas finas
El zumo de ½ limón
1 cdta. de miel líquida
Una pizca de sal

1 Precalentar una parrilla a fuego fuerte. Retirar las hojas y las barbas de la mazorca, si es necesario, y asar en la parrilla, girándola de vez en cuando, durante 12 minutos, hasta que se dore por todos los lados. Dejar enfriar.

2 Una vez fría, desgranar la mazorca. La forma más sencilla de hacerlo es sostener la mazorca inclinada por un extremo, apoyando el otro en el centro de un trapo de cocina sobre la superficie de trabajo, y pasar un cuchillo de arriba abajo para desprender los granos. Hacer esto todo alrededor. Desechar la mazorca y reservar los granos.

3 Poner el huevo, la leche de arroz, la sal y el pimentón en un bol grande y mezclar. Tamizar la harina en otro bol y luego incorporar cuidadosamente la mezcla de huevo para crear una masa espesa. Añadir las cebollas y el maíz. Dejar reposar unos 10 minutos.

4 Mientras, poner todos los ingredientes de la ensalada en un bol y mezclar con suavidad. Reservar.

5 Calentar una sartén grande antiadherente y añadir muy poquito aceite de oliva. Poner en la sartén una cucharada de la masa de maíz para cada buñuelo (separándolos bien para permitir que se expandan). Freírlos 2-3 minutos por cada lado hasta que se doren. A medida que estén hechos, transferirlos a un plato y mantenerlos calientes, cubiertos con papel de aluminio. Añadir más aceite a la sartén, si es necesario.

6 Servir los buñuelos calientes decorados con el cilantro fresco y acompañados con la ensalada de tomate.

RICA EN vitaminas B1 (tiamina), B6, B12 y C • folato • potasio

BENEFICIOSA PARA: corazón ② • inmunidad ① • mente ① • mujeres ①

FRITTATA DE BONIATOS

4 PORCIONES GRANDES • 300 CALORÍAS CADA UNA

Esta frittata puede ser un sustancioso plato para una comida o una cena, y es ideal también para un pícnic. Aquí utilizamos boniato, pero también se puede hacer con calabaza. La clave está en caramelizar el boniato en el horno, y dejar que los azúcares naturales hagan solos su trabajo. Necesitarás una sartén resistente al horno.

3 boniatos pelados y cortados en dados de 2,5 cm
1 cda. de aceite de oliva, y un poco más para rociar
1 ramita de romero fresco
½ cebolla roja cortada en rodajas
1 diente de ajo picado
6 huevos
100 ml de leche de arroz
Un puñado de semillas de calabaza
Sal y pimienta

1 Precalentar el horno a 200 °C (180 °C con ventilador). Forrar una bandeja de horno con papel para hornear.

2 Poner el boniato en la bandeja de horno y rociarlo con un poco de aceite de oliva. Retirar las hojas de la ramita de romero (dejarlas enteras o picarlas, como se prefiera), y espolvorear con ellas el boniato. Hornear 20 minutos.

3 Disponer la cebolla y el ajo sobre los boniatos y asarlos 10 minutos más, hasta que el boniato esté tierno y ligeramente dorado.

4 Mientras, poner los huevos y la leche de arroz en un bol con un poco de sal y pimienta, y batir suavemente para mezclarlos.

5 Poner una sartén antiadherente de 24 cm resistente al horno en un fuego fuerte y agregar la cucharada de aceite. Cuando esté caliente, añadir el boniato y la cebolla asados y esparcir bien en la sartén. Cubrir con la mezcla de huevo y bajar el fuego a medio. Dejar que se haga hasta que la mezcla de huevo comience a cuajarse; esto se verá por los bordes.

6 Cuando la frittata esté casi firme por encima, espolvorear con las semillas de calabaza y transferir la sartén al horno para que se cueza 10 minutos.

7 Dejar enfriar la frittata unos minutos antes de volcarla sobre una tabla y cortarla en porciones.

RICA EN vitaminas B2 (riboflavina), B12 y D

BENEFICIOSA PARA: huesos ① • mente ① • fatiga ⑤

FRITTATA DE KALE, EDAMAME E HINOJO

4 RACIONES • 254 CALORÍAS POR RACIÓN

En una fritatta puedes usar casi cualquier verdura que te guste, y quedará estupenda. Es la manera perfecta de aprovechar las sobras para crear una comida saludable y sustanciosa. Aquí hemos utilizado judías edamame, hinojo y kale. Si eres vegetariano, comer verduras de color verde oscuro, como el kale, es una buena manera de incluir omega 3 en tu dieta. El kale es también una buena fuente de cobre, que ayuda a absorber el hierro. Para hacer la frittata necesitarás una sartén resistente al horno.

1 bulbo de hinojo cortado en rodajas finas
2 cebollas rojas cortadas en rodajas finas
1 diente de ajo cortado en rodajas finas
1 cda. de aceite de oliva, y un poco más para rociar
6 huevos
100 ml de leche de arroz
Un puñado de cebollino fresco finamente picado
1 cda. de cilantro fresco finamente picado
100 g de kale (col rizada) cortado en juliana
Un puñado de judías edamame (descongeladas, si son congeladas)
Un puñado de semillas de girasol
Sal y pimienta

1   Precalentar el horno a 200 °C (180 °C con ventilador). Forrar una bandeja de horno con papel para hornear

2   Disponer el hinojo, la cebolla y el ajo en la bandeja de horno. Rociar con un poco de aceite de oliva. Hornear 12 minutos.

3   Poner los huevos y la leche de arroz en un bol con el cebollino picado y el cilantro, sazonar y batir ligeramente para mezclar.

4   Colocar una sartén antiadherente de 24 cm resistente al horno sobre un fuego fuerte y añadir la cucharada de aceite de oliva. Cuando el aceite esté caliente, añadir las verduras recién asadas. Agregar el kale y las judías edamame y rehogar unos minutos, hasta que el kale se ablande ligeramente.

5   Esparcir bien las verduras en la sartén y agregar la mezcla de huevo. Reducir el fuego a medio y cocinar hasta que el huevo empiece a cuajarse (se apreciará en los bordes de la sartén). Cuando la parte superior esté casi cuajada, repartir por encima las semillas de girasol y transferir la sartén al horno para hornear la frittata 10 minutos.

6   Dejar que la frittata se enfríe unos minutos antes de volcarla sobre una tabla. Cortarla en porciones y servirla caliente o dejarla enfriar. La frittata está riquísima fría y aguantará un día en la nevera.

RICA EN vitaminas B2 (riboflavina), B12 y D • folato • hierro • triptófano

BENEFICIOSA PARA: huesos ① • mente ① • fatiga ①③⑤ • mujeres ④

AVES

Comer carne o ser vegetariano es una decisión personal, pero en general los que la comen tienden a comer demasiada. Está claro que no necesitamos tomar carne en cada comida.

Es cierto que la carne es sumamente nutritiva. Es una valiosa fuente de proteínas y de otros nutrientes esenciales, como la vitamina B12 y el hierro, que nos protegen frente a ciertos trastornos de la salud, como, por ejemplo, la deficiencia de hierro o la anemia (que puede provocar cansancio o fatiga). Sin embargo, las cantidades adecuadas de estos nutrientes esenciales se pueden obtener con solo una pequeña cantidad de carne en la dieta, y así hay más espacio para otros alimentos de origen vegetal con un alto valor nutritivo.

Aunque no hay nada malo en comer pequeñas cantidades de carne roja, el consumo excesivo de esta se ha relacionado con un mayor riesgo de ciertas enfermedades. En nuestra cocina depurativa, evitamos totalmente la carne roja, así como las carnes procesadas, y optamos por carnes magras blancas de aves (pollo y pavo) y pescado.

La mayor parte de nuestras recetas llevan pechuga de pollo o de pavo. Hay buenas razones para que la pechuga sea una parte del ave tan apreciada: no solo tiene una consistencia que le permite absorber bien los sabores fuertes e intensos, sino que también es muy versátil en las posibilidades que ofrece en la cocina: a la parrilla, asada, frita, guisada Además encuentro que la pechuga queda genial con la fruta, una combinación con la que se logra un maravilloso equilibrio entre lo dulce y lo salado. Para mí no hay nada mejor que una ensalada de pollo con quinoa y melocotones dulces, una pechuga de pollo a la plancha con un delicioso pesto de anacardos y albahaca, una sopa de pollo con fideos estilo Tai o un sustancioso pastel de pollo y verduras.

Al final de la mayoría de las recetas, se detallan los principales nutrientes que aporta una ración, así como los problemas de salud a los que puede beneficiar la receta incluida en una dieta saludable. Para más información, consulta la página 9.

POLLO TANDOORI CON ENSALADA DE PIÑA

4 RACIONES • 280 CALORÍAS POR RACIÓN

Un auténtico pollo tandoori tiene un sabor picante y ahumado. El ahumado proviene de cocinarlo en un horno tandoor; en esta receta el pimentón ahumado le dará un sabor similar. No seas tímido con el chile y las especias, pues el frescor y dulzor de la ensalada de piña calmarán de inmediato el ardor de la boca. La enzima bromelina, presente en la piña, ayuda a digerir las proteínas.

2 trozos del tamaño del pulgar de jengibre fresco, pelado y rallado
4 dientes de ajo finamente picados
2 chiles rojos frescos, sin semillas, finamente picados
El zumo de 1 limón
600 g de pechugas de pollo deshuesadas, sin piel, cortadas en trozos del tamaño de un bocado
2 cdas. de yogur de soja natural
1 cda. de pimentón ahumado
1 cdta. de cúrcuma en polvo
2 cdas. de garam masala
1 cda. de aceite de oliva
Gajos de limón, para servir

PARA LA ENSALADA

½ piña fresca, pelada, sin el corazón y cortada en daditos
1 pimiento rojo, sin semillas, finamente picado
1 pimiento amarillo sin semillas, finamente picado
2 cebollas tiernas finamente picadas
Un manojo de cilantro fresco finamente picado
Sal y pimienta

1 Poner el jengibre, el ajo, el chile y el zumo de limón en un bol grande y mezclar bien. Añadir el pollo y revolver para recubrir bien todos los trozos con el adobo. Tapar y dejar marinar en la nevera 20 minutos.

2 Añadir el yogur, el pimentón, la cúrcuma, el garam masala y el aceite de oliva, y mezclar bien. Cubrir de nuevo, volver a meter en la nevera y dejar marinar 1 hora.

3 Mientras el pollo está en la nevera, poner a remojar en agua ocho pinchos de madera durante una hora.

4 Precalentar la parrilla a temperatura media. Ensartar los trozos de pollo en los pinchos de madera. Asarlos en la parrilla 20 minutos, dándoles la vuelta de vez en cuando.

5 Mientras, mezclar en una ensaladera los dados de piña, pimientos, cebollas tiernas y cilantro. Sazonar al gusto.

6 Servir dos pinchos de pollo por persona con una ración abundante de ensalada y un gajo de limón.

RICA EN vitaminas B3 (niacina) y C • potasio • triptófano • betacaroteno • bromelina

BENEFICIOSA PARA: corazón ③ • digestión ④ • inmunidad ① • piel, cabello y uñas ① • mente ① • fatiga ③

POLLO ESTILO CAJÚN CON SALSA DE MANGO Y ENSALADA DE AGUACATE

4 RACIONES • 415 CALORÍAS POR RACIÓN

En este plato lo fundamental es el adobo. Las especias intensas con un toque de ajo crean un sabor ahumado y aromático. Al aplanar las pechugas con el rodillo, el adobo podrá cubrir una superficie mayor de carne. Como contrapunto perfecto, el pollo se acompaña con una ligera y cremosa ensalada de aguacate y con la salsa de mango. Esta fruta es una gran fuente del antioxidante betacaroteno, que, entre otras cosas, ayuda a retrasar la aparición de deterioro cognitivo en las personas mayores.

1 cda. de pimentón ahumado
2 cdas. de comino molido
1 cda. de cilantro molido
1 cdta. de chile seco en polvo
1 diente de ajo machacado
1 cdta. de aceite de oliva
4 pechugas de pollo deshuesadas de 150 g cada una

PARA LA ENSALADA
150 g de espinacas
Un puñado de cilantro fresco
Un puñado de menta fresca
Un puñado de perejil fresco
¼ de cebolla roja picada en daditos
1 cdta. de aceite de colza
2 aguacates

PARA LA SALSA
1 mango cortado en daditos
4 tomates cherry cortados en daditos
Un manojo de cilantro fresco finamente picado
El zumo de 1 lima
1 chile rojo fresco, sin semillas, finamente picado
Sal y pimienta

1 Mezclar en un bol grande todas las especias, el ajo y el aceite con una pizca de sal. Agregar las pechugas de pollo y recubrirlas bien con el adobo.
2 Poner a calentar una plancha o sartén acanalada a fuego medio.
3 Mientras, envolver cada pechuga en un trozo de film transparente. Aplanar las pechugas cuidadosamente con un rodillo, de modo que queden con 1 cm de grosor; retirar el film transparente. Poner las pechugas en la plancha y cocinarlas 6 minutos por cada lado.
4 Preparar la ensalada mientras el pollo se cocina. Picar las espinacas, el cilantro, la menta, el perejil y la cebolla roja, y mezclar todo con el aceite en un bol grande. Pelar los aguacates y retirar el hueso, y luego cortar la pulpa en dados. Añadir al bol y revolver con cuidado. Salpimentar.
5 Para la salsa, mezclar todos los ingredientes en un bol. Utilizar las manos para mezclarlos, exprimiendo los tomates para crear una jugosa salsa con tropezones. Sazonar al gusto.
6 Servir cada pechuga de pollo con una ración grande de ensalada de espinacas y la salsa de mango.

RICA EN vitaminas B2 (riboflavina), B3 (niacina), B6, C y E • folato • potasio • betacaroteno • triptófano • betasitosterol • fibra

BENEFICIOSA PARA: corazón ①②③ • digestión ① • inmunidad ① • piel, cabello y uñas ① • mente ① • fatiga ③⑤ • hombres ① • mujeres ①③

ENSALADA DE POLLO Y QUINOA

2 RACIONES • 420 CALORÍAS POR RACIÓN

Dos de nuestros ingredientes favoritos coinciden felizmente en esta ensalada rica en nutrientes. Resulta exquisita y sustanciosa. Por su alto contenido proteico y los carbohidratos complejos que aporta la quinoa, este plato es perfecto para tomarlo al mediodía y así evitar los bajones de energía a media tarde.

2 pechugas de pollo deshuesadas, de unos 150 g cada una
2 ramitas de tomillo fresco
2 rodajas de limón
2 dientes de ajo ligeramente machacados con la piel
100 g de quinoa
100 g de tirabeques
150 g de rúcula
100 g de hojas de espinaca baby
Un manojo de cebollino fresco picado
Un manojo de perejil fresco
4 orejones de albaricoques cortados en tiras
El zumo de 1 limón
1 cda. de aceite de colza
1 cdta. de sal marina en escamas
Una pizca de pimienta negra molida
Sal

RICA EN vitaminas B2 (riboflavina), B6, C y E • folato • potasio • magnesio • hierro • calcio • selenio • betacaroteno • triptófano • fibra

BENEFICIOSA PARA: corazón ①②③ • huesos ① • digestión ① • inmunidad ① • piel, cabello y uñas ① • mente ①② • fatiga ①③⑤ • hombres ① • mujeres ①③

1 Precalentar el horno a 200 °C (180 °C con ventilador).

2 Disponer las pechugas de pollo en una fuente para hornear y colocar una ramita de tomillo, una rodaja de limón y un diente de ajo sobre cada una. Asarlas en el horno caliente unos 20 minutos, hasta que estén bien cocidas. Dejar enfriar.

3 Poner la quinoa en una olla de tamaño mediano y cubrir con el triple de su volumen de agua fría. Poner en un fuego alto y llevar a ebullición. Cuando hierva, salar el agua y cocer la quinoa 6-8 minutos, hasta que esté tierna. Escurrir en un colador y enjuagar con agua fría para que se enfríe. Dejar que escurra por completo.

4 Hervir agua en un pequeño cazo. Agregar los tirabeques y cocinar no más de 2 minutos; escurrirlos y enjuagarlos con agua fría para que pierdan el calor de la cocción.

5 Mezclar el resto de los ingredientes en un bol, y luego agregar la quinoa y los tirabeques.

6 Cortar el pollo en tiras y mezclarlo con la ensalada. Servir en una fuente amplia.

POLLO AL PESTO CON ENSALADA DE QUINOA Y PARAGUAYAS

4 RACIONES • 600 CALORÍAS POR RACIÓN

Este pollo al pesto es un plato que nunca falla cuando tengo invitados. A todo el mundo le encanta.

La albahaca le da al pesto su típico aroma; la combinación de frutos secos y semillas aporta cuerpo y profundidad de sabor; y las espinacas intensifican el vivo color verde. En verano, cuando las paraguayas están deliciosamente maduras y dulces, son un acompañamiento ideal para el plato, pues complementan a la perfección los sabores fuertes y añaden una agradable textura.

4 pechugas de pollo deshuesadas, de unos 150 g cada una
1 cdta. de aceite de oliva
300 g de quinoa
4 tallos de apio finamente picados
El zumo de 1 limón
1 cdta. de aceite de colza
2 paraguayas maduras

PARA EL PESTO
70 g de anacardos
50 g de semillas de girasol
2 puñados de espinacas
Las hojas de 5 ramitas de albahaca fresca
1 cda. de aceite de colza
Sal marina en escamas y pimienta negra molida

1 Precalentar el horno a 200 °C (180 °C con ventilador).
2 Poner las pechugas de pollo en una fuente de horno. Rociarlas con aceite de oliva y salpimentar. Asar 20 minutos, hasta que estén bien hechas.
3 Mientras, poner la quinoa en una olla y cubrirla con el triple de su volumen de agua fría. Llevar a ebullición, bajar el fuego y cocer a fuego lento 6-8 minutos, hasta que esté tierna. Escurrir en un colador y enjuagar, y luego volcarla en un bol. Agregar el apio, el zumo de limón, el aceite de colza y 1 cucharadita de sal marina y de pimienta. Mezclar bien y reservar.
4 Para hacer el pesto, poner todos los ingredientes en un robot de cocina y agregar 1 cucharadita de sal marina y una pizca de pimienta. Triturar hasta obtener una pasta granulada.

5 Preparar las paraguayas haciendo un corte por la mitad alrededor del hueso; a continuación, separar las dos mitades tirando de ellas. Cortar cada mitad en trozos del tamaño de un bocado. Espolvorear con sal y pimienta.
6 Cuando el pollo esté hecho, sacarlo del horno y cortarlo en tiras. Servir con la ensalada de quinoa, los paraguayos y el pesto.

RICA EN vitaminas • potasio • magnesio • zinc • selenio • hierro

BENEFICIOSA PARA: corazón ② • inmunidad ① • piel, cabello y uñas ① • mente ①② • fatiga ①⑤ • hombres ①② • mujeres ①③

ROLLITOS DE COL RELLENOS DE POLLO

8 ROLLITOS PARA 2 RACIONES • 277 CALORÍAS POR RACIÓN

Estos rollitos de col se pueden servir como un entrante para ocho personas, pero son tan deliciosos, que preferirás servir cuatro por persona como plato principal. Pueden prepararse de antemano, y luego simplemente cocerse al vapor. Si las verduras se cuecen demasiado tiempo, la vitamina C puede perderse disolviéndose en el agua de la cocción. Las hojas de col solo deben blanquearse muy brevemente para que conserven sus propiedades. Si no puedes encontrar pechuga de pollo picada, pide en la pollería que te la piquen.

1 col de Milán (col blanca de hoja rizada)
150 g de arroz integral
1 cdta. de aceite de oliva
1 cebolla cortada en daditos
1 diente de ajo picado
1 ramita de tomillo fresco
Un manojo de mejorana fresca finamente picada
1 cdta. de comino en polvo
1 cdta. de pimentón
400 g de pechuga de pollo picada
1 cdta. de sal
1 cdta. de pimienta

1 Arrancar las ocho hojas más exteriores de la col. Introducirlas en una olla con agua y escaldarlas en agua hirviendo 3 minutos. Retirarlas y sumergirlas en agua helada. Escurrir y reservar.
2 Poner el arroz integral en una olla y cubrirlo con el doble de su volumen de agua. Cuando empiece a hervir, cocerlo a fuego lento 20 minutos. Escurrir y reservar.
3 Poner una sartén en un fuego medio. Añadir el aceite de oliva y luego la cebolla y el ajo. Freír 10 minutos, hasta que la cebolla esté ligeramente dorada. Agregar el tomillo, la mejorana, el comino, el pimentón y el pollo picado, y cocinar, revolviendo, 5 minutos, hasta que el pollo haya perdido su aspecto crudo y empiece a deshacerse. Retirar del fuego y mezclar con el arroz. Salpimentar.
4 Para hacer los rollos, poner un puñadito de la mezcla de pollo y arroz en el medio de una hoja de col. Doblar un extremo sobre el pollo, remeter los lados y enrollar hasta cerrarlo. Colocar los rollos en un plato grande con el extremo abierto de la hoja de col debajo, para que no se deshagan. Enfriar en la nevera 30 minutos para que se vuelvan más firmes.
5 Hervir agua en el fondo de una vaporera o una olla. Poner encima la cesta perforada. Disponer en esta los rollitos y cocer al vapor 10 minutos. Servir calientes.

RICA EN vitaminas B1 (tiamina), B3 (niacina), B6 y C • folato • potasio • selenio • triptófano

BENEFICIOSA PARA: corazón ③ • inmunidad ① • mente ① • fatiga ③ • hombres ① • mujeres ①

PAD THAI CON FIDEOS DE ARROZ INTEGRAL

2 RACIONES • 690 CALORÍAS POR RACIÓN

Este clásico salteado tailandés, uno de nuestros platos favoritos desde siempre, representa el perfecto equilibrio entre lo dulce y lo picante. Hemos utilizado una pasta de tamarindo para darle un toque ácido, pero cuando la compres asegúrate de que no contenga azúcar. Otra opción para lograr el mismo efecto es el zumo de lima. El plato contiene cantidad de vitaminas del grupo B, como la B12, cuya deficiencia se ha asociado con la depresión.

120 g de fideos arroz integrales
4 cdtas. de salsa de pescado
½ cdta. de pasta de tamarindo mezclada con 50 ml de agua
30 g de miel líquida
½ cdta. de chile molido, y un poco más para servir
40 ml (2 cdas. y 2 cdtas.) de aceite de cacahuete
1 pechuga de pollo deshuesada de unos 150 g, cortada en tiras finas
8 langostinos crudos pelados
2 cebollas tiernas cortadas en rodajas
2 dientes de ajo finamente picados
2 huevos grandes
1 cda. de camarones secos molidos
100 g de brotes de soja
Un buen manojo de cilantro fresco
50 g de anacardos fritos troceados
Gajos de lima, para servir

1 Hervir agua en una olla. Agregar los fideos y cocerlos no más de 1 minuto antes de escurrirlos en un colador. Refrescar con agua fría y reservar.

2 Para hacer la salsa, mezclar la salsa de pescado, el tamarindo, la miel y el chile en una cacerola pequeña y calentar a fuego suave 3 minutos. Reservar.

3 Poner un wok grande a calentar en un fuego fuerte con 2 cucharadas de aceite. Añadir el pollo y freír revolviendo durante 5-7 minutos, hasta que ya no se vea crudo. Añadir los langostinos y saltear 3 minutos. Añadir las cebollas y el ajo, y saltear 3-4 minutos.

4 Agregar los fideos y saltearlos 30 segundos. Luego agregar la salsa y mezclarla con los fideos.

5 Empujar hacia un lado todos los ingredientes de la sartén y añadir las 2 cucharaditas de aceite restantes. Cascar los huevos en el wok y romper las yemas. Cocinar revolviendo hasta que los huevos empiecen a cuajarse. A continuación, mezclar con los otros ingredientes en el wok e incorporar los camarones en polvo, los brotes de soja y el cilantro.

6 Servir el Pad Thai caliente, con los anacardos, el chile restante y los gajos de lima a un lado.

RICA EN vitaminas del grupo B • vitamina C • selenio • magnesio • potasio • zinc • hierro • triptófano

BENEFICIOSA PARA: corazón ③ • huesos ① • inmunidad ① • piel, cabello y uñas ①④ • mente ①② • fatiga ①③⑤ • hombres ①② • mujeres ①③

WRAPS DE LECHUGA CON POLLO

2 RACIONES • 285 CALORIAS POR RACIÓN

Basada en un plato tradicional chino, esta receta utiliza una hortaliza muy común en la cocina china: la castaña de agua. Tiene una textura crujiente difícil de encontrar en ninguna otra hortaliza. Las castañas de agua frescas son las mejores, porque son más crujientes, pero cuesta más encontrarlas; por eso, las hemos usado en conserva, que pueden comprarse en la mayoría de los supermercados de comida asiática. Una ración de este plato proporciona el 35 % de la dosis diaria recomendada de selenio, un nutriente que protege contra las infecciones. Muchas personas no toman suficiente selenio en su dieta.

300 g de pechuga de pollo deshuesada, sin piel, picada o cortada en trocitos pequeños
140 g de castañas de agua en conserva, escurridas y finamente picadas
2 cdas. de tamari
1 cebolla tierna finamente picada
1 diente de ajo finamente picado
Un puñado de cebollino fresco finamente picado
1 lechuga iceberg
2 cdas. de arroz integral hinchado

1 Poner en un bol el pollo con las castañas de agua, el tamari, la cebolla, el ajo y el cebollino. Mezclar todo y dejar marinar unos minutos.
2 En un fuego medio, poner a calentar una sartén antiadherente y agregar la mezcla de pollo. Cocinar revolviendo unos 12 minutos, hasta que el pollo esté bien hecho. Retirar del fuego.
3 Arrancar de cuatro a seis hojas exteriores de la lechuga y reservarlas para servir el plato. Cortar y desechar la base de la lechuga y picar el resto en juliana. Añadir la lechuga a la mezcla de pollo junto con el arroz inflado. Revolver bien. El calor del pollo cocido hará que la lechuga se ablande ligeramente.
4 Poner una cucharada de la mezcla de pollo en cada hoja de lechuga, plegar los lados y la base y enrollarlas.

RICA EN vitaminas B1 (tiamina), B3 (niacina) y B6 • folato • potasio • selenio • triptófano

BENEFICIOSA PARA: corazón ② ③ • mente ① • fatiga ③ • hombres ① • mujeres ①

PAVO AL CURRY CON ANACARDOS

4 RACIONES • 450 CALORÍAS POR RACIÓN

Gracias a su textura cremosa y a su rico sabor, los anacardos mejoran cualquier plato. Aquí se usan para crear una pasta de curry. Esta actúa ligando y armonizando todos los ingredientes, y a la vez sirve como una base tipo roux para espesar el guiso durante el proceso de cocción. Este plato contiene la totalidad de la cantidad diaria recomendada de vitamina B6, necesaria para convertir los alimentos en energía.

100 g de anacardos
2 tomates en rama maduros ligeramente picados
½ chile fresco verde sin semillas y finamente picado
2 dientes de ajo picados
Un trozo de jengibre fresco del tamaño del pulgar, pelado y picado
El zumo de 1 limón
400 g de pechuga de pavo deshuesada, sin piel y cortada en daditos
2 cdas. de almendras molidas
1 cda. de comino en polvo
1 cda. de cilantro en polvo
1 cda. de cúrcuma en polvo
1 cda. de aceite de coco
1 cebolla cortada en daditos
1 coliflor separada en ramilletes
100 ml de leche de coco
100 g de guisantes frescos sin vaina o congelados (ya descongelados)

1 Dejar en remojo los anacardos en agua caliente unos 20 minutos, y luego escurrir. Poner en una batidora los anacardos, los tomates, los chiles, el ajo, el jengibre y el zumo de limón, y triturar hasta obtener una pasta. Pasarla a un bol grande.

2 Añadir el pavo y mezclar con la pasta. Espolvorear con las almendras, el comino, el cilantro y la cúrcuma, y mezclar bien. Tapar y dejar marinar en la nevera 20 minutos.

3 Mientras, poner una cacerola grande con aceite en un fuego fuerte, añadir la cebolla y freír 5 minutos. Añadir el pavo marinado y cocinar 5-7 minutos, hasta que haya perdido su aspecto crudo.

4 Agregar la coliflor, la leche de coco y 100 ml de agua, y llevar a ebullición a fuego lento. Cocer 15 minutos, revolviendo de vez en cuando. Añadir los guisantes, remover y cocer a fuego lento otros 5 minutos.

5 Servir acompañado de una ensalada de pepino o de arroz integral.

RICA EN vitaminas del grupo B • vitamina C • potasio • zinc • hierro • magnesio • selenio • curcuminoides • triptófano • fibra

BENEFICIOSA PARA: corazón ② ③ • huesos ① ② • digestión ① • inmunidad ① • mente ① ② • fatiga ① ③ ⑤ • hombres ① ② • mujeres ①

CURRY MASSAMAN DE BONIATO Y PAVO

4 RACIONES • 600 CALORÍAS POR RACIÓN (CON ARROZ)

Esta es nuestra versión de un curry massaman tailandés, un plato deliciosamente perfumado que se hace tradicionalmente con ternera y cacahuetes. Aquí los hemos sustituido por pavo y anacardos, que funcionan realmente bien. Los anacardos son ricos en magnesio, cuya deficiencia puede contribuir a la aparición de migrañas. No te asustes con la larga lista de ingredientes, el curry no es difícil de hacer. Se sirve con un arroz con ocra y jengibre.

2 cebollas grandes finamente picadas
1½ cdas. de aceite de colza
250 g de pechuga de pavo deshuesada, sin piel y cortada en daditos
2 cdas. colmadas de jengibre fresco rallado
2 dientes de ajo finamente picados
1 cdta. de cilantro en polvo
1 cdta. de comino en polvo
Una pizca de canela en polvo
Una pizca de clavo de olor molido
1 chile rojo fresco, sin semillas y picado
1 tallo de hierba limón finamente picado
1 cdta. de salsa de pescado
400 ml de leche de coco
4 vainas de cardamomo
1 vaina de anís estrellado
2 boniatos medianos, pelados y cortados en daditos
Gajos de lima, para servir

PARA EL ARROZ

200 g de arroz integral
1 cdta. de aceite de coco
150 g de ocra
1 cda. de jengibre fresco rallado
Un manojo de cilantro fresco finamente picado
Sal y pimienta

1 Poner una olla grande en un fuego medio y freír la cebolla con un poco de aceite de colza unos 10 minutos, hasta que se dore. Añadir la pechuga de pavo y cocinar revolviendo, hasta que ya no se vea cruda.

2 Poner el jengibre, el ajo, las especias molidas, el chile, el limón y la salsa de pescado en una pequeña batidora, y triturar hasta conseguir una pasta. Agregar la cucharada restante de aceite de colza para que la pasta quede menos densa.

3 Añadir la pasta al pavo y cocinar a fuego lento revolviendo 2 minutos, cuidando que las especias no se quemen.

4 Verter la leche de coco y 100 ml de agua, y agregar las vainas de cardamomo y el anís estrellado. Llevar a ebullición, revolviendo de vez en cuando, y luego cocer a fuego lento 20 minutos. Incorporar los boniatos y cocinar a fuego lento otros 20 minutos, hasta que estén tiernos.

5 Mientras se hace el guiso, preparar el arroz. Poner arroz integral en una olla grande y cubrirlo con el triple de su volumen de agua fría. Poner la olla en un fuego fuerte y llevar a ebullición, y luego cocinarlo 20 minutos, hasta que el arroz esté tierno.

6 Mientras tanto, calentar el aceite de coco en una sartén y saltear ligeramente la ocra con el jengibre unos 6 minutos. Cuando el arroz esté cocido, escurrir bien y mezclar con la ocra. Salpimentar y añadir el cilantro.

7 Servir el curry con el arroz con ocra y unos gajos de lima para exprimir por encima.

RICA EN vitaminas B1 (tiamina), B3 (niacina) y C • folato • potasio • magnesio • triptófano • betacaroteno • fibra

BENEFICIOSA PARA: huesos ① • digestión ① • inmunidad ① • piel, cabello y uñas ① • mente ①② • fatiga ③⑤ • mujeres ①

HAMBURGUESAS DE PAVO CON ENSALADA DE COL

4 HAMBURGUESAS PARA 2 RACIONES • 350 CALORÍAS POR RACIÓN

Esto cambiará tu visión del clásico pavo navideño, que puede haberse ganado la fama de seco e insulso. Por supuesto, los nuevos métodos para asar han cambiado las cosas y además ahora puede encontrarse pavo en los supermercados durante todo el año. Vale la pena comerlo más a menudo, porque el pavo contiene el aminoácido triptófano, que en el cerebro se convierte en serotonina, «la hormona del bienestar». Así que abandona la rutina conocida del pollo y prueba estas hamburguesas exquisitamente aromáticas.

300 g de pechuga de pavo deshuesada y sin piel
1 huevo
1 cdta. de tomillo seco
Una pizca de estragón seco
Un puñado de perejil fresco finamente picado
Un puñado de cebollino fresco finamente picado
La ralladura de 1 limón
100 g de granos de maíz dulce frescos
o congelados (ya descongelados)
1 cda. de harina sin gluten ni trigo

PARA LA ENSALADA DE COL
½ col lombarda pequeña cortada en tiras finas
¼ col blanca pequeña cortada en tiras finas
½ cebolla roja cortada en rodajas finas
1 diente de ajo finamente picado
El zumo de 1 limón
Un manojo de cilantro fresco finamente picado,
y un poco más para decorar
Un manojo de cebollino fresco o finamente picado
Un manojo de perejil fresco finamente picado
2 cdas. de yogur de soja natural

1 Precalentar el grill a la potencia media.
2 Cortar la mitad de la pechuga de pavo en daditos y ponerla en un bol grande. Poner el resto de la pechuga en un robot de cocina y triturar hasta conseguir una textura de carne picada (no una pasta). Añadir al bol.
3 Agregar el huevo, el tomillo, el estragón, el perejil, el cebollino, la ralladura de limón, el maíz y la harina. Mezclar bien con las manos. Formar cuatro hamburguesas de tamaño mediano.
4 Poner las hamburguesas en una bandeja de horno, colocar bajo el grill y cocinar 8 minutos por cada lado, hasta que estén doradas.

5 Mientras las hamburguesas se hacen, poner todos los ingredientes de la ensalada en un bol y mezclar.
6 Servir dos hamburguesas por persona con un bol grande de ensalada.

RICA EN vitaminas del grupo B • vitamina C • folato • potasio • hierro • selenio • triptófano • fibra

BENEFICIOSA PARA: corazón ①②③ • digestión ① • inmunidad ① • mente ① • fatiga ①③ • hombres ① • mujeres ①

HAMBURGUESAS DE POLLO CON SALSA DE REMOLACHA

4 RACIONES • 165 CALORÍAS POR RACIÓN

Desde el principio, en nuestros menús ha figurado la hamburguesa de pollo. Hecha con carne de buena calidad y servida con una buena guarnición, ha tenido siempre mucho éxito. El pollo picado que se encuentra en la mayoría de los supermercados suele llevar carne de cualquier parte del ave; por tanto, si quieres comer carne magra, pide en la carnicería que te piquen una pechuga especialmente para ti.

300 g de pechuga de pollo picada
1 huevo
1 cda. de aceite de colza
Un manojo de cilantro fresco finamente picado
1 cdta. de tomillo seco
Un puñado de cebollino fresco finamente picado
La ralladura de 1 limón
1 cdta. de sal
1 cdta. de pimienta negra molida

PARA LA SALSA DE REMOLACHA
4 remolachas grandes peladas y cortadas en dados de 2,5 cm
1 cda. de aceite de colza
1 cdta. de alcaparras
3 tomates en rama maduros cortados en daditos
1 chile fresco verde sin semillas y finamente picado
½ cebolla roja finamente picada
1 diente de ajo finamente picado

1 Precalentar el horno a 200 °C (180 °C con ventilador).
2 Para preparar la guarnición, poner los daditos de remolacha formando un montón en el centro de un trozo de papel de aluminio, y rociarlos con el aceite. Plegar el papel de aluminio para formar un paquete. Ponerlo en una bandeja de horno y hornearlo 30 minutos, hasta que la remolacha esté tierna, pero aún algo crujiente. Dejar enfriar. Mantener el horno caliente para las hamburguesas.
3 Cuando la remolacha se haya enfriado, pasarla a una batidora y agregar las alcaparras, el tomate, el pimiento, la cebolla y el ajo. Triturar hasta conseguir una textura gruesa. Transferir a un bol y reservar.
4 Para hacer las hamburguesas, poner el pollo picado con el resto de los ingredientes en un bol grande y mezclar con las manos. Tener cuidado de no apretar la carne demasiado, para que las hamburguesas no queden demasiado densas. Formar cuatro hamburguesas grandes y ponerlas en una bandeja de horno.
5 Hornear las hamburguesas 25 minutos, dándoles la vuelta una vez. Servirlas con una cucharada de la salsa de remolacha y una ensalada verde al lado.

RICA EN vitaminas B3 (niacina) y C • folato • potasio

BENEFICIOSA PARA: corazón ②③ • inmunidad ①

PICANTÓN ASADO Y COLES DE BRUSELAS

2 RACIONES • 450 CALORÍAS POR RACIÓN

Un picantón tiene el tamaño perfecto para 2 raciones. Es superfácil de cocinar y se tarda la mitad del tiempo que en hacer un pollo, y la carcasa se puede utilizar después para hacer un delicioso caldo. Los picantones son también excelentes para una cena con invitados: puedes preparar más cantidad y servir un picantón por pareja con una guarnición de puerros y coles de Bruselas. Las coles de Bruselas son de la misma familia que el brócoli, la coliflor, el kale y el pak choi; todas estas coles contienen sustancias que pueden proteger contra ciertos tipos de cáncer.

1 picantón
1 limón en rodajas
3 ramitas de tomillo fresco
Una pizca de sal marina en escamas
Una pizca de pimienta negra molida
600 ml de caldo de pollo (véase la página 283)
2 puerros finamente picados
200 g de coles de Bruselas, cortadas por la mitad
1 cda. de semillas de calabaza
1 cda. de semillas de girasol
1 cda. de pistachos pelados (comprados con cáscara)
Un manojo de perejil fresco finamente picado
Un manojo de cilantro fresco finamente picado

1 Precalentar el horno a 200 °C (180 °C con ventilador). Forrar una pequeña fuente de horno con papel de hornear.
2 Poner el picantón en la bandeja de horno y colocar encima unas rodajas de limón, las ramitas de tomillo, la sal y la pimienta. Asar en el horno 25 minutos.
3 Mientras se asa el picantón, poner una olla en un fuego medio y agregar el caldo de pollo. Llevar a ebullición, y luego añadir los puerros. Cocinar a fuego lento unos 5 minutos, hasta que estén tiernos. Añadir las coles de Bruselas y cocer a fuego lento 4 minutos más, hasta que estén tiernas pero aún un poco al dente. Escurrir el caldo sobrante y mantener las verduras calientes en la olla.
4 Retirar el picantón del horno y reservarlo unos minutos antes de cortarlo en trozos o partirlo por la mitad.
5 Mientras, extender las semillas y los frutos secos en otra pequeña bandeja de horno y tostarlos en el horno 6 minutos, hasta que se

doren. Añadirlos a las coles de Bruselas y al puerro, y luego mezclar con las hierbas frescas. Servir con el picantón.

RICA EN vitaminas B2 (riboflavina), B3 (niacina), B6, C y E • folato • potasio • hierro • zinc • selenio • betasitosterol • triptófano • prebióticos • fibra

BENEFICIOSA PARA: digestión ② • inmunidad ① • mente ① • fatiga ①③⑤ • hombres ①② • mujeres ①③

PASTEL DE POLLO Y VERDURAS

6 RACIONES • 320 CALORÍAS POR RACIÓN

El puré de alubias blancas tipo judiones es un sustituto perfecto del puré de patatas. Tienen el mismo color y textura, y cuando se hornea como cobertura de un pastel, toma un bonito tono dorado. La calabaza, los guisantes y los pimientos se utilizan como relleno de este pastel, que también es ideal para aprovechar las sobras de verduras que guardes en la nevera. Así que no tengas miedo de experimentar. Si prescindes del pollo y añades más verduras, puede ser también un plato vegetariano estupendo.

1 cda. de aceite de colza
2 chalotas cortadas en rodajas
1 puerro finamente picado
2 dientes de ajo picados
4 pechugas de pollo de unos 150 g cada una, deshuesadas y cortadas en daditos
1 cda. de harina sin gluten ni trigo
400 ml de caldo de verduras (véase la página 283)
Un manojo de perejil fresco finamente picado
2 ramitas de estragón fresco finamente picado
1 hoja de laurel
2 zanahorias cortadas en daditos
½ calabaza pelada, sin semillas y troceada
1 pimiento rojo sin semillas y cortado en rodajas
100 g de champiñones cortados por la mitad
100 g de guisantes sin vainas frescos o congelados (ya descongelados)

PARA LA COBERTURA
1 coliflor cortada en ramilletes
2 latas de 400 g de judiones, escurridos
1 diente de ajo finamente picado
200 ml de leche de arroz
Sal y pimienta

1 Poner una olla grande en el fuego y añadir el aceite. Cuando esté caliente, agregar las chalotas, el puerro y el ajo, y sofreír 5 minutos. Añadir el pollo y cocinar 5-6 minutos, revolviendo de vez en cuando, hasta que esté ligeramente dorado. Espolvorear con harina, revolver bien y luego agregar la mitad del caldo de verduras, revolviendo todo el tiempo para que no queden grumos.

2 Agregar el caldo restante junto con el perejil, estragón, laurel, zanahorias, calabaza, pimiento rojo y setas. Cocer durante 15 minutos, revolviendo de vez en cuando, hasta que las verduras estén tiernas. Transferir a un molde y cubrir con los guisantes.

3 Precalentar el horno a 200 °C (180 °C con ventilador).

4 Para hacer el relleno, poner a hervir agua en una olla de tamaño mediano, añadir los ramilletes de coliflor y cocinar 10 minutos. Escurrir y pasar a un robot de cocina. Añadir las alubias, el ajo y la leche de arroz y triturar 2 minutos, hasta que quede un puré homogéneo. Sazonar al gusto.

5 Extender el puré sobre el pollo y las verduras para cubrirlos por completo. Hornear 25 minutos. Servir caliente.

RICA EN vitaminas B3 (niacina), B6 y C • folato • potasio • selenio • betacaroteno • triptófano • fibra

BENEFICIOSA PARA: corazón ①②③ • digestión ① • inmunidad ① • piel, cabello y uñas ① • mente ① • fatiga ③ • hombres ① • mujeres ①

POLLO AL LIMÓN

4 RACIONES • 340 CALORÍAS POR RACIÓN

Este plato de inspiración marroquí es el resultado de la investigación incesante de mi madre para encontrar la mejor receta de pollo al limón. Ella dice que piensa seguir mejorándolo hasta que sea el mejor pollo al limón del mundo. En mi opinión ya lo es. Servimos el pollo al vapor con un «cuscús» de coliflor, que absorbe maravillosamente la deliciosa salsa de limón. Esta es una comida perfecta para el invierno, llena de vitamina C y selenio, para mantener fuerte el sistema inmunitario, y vitaminas del grupo B, para protegerse contra la fatiga. Puedes encontrar otro método para hornear el cuscús de coliflor en la página 132.

3 cebollas grandes finamente picadas
2 cdas. de aceite de oliva
4 pechugas de pollo deshuesadas de unos 150 g cada una, cortadas en 3 trozos
2 manojos de perejil fresco finamente picado
1 cda. de jengibre fresco finamente rallado
Una pizca de hebras de azafrán
10 aceitunas verdes grandes sin hueso,
3 limones en conserva, cortados en trozos pequeños, y unas rodajas más para decorar
1,2 litros de caldo de pollo (véase la página 283)
Cilantro fresco, para decorar

PARA EL CUSCÚS DE COLIFLOR
1 coliflor sin las hojas externas
1 cda. de aceite de colza
Una pizca de azafrán
Sal y pimienta

1 En una cacerola honda resistente al fuego, freír la cebolla en el aceite de oliva 10 minutos. Añadir el pollo y saltear 6-8 minutos, hasta que esté ligeramente dorado por ambos lados, dándole la vuelta de vez en cuando. Añadir el perejil, el jengibre, el azafrán, las aceitunas verdes y el limón. Verter el caldo. Cuando empiece a hervir, reducir el fuego y cocinar a fuego lento 10 minutos.

2 Mientras, precalentar el grill a la potencia media.

3 Sacar el pollo y ponerlo en una fuente resistente al horno. Colocarlo bajo el grill y cocinarlo unos 10 minutos, hasta que esté dorado por ambos lados; reservar y mantener caliente.

4 Mientras el pollo se hace en el horno, bajar el fuego de la cazuela y dejar que la salsa se reduzca al menos 40 minutos. Debe quedar espesa y con un sabor muy concentrado. Añadir el pollo de nuevo a la salsa y salpimentar al gusto.

5 Mientras se reduce la salsa, preparar el cuscús de coliflor. Precalentar el horno a 180 °C (160 °C con ventilador). Cortar los tallos de los ramilletes. Poner los tallos y el corazón de la coliflor en un robot de cocina y triturar para crear una textura esponjosa similar al cuscús. Pasar a un bol. Añadir los ramilletes al robot de cocina y triturar unos segundos para crear la misma textura ligera (puede que esto se deba hacer por tandas). Añadir al bol junto con el aceite, el azafrán y sal y pimienta al gusto. Mezclar todo.

6 Poner un trozo de papel de aluminio sobre una bandeja de horno (la lámina debe ser al menos el triple de grande que la bandeja). Poner en el centro el cuscús en un montón y envolverlo con el papel de aluminio sin que queden huecos. Asar al vapor en el horno durante 20 minutos, hasta que esté tierno.

7 Servir el pollo al limón adornado con cilantro fresco y las rodajas de limón reservadas, acompañado del cuscús de coliflor.

RICA EN vitaminas B1 (tiamina), B3 (niacina), B6 y C • folato • potasio • selenio • triptófano

BENEFICIOSA PARA: corazón ② ③ • inmunidad ① • mente ① • fatiga ③ • hombres ① • mujeres ①

PESCADO Y MARISCO

Un pescado perfectamente cocinado servido con una buena guarnición de verduras resulta tremendamente apetitoso y nutritivo. Aquí presentamos maneras facilísimas de cocinar pescado y marisco. En las siguientes recetas hemos utilizado muchas técnicas diferentes, desde cocer al vapor a freír a la plancha, asar al horno o en la barbacoa, usando diferentes aromas, especias y hierbas, así como increíbles acompañamientos. Encontrarás mucha inspiración para ampliar tu repertorio de pescado.

Una dieta saludable debe incluir pescado: en la actualidad se recomienda comer por lo menos un par de raciones a la semana y que una de ellas sea de pescado graso, como salmón, trucha, atún, sardinas o arenque. Así se estarán consumiendo las cantidades adecuadas de omega 3 para proteger el corazón. (El pescado azul contiene sustancias que pueden ser perjudiciales en grandes cantidades, por lo que su consumo debe limitarse a no más de cuatro raciones a la semana; en embarazadas, a dos). El pescado y el marisco son ricos también en algunas vitaminas y minerales, como el zinc y las vitaminas B6, B12 y D, además del selenio.

Comer pescado variado es importante no solo para garantizar un consumo más amplio de nutrientes, sino también para preservar las reservas de pescado. Ninguno de los pescados que utilizamos en estas recetas está en peligro de extinción.

Al final de la mayoría de las recetas, se detallan los principales nutrientes que aporta una ración, así como los problemas de salud a los que puede beneficiar la receta incluida en una dieta saludable. Para más información, consulta la página 9.

CANGREJO CON CHILE Y ENSALADA DE PEPINO

2 RACIONES • 185 CALORÍAS POR RACIÓN

En Goa sirven el cangrejo fresco tan solo con unas hojas de lechuga, cilantro fresco y un poco de limón. La carne dulce del cangrejo con el sabor aromático de la hierba y el ácido del cítrico es una combinación perfecta. El acompañamiento de esta ensalada es lo que convierte el plato en una comida o cena sustancial. La ensalada contiene más del 100 % de la dosis diaria recomendada de selenio, un mineral antioxidante esencial para tener un sistema inmunitario fuerte que ayude a proteger la salud.

200 g de carne de cangrejo blanco fresco
½ chile rojo fresco, sin semillas y finamente picado
El zumo de 1 lima
Un manojo de cilantro fresco finamente picado
1 lechuga iceberg
Gajos de lima, para servir

PARA LA ENSALADA DE PEPINO

1 pepino
Un puñado de hojas de menta fresca finamente picadas
2 cebollas tiernas finamente picadas
Un puñado de judías verdes, cortadas en trozos de 5 mm
El zumo ½ limón
1 cdta. de aceite de colza
1 cda. de yogur de soja natural

1 Mezclar el cangrejo con el chile, el zumo de lima y el cilantro, y reservar.
2 Pelar el pepino, cortarlo por la mitad a lo largo y retirar las semillas con una cucharita. Cortar el pepino en daditos y ponerlo en un bol. Añadir la menta, las cebollas tiernas, las judías verdes, el zumo de limón, el aceite y el yogur, y mezclar bien.
3 Arrancar dos hojas exteriores grandes de la lechuga; lavarlas y secarlas con papel de cocina. Repartir la mitad de la ensalada de pepino en cada una de ellas. Poner encima el cangrejo y servir con los gajos de lima.

RICA EN vitaminas B2 (riboflavina) y C • folato • selenio • potasio • triptófano

BENEFICIOSA PARA: corazón ② • mente ① • fatiga ③⑤ • hombres ①

LANGOSTINOS CON ENSALADA DE COLINABO Y PERA

2 RACIONES • 265 CALORÍAS POR RACIÓN

El colinabo se ha puesto de moda en los últimos años. Esta hortaliza, que pertenece a la familia de la col, tiene un aspecto raro que parece la cabeza de un extraterrestre con unas antenas como hojas. No te dejes disuadir por esto; es muy fácil prepararlo y será una interesante adquisición en tu dieta. Su pulpa color verde pálido casi translúcida, cortada en finas lonchas o en daditos, está deliciosa cruda con un chorrito de zumo de limón y un poco de sal y pimienta. El colinabo es rico en unos compuestos llamados bioflavonoides, que en colaboración con otros nutrientes previenen el daño celular que favorece el cáncer.

RICA EN vitaminas B12 y C • folato • potasio • selenio • triptófano

BENEFICIOSA PARA: corazón ② • inmunidad ① • mente ① • fatiga ③ • hombres ①

30 g de nueces
1 cdta. de aceite de cacahuete
1 cdta. de jengibre fresco finamente rallado
200 g de langostinos crudos pelados
(dejando las colas)
1 colinabo pequeño
La ralladura y el zumo de 1 limón
1 pera conferencia
½ cdta. de semillas de sésamo negro
Sal y pimienta

1 Precalentar el horno a 200 °C (180 °C con ventilador). Esparcir las nueces en una pequeña bandeja de horno y tostarlas 8 minutos. Pasarlas a un mortero y machacarlas un poco. Reservar.

2 Calentar el aceite de cacahuete en una sartén durante 1 minuto, y luego añadir el jengibre y los langostinos, y cocinar revolviendo unos 4 minutos, hasta que los langostinos estén completamente rosas. Dejar enfriar.

3 Mientras, pelar el colinabo y cortarlo en rodajas muy finas. Lo mejor es usar una mandolina, pero si no se tiene, se puede cortar a mano con cuidado. Colocar las rodajas en un bol y agregar el zumo de limón, una pizca de sal y un poco de pimienta.

4 Quitar el corazón de la pera y luego cortarla en rodajas finas. Añadir la pera al bol y mezclarla cuidadosamente con el colinabo. Repartir en dos platos.

5 Mezclar los langostinos, las nueces, la ralladura de limón y las semillas de sésamo negro en un bol. Disponerlos encima de la ensalada de colinabo y pera, y servir.

ENSALADA DE MANGO Y LANGOSTINOS

2 RACIONES • 325 CALORÍAS POR RACIÓN

Una fruta dulce y tierna en una ensalada de mariscos puede parecer extraño, pero es muy común en la cocina asiática. El mango transforma totalmente este plato, añadiendo dulzura y una textura suave que combina perfectamente con el jugoso marisco. Los langostinos y otros mariscos son una importante fuente de zinc, un mineral esencial para la salud de los hombres.

1 mango
1 zanahoria cortada en rodajas finas
½ pepino cortado en rodajas finas
150 g de langostinos crudos pelados
(dejando las colas)
Un manojo de cilantro fresco

PARA EL ALIÑO
El zumo de 1 lima
1 cdta. de aceite de oliva
½ cdta. de tamari
Un trozo de jengibre fresco del tamaño del pulgar, picado con la piel
½ chile rojo fresco picado
Sal y pimienta

1 Cortar el mango por la mitad alrededor del hueso plano; desechar el hueso. Reservar una mitad para el aliño. Marcar con incisiones la pulpa de la otra mitad para formar tiras; girar esta mitad de dentro hacia fuera y cortar las tiras para desprenderlas de la piel. Ponerlas en un bol y agregar la zanahoria y el pepino.

2 Poner a calentar agua en una olla. Una vez que hierva, reducir el fuego y añadir los langostinos. Cocer a fuego lento unos 3 minutos, hasta que los langostinos estén completamente rosas. Escurrir. Añadir los langostinos a la ensalada de mango junto con el cilantro, y salpimentar.

3 Para hacer el aliño, poner la pulpa de la mitad del mango reservado en una batidora con todos los demás ingredientes del aliño, y triturar hasta conseguir una consistencia homogénea y fluida. Rociar la ensalada con este aliño.

RICA EN vitaminas B2 (riboflavina), B6, B12 y C • zinc • selenio • calcio • magnesio • betacaroteno • triptófano • fibra

BENEFICIOSA PARA: corazón ①②③ • huesos ① • digestión ① • inmunidad ① • piel, cabello y uñas ①③ • mente ①② • fatiga ③⑤ • hombres ① • mujeres ①

CALAMARES A LA PLANCHA CON ENSALADA DE CHAMPIÑONES

4 RACIONES • 225 CALORÍAS POR RACIÓN

Si nunca has cocinado calamar, vale la pena que lo pruebes. Es una estupenda fuente de proteína magra. Puedes pedir en la pescadería que te lo preparen y así solo tendrás que freírlo a la plancha y servirlo. Es muy fácil de cocinar. Únicamente recuerda hacerlo deprisa, porque cuando lo apartas del fuego, continúa cocinándose y, si se cuece demasiado, puede quedar correoso.

8 calamares limpios, con los tentáculos
1 cdta. de aceite de colza
El zumo de ½ lima

PARA LA ENSALADA
10 tomates cherry cortados en cuartos
1 pepino cortado en daditos
100 g de champiñones cortados en rodajas finas
100 g de maíz en conserva, escurrido
2 cebollas tiernas cortadas en rodajas finas
Unas ramitas de cilantro fresco
Unas cuantas hojas de menta fresca

PARA EL ALIÑO
Un manojo de cilantro fresco finamente picado
Un puñado de menta fresca finamente picada
El zumo de 1 lima
1 cdta. de aceite de colza
Sal y pimienta

1 Primero preparar la ensalada mezclando todos los ingredientes en un bol. Cubrir con film transparente y reservar en la nevera.
2 Mezclar los ingredientes del aliño en un tazón.
3 Cortar los cuerpos de los calamares para abrirlos. Luego cortar cada uno en 2 mitades en sentido longitudinal, de modo que queden planas, con el interior hacia arriba. Marcar la carne con incisiones en forma de rombos.
4 Poner a calentar una plancha o sartén acanalada a fuego vivo.
5 Una vez caliente, añadir el aceite y luego el calamar (junto con los tentáculos), con la parte marcada hacia abajo. Presionar los trozos para que no se enrollen. Cocinar 2 minutos por cada lado.
6 Transferir el calamar a un plato y cortar en trozos. Rociar con el zumo de lima y luego mezclar con la ensalada. Verter por encima el aliño y servir.

RICA EN vitaminas B6 y B12 • folato • selenio • potasio • triptófano

BENEFICIOSA PARA: corazón ② • mente ① • fatiga ③ • hombres ① • mujeres ①

ENSALADA DE GAMBAS, ANACARDOS Y ARROZ SALVAJE

2 RACIONES • 520 CALORÍAS POR RACIÓN

Esta combinación de coliflor, anacardos tostados y langostinos jugosos está buenísima. El color del arroz negro se debe a un tipo de antioxidantes de la familia de los flavonoides llamados antocianinas, que se cree benefician la salud del corazón.

100 g de arroz salvaje

50 g de anacardos

½ coliflor cortada en ramilletes

1 cebolla tierna cortada en rodajas finas

El zumo de ½ lima

1 cdta. de aceite de cacahuete

Un manojo de cilantro fresco finamente picado, y un poco más para decorar

Las hojas de 1 ramita de menta fresca picadas

150 g de gambas crudas peladas

Gajos de limón, para servir

1   Precalentar el horno a 200 °C (180 °C con ventilador).

2   Poner el arroz salvaje en una olla con agua fría y llevar a ebullición. Luego cocerlo 20-25 minutos, hasta que esté tierno. Escurrir y reservar.

3   Mientras se cocina el arroz, esparcir los anacardos en una pequeña bandeja de horno y tostarlos 8 minutos, hasta que estén dorados. Reservar.

4   Poner los ramilletes de coliflor en un bol resistente al calor. Cubrir con agua hirviendo y dejarlos así 3 minutos. Escurrir en un colador y enfriarlos con agua fría. Ponerlos de nuevo en el bol y agregar la cebolla tierna, los anacardos, el zumo de lima, el aceite, el cilantro y la menta. Mezclar todo.

5   Hervir agua en una olla. Introducir las gambas y cocerlas 4 minutos, hasta que se vuelvan de color rosa. Escurrir las gambas y añadirlas a la mezcla de coliflor. Mezclar con el aceite y las hierbas.

6   Servir la ensalada de gambas y coliflor sobre el arroz salvaje. Decorar con el cilantro y servir con los gajos de limón.

RICA EN vitaminas del grupo B • vitamina C • folato • hierro • potasio • zinc • selenio • triptófano • fibra

BENEFICIOSA PARA: corazón ①②③ • digestión ① • inmunidad ① • piel, cabello y uñas ①④ • mente ① • fatiga ①③ • hombres ①② • mujeres ①

PASTA CON TOMATE Y GAMBAS PICANTES

4 RACIONES • 200 CALORÍAS POR RACIÓN

Al mezclar los sabores de un curry con los de una rica salsa de tomate fusionamos la gastronomía asiática con la italiana, dos cocinas que han influido mucho en mi estilo de cocina depurativa. Este es un plato perfecto para una reunión familiar, que se sirve de un gran bol en el centro de la mesa. Los hombres deberían disfrutar de este plato, pues es una rica fuente de zinc y del antioxidante licopeno, beneficiosos para su salud.

1 cda. de aceite de oliva
4 chalotas cortadas en rodajas finas
1 cdta. de cilantro molido
1 cdta. de garam masala
2 dientes de ajo picados
100 g de tomates cherry cortados en cuartos
150 g de espaguetis sin gluten
300 g de langostinos crudos pelados
1 cda. de cilantro fresco finamente picado
Una pizca de chile molido

1 Poner una sartén mediana antiadherente en un fuego fuerte y añadir el aceite. Agregar las chalotas y freír 5 minutos, hasta que se doren ligeramente. Bajar el fuego a medio y añadir el cilantro y el garam masala. Rehogar 1 minuto revolviendo. Luego agregar el ajo, los tomates y 50 ml de agua. Cocinar 10 minutos, revolviendo de vez en cuando, hasta que los tomates estén completamente tiernos.

2 Mientras, poner a hervir una olla grande de agua. Añadir la pasta con 1 cucharadita de sal y cocer 7-8 minutos, hasta que esté hecha. Reservar media taza del agua de la cocción y luego escurrir la pasta. Verter de nuevo en la olla vacía y añadir el agua de la cocción reservada.

3 Agregar las gambas a la salsa de tomate y cocinarlas 4-5 minutos, hasta que estén completamente rosas.

4 Añadir la salsa y las gambas a la pasta junto con el cilantro fresco y el chile. Mezclar a fuego lento 2-3 minutos antes de servir.

RICA EN vitaminas B6, B12 y C • magnesio • potasio • zinc • licopeno • fibra

BENEFICIOSA PARA: corazón ②③ • huesos ① • digestión ① • inmunidad ① • piel, cabello y uñas ①④ • mente ①② • fatiga ③⑤ • hombres ①② • mujeres ①

LECHUGAS BRASEADAS CON CHAMPIÑONES Y GAMBAS

2 RACIONES • 210 CALORÍAS POR RACIÓN

En esta receta, la lechuga no es un complemento del plato, sino la estrella del espectáculo. Al brasearla suavemente, se vuelve tierna y absorbe los sabores de las chalotas, las setas, el ajo y el jengibre. Las setas son una fuente concentrada de ácido glutámico, una forma natural de glutamato monosódico, por lo que actúan como un gran potenciador de sabor en los platos, además de ser una buena fuente de vitaminas del grupo B, que el cuerpo utiliza para convertir los alimentos en energía.

1 cda. de aceite de colza
3 chalotas alargadas cortadas en rodajas finas
150 g de champiñones ostra cortados en rodajas
1 cda. de jengibre fresco finamente rallado
1 diente de ajo finamente picado
150 g de gambas crudas peladas
300 ml de caldo de verduras caliente
(véase la página 283)
1 cdta. de salsa de pescado
4 cogollos de lechuga cortados en dos mitades en sentido longitudinal
Sal y pimienta
Cilantro fresco picado, para decorar
Gajos de limón, para servir

1 Calentar el aceite en un wok, añadir las chalotas y cocinar unos minutos, hasta que estén tiernas. Agregar las setas y cocinar 5 minutos, hasta que estén ligeramente doradas, revolviendo de vez en cuando. Incorporar el jengibre, el ajo y las gambas. Cocinar 2 minutos más.

2 Verter el caldo caliente y la salsa de pescado, y llevar a ebullición a fuego suave. Añadir la lechuga y blanquearla 2 minutos, para que quede ligeramente tierna pero aún firme. Salpimentar.

3 Servir enseguida con una pizca de cilantro y los gajos de limón.

RICA EN vitaminas B1 (tiamina), B12 y E • folato • potasio • selenio • hierro • triptófano

BENEFICIOSA PARA: inmunidad ① • mente ① • fatiga ①③ • hombres ① • mujeres ③

SALMÓN CON ENSALADA DE JUDÍAS VERDES, NARANJA Y AVELLANAS

4 RACIONES • 410 CALORÍAS POR RACIÓN

Esta ensalada lleva una de nuestras combinaciones de sabores preferidas: avellanas con naranja. Es un plato con un colorido precioso, y el salmón con la costra de avellanas queda deliciosamente crujiente y sabroso al asarlo bajo el grill. El salmón es una de las pocas fuentes alimenticias de vitamina D, esencial para tener unos huesos fuertes.

60 g de avellanas
2 cdta. de aceite de colza
La ralladura y el zumo de 1 naranja
4 trozos de filete de salmón de unos 110-130 g
300 g de judías verdes
200 g de rúcula
150 g de tomates cherry
1 naranja pelada y troceada
Sal y pimienta

1 Precalentar el grill a la potencia media. Forrar una bandeja de horno con papel de hornear.

2 Triturar la mitad de las avellanas en un mortero y transferirlas a un bol pequeño. Añadir el aceite de colza y la ralladura de naranja y mezclar.

3 Quitar la piel de los filetes de salmón y ponerlos en la bandeja de horno. Cocinarlos bajo el grill 6 minutos. Dar la vuelta a los filetes y cubrirlos con la mezcla de avellanas trituradas, y cocinarlos bajo el grill otros 4 minutos. Retirar el salmón del horno y dejarlo enfriar un poco.

4 Mientras, poner a hervir agua en un cazo de tamaño mediano. Echar las judías verdes y escaldarlas no más de 1 minuto. Escurrirlas en un colador y enjuagarlas con agua fría para cortar la cocción y que así conserven su color verde brillante. Poner las judías en un bol y agregar la rúcula, el zumo de naranja y un poco de sal y pimienta.

5 Luego añadir los tomates a la ensalada de uno en uno: presionarlos entre el pulgar y el índice para que se rompan y salga el jugo. Añadir los gajos de naranja cortados por la mitad y mezclar todo con suavidad.

6 Poner una sartén a calentar a fuego medio y agregar el resto de las avellanas. Tostarlas 3-4 minutos, hasta que estén ligeramente doradas, revolviéndolas constantemente para que se tuesten por igual y no se quemen. Añadirlas a la ensalada y mezclar.

7 Servir los filetes de salmón con la ensalada a un lado.

RICA EN vitaminas del grupo B • vitaminas C, D y E • potasio • selenio • omega 3 • triptófano

BENEFICIOSA PARA: corazón ①② • huesos ①② • digestión ③④ • inmunidad ① • piel, cabello y uñas ①②③ • mente ① • fatiga ②③ • hombres ①② • mujeres ①③④

SALMÓN AL VAPOR
CON VERDURAS AL PESTO

2 RACIONES • 465 CALORÍAS POR RACIÓN

Este es un plato perfecto para los días laborables: fresco, rico y sustancioso, todo lo que necesitas para cargarte bien de energía. Al cocer el salmón al vapor en papillote, se conserva su sabor intenso y dulce, a la vez que se concentran los nutrientes. El salmón se sirve con berenjena, calabacín y boniatos asados con una salsa de pesto. El boniato es un alimento rico en almidón, muy nutritivo y con una carga glucémica baja, ideal si estás intentando perder peso.

2 trozos de filete de salmón de 110-130 g cada uno
2 rodajas de limón
2 ramitas de tomillo fresco
Sal marina en escamas
1 berenjena cortada en dados de 1 cm
2 calabacines cortados en dados de 2,5 cm
1 boniato pequeño cortado en dados de 2,5 cm con la piel
1 cdta. de aceite de oliva, para rociar

PARA EL PESTO
Un puñado de hojas de albahaca fresca
Un puñado de cebollino fresco
Un puñado de anacardos
1 diente de ajo
2 cdas. de aceite de oliva
La ralladura de 1 limón
Sal y pimienta negra molida

1 Precalentar el horno a 200 °C (180 °C con ventilador). Forrar una bandeja de horno con papel para hornear.
2 Cortar dos cuadrados grandes de papel de aluminio y poner un filete de salmón en el centro de cada uno. Añadir encima de cada filete una rodaja de limón, una ramita de tomillo y una pizca de sal y pimienta. Envolver el salmón en el papel de aluminio sellándolo, y colocar los paquetes en una bandeja de horno. Cocer en el horno 20 minutos.
3 Mientras, disponer todas las verduras en la bandeja de horno forrada. Rociar con el aceite de oliva y salpimentarlas. Asarlas 20 minutos.
4 Mientras el salmón y las verduras están en el horno, poner todos los ingredientes del pesto en una batidora (guardar unas cuantas hojas de albahaca para decorar) y triturar hasta

conseguir una pasta espesa. Sazonar con una pizca sal y pimienta. Transferir el pesto a un cazo y calentar a fuego medio.
5 Retirar las verduras del horno y mezclarlas suavemente con el pesto. Servir el filete de salmón con las verduras al pesto, adornado con unas hojas de albahaca.

RICA EN vitaminas B6, B12, C y D • folato • potasio • hierro • selenio • betacaroteno • omega 3 • triptófano • fibra

BENEFICIOSA PARA: corazón ①②③ • huesos ①② • digestión ① • inmunidad ① • piel, cabello y uñas ①②③ • mente ① • fatiga ①③ • hombres ① • mujeres ①③④

SALMÓN CON FIDEOS DE ARROZ INTEGRAL

2 RACIONES • 460 CALORÍAS POR RACIÓN

Un bol de fideos de arroz siempre reconforta, como en este plato de salmón de inspiración asiática. El ácido de la lima, el sabor a frutos secos del sésamo, el tamari salado y el salmón dulce despertarán todas tus papilas gustativas. Para que pique un poco más, podrías añadir un chile rojo fresco picado. El plato contiene más del 200 % de la dosis diaria recomendada de vitamina B12, que participa en la producción de glóbulos rojos.

2 trozos de filete de salmón de unos 110-130 g cada uno
Un trozo de jengibre fresco del tamaño del pulgar, rallado con la piel
El zumo de ½ lima
1 cda. de tamari
1 cda. de aceite de sésamo tostado
100 g de fideos de arroz integral
2 puñados de ramilletes pequeños de brócoli
Sal
Gajos de lima, para servir

1 Precalentar el horno a 200 °C (180 °C con ventilador).

2 Poner el salmón en una bandeja de horno y cubrirlo con el jengibre rallado. Hornear 12 minutos, hasta que esté cocido. Sacar del horno y dejar enfriar.

3 Retirar la piel del salmón. Se pueden dejar los filetes enteros y que cada persona los desmenuce con el tenedor, o desmenuzarlos ahora con los dedos. Poner el salmón y el jengibre en un bol y añadir el zumo de lima, el tamari y el aceite.

4 Para cocer los fideos, hervir agua en una olla grande. Añadir un poco de sal y echar los fideos y el brócoli. Cocerlos 1 minuto y escurrirlos.

5 Repartir los fideos y el brócoli entre dos platos y poner encima el salmón. Rociar con la salsa y servir con unas rodajas de lima.

RICA EN vitaminas B3 (niacina), B6, B12, C y D • potasio • cromo • selenio • omega 3 • triptófano • fibra

BENEFICIOSA PARA: corazón ①②③ • huesos ①② • digestión ①④ • inmunidad ① • piel, cabello y uñas ①②③ • mente ① • fatiga ②③ • hombres ② • mujeres ①③④

SALMÓN AL HORNO CON JENGIBRE

2 RACIONES • 240 CALORÍAS POR RACIÓN

Este plato sencillo y fácil de preparar es un clásico en Detox Kitchen. Surgió cuando cocinaba con nuestro amigo Archie, y todavía discutimos sobre a quién se le ocurrió la receta. Es un plato perfecto para la salud del corazón, pues es rico en ácidos grasos omega 3, y también tiene propiedades anticoagulantes, gracias al jengibre y el ajo, que pueden ayudar a mejorar la circulación de la sangre.

2 trozos de filete de salmón de 110-130 g cada uno
1 chile rojo fresco, sin semillas y finamente picado
1 diente de ajo finamente picado
2 cdas. de tamari
Un trozo de jengibre fresco del tamaño del pulgar, rallado con la piel
1 cda. de aceite de sésamo tostado

1 Precalentar el grill del horno a temperatura media.
2 Colocar el salmón con la piel hacia abajo en una bandeja de horno. Mezclar el resto de los ingredientes en un bol y verter en partes iguales sobre los filetes.
3 Hornear 12 minutos (no hace falta darle la vuelta). Una vez asado, retirar y desechar la piel. Servir con unas verduras de primavera y arroz integral.

RICA EN vitaminas B3 (niacina), B6, B12 y D • triptófano • omega 3

BENEFICIOSA PARA: corazón ①②③ • huesos ①② • digestión ③④ • piel, cabello y uñas ①②③ • mente ① • fatiga ②③ • hombres ①② • mujeres ①③④

TRUCHA POCHADA CON HINOJO AL GRATÉN

2 RACIONES • 420 CALORÍAS POR RACIÓN

La trucha queda especialmente deliciosa pochada. La suave textura que se consigue con este método de cocción complementa su sabor intenso. Los ácidos grasos omega 3, presentes en la trucha y otros pescados azules, pueden ayudar a aliviar los síntomas de la artritis reumatoide, como el dolor en las articulaciones y la rigidez matinal. El hinojo al gratén es una buena alternativa a las patatas asadas como guarnición.

1,2 litros de caldo de verduras (véase la página 283)
2-3 hojas de laurel
2 filetes de trucha

PARA EL HINOJO AL HORNO
1 bulbo grande de hinojo (unos 200 g)
1 cdta. de semillas de hinojo
1 cdta. de semillas de cilantro
3 rodajas de pan sin gluten
La ralladura de 1 limón
Un manojo de cebollino fresco picado
Un manojo de cilantro fresco picado
1 cda. de aceite de oliva
1 cdta. de sal marina en escamas
½ cdta. de pimienta negra molida

1 Precalentar el horno a 200 °C (180 °C con ventilador).

2 Limpiar el hinojo y cortarlo en tiras de unos 1,5 cm de grosor. Calentar agua en una olla a fuego fuerte. Echar el hinojo y blanquearlo 4 minutos. Escurrirlo y ponerlo en una bandeja de horno.

3 Añadir el resto de los ingredientes del gratén a una batidora y triturar hasta conseguir una textura de migas. Esparcir sobre el hinojo. Hornear 25 minutos.

4 Mientras se hace el hinojo, verter el caldo en una olla con las hojas de laurel. Llevar a ebullición y luego reducir el fuego a bajo. Introducir con cuidado el pescado en el caldo y pocharlo unos 8 minutos, hasta que esté cocido.

5 Sacar con cuidado la trucha del caldo y servirla con el hinojo al gratén.

RICA EN vitaminas B6, B12, C y D • folato • potasio • magnesio • calcio • selenio • omega 3 • betacaroteno • triptófano • fibra

BENEFICIOSA PARA: corazón ③ • huesos ①② • digestión ① • inmunidad ① • piel, cabello y uñas ①③ • mente ①② • fatiga ③⑤ • hombres ① • mujeres ①③④

FLETÁN CON GARBANZOS ESTOFADOS Y PESTO

4 RACIONES • 340 CALORÍAS POR RACIÓN

Este rústico estofado de influencia italiana es una comida reconfortante y sustanciosa. Se sirve con un trozo de pescado por encima, que se deshace ligeramente y absorbe la salsa. Como el plato lleva aceite de colza y de girasol, es muy rico en vitamina E. Nuestro cuerpo necesita este antioxidante para que el sistema inmunitario se mantenga fuerte y pueda luchar contra las infecciones víricas.

1 cda. de aceite de colza
4 trozos de filetes de fletán de unos 110-130 g cada uno

PARA EL ESTOFADO

1 cda. de aceite de colza
1 cebolla picada
1 bulbo de hinojo finamente picado
2 ramas de apio cortadas en rodajas finas
2 zanahorias pequeñas cortadas en rodajas finas
1 pimiento amarillo sin semillas y cortado en rodajas finas
400 g de tomates cherry en conserva
Un manojo de perejil fresco finamente picado
1 cdta. de orégano seco
1 cdta. de tomillo seco
300 ml de caldo de verduras (véase la página 283)
400 gramos de garbanzos en conserva bien enjuagados

PARA EL PESTO

Un manojo de albahaca fresca
Las hojas de un manojo de perejil fresco
1 diente de ajo
Un puñado de semillas de girasol tostadas
1 cda. de aceite de oliva
La ralladura de ½ limón
Sal y pimienta

1 Primero preparar el estofado. Calentar el aceite en una sartén a fuego medio y freír la cebolla y el hinojo unos minutos, hasta que la cebolla esté ligeramente translúcida. Añadir las zanahorias, el apio y el pimiento amarillo, y cocinar 5 minutos, revolviendo de vez en cuando.

2 Añadir los tomates en conserva, las hierbas y el caldo, y remover bien. Llevar a ebullición. Hervir 2 minutos y luego bajar el fuego. Tapar la olla y cocinar a fuego lento 40 minutos.

3 Mientras, preparar el pesto (guardar algunas hojas de albahaca para decorar). Esto se puede hacer picando muy finamente las hierbas y el ajo, triturando las semillas en un mortero e incorporando los otros ingredientes, o bien triturarando todo en una batidora unos segundos para conseguir una pasta granulada. Reservar el pesto.

4 Cuando el estofado haya cocido 40 minutos, agregar los garbanzos y cocer otros 7 minutos, para que se caliente todo. Salpimentar al gusto.

5 Mientras los garbanzos se calientan, poner una sartén grande a fuego fuerte y agregar el aceite de colza. Cuando esté caliente, añadir los filetes de fletán con la piel hacia abajo. Al introducir en la sartén cada filete, presionarlo suavemente con los dedos unos segundos para que quede plano y se fría uniformemente. Freír los filetes unos 4 minutos. Darles la vuelta con cuidado y freírlos otros 2 minutos.

6 Poner en cuatro platos hondos un cucharón de estofado y, encima de cada uno, un filete de fletán. Terminar con el pesto y decorar con unas cuantas hojas de albahaca.

RICA EN vitaminas B6, B12, C y E • folato • potasio • hierro • magnesio • calcio • licopeno • betacaroteno • triptófano • fibra

BENEFICIOSA PARA: corazón ① ② ③ • huesos ① • digestión ① • inmunidad ① • piel, cabello y uñas ① ③ • mente ① ② • fatiga ① ③ ⑤ • hombres ① • mujeres ① ③

PESCADO AL CURRY ESTILO KERALA

4 RACIONES • 205 CALORÍAS POR RACIÓN

Este delicioso plato suele ser muy picante. En Kerala se hace con una fruta llamada «kokum» (*Garcinia indica*), que proporciona un punto de acidez parecido al del tamarindo. Como no se encuentra fácilmente, hemos utilizado zumo de lima para lograr el mismo sabor ácido. Este es un curry muy ligero, perfecto para una cena entre semana.

1 cdta. de aceite de coco
½ cdta. de semillas de alhova
½ cdta. de semillas de mostaza
1 cebolla roja cortada en rodajas finas
Un trozo de jengibre fresco del tamaño del pulgar, rallado con la piel
1 diente de ajo finamente picado
1 chile fresco verde finamente picado
5 hojas de curry
1 cdta. de chile en polvo
1 cdta. de cilantro en polvo
½ cdta. de cúrcuma molida
4 tomates en rama finamente picados
El zumo de 1 lima
400 g de filetes de pescado blanco, sin piel y cortado en daditos
1 cdta. de sal
200 ml de leche de coco

1 Calentar el aceite de coco en una sartén mediana a fuego medio. Añadir las semillas de alholva y mostaza y freír 1-2 minutos. Añadir la cebolla, el jengibre, el ajo, el chile verde y las hojas de curry, y cocinar revolviendo unos 5 minutos, hasta que la cebolla esté tierna.

2 Añadir el chile en polvo, el cilantro y la cúrcuma, y luego los tomates, 100 ml de agua y el zumo de lima. Mezclar bien. Cuando empiece a hervir, reducir el fuego. Añadir el pescado y la sal, y cocinar a fuego lento 10 minutos.

3 Verter la leche de coco y revolver, y dejar que cueza a fuego lento 3 minutos para que todo se caliente. Servir con arroz integral o quinoa.

RICA EN vitaminas B6, B12 y C • selenio • potasio

BENEFICIOSA PARA: corazón ② • mente ① • hombres ① • mujeres ①

LUBINA CON JENGIBRE Y CHILE AL VAPOR Y PAK CHOI

2 RACIONES • 230 CALORÍAS POR RACIÓN

La carne suave y dulce de lubina es la base perfecta para los sabores picantes del jengibre y el chile. El pescado se cocina al vapor envuelto en papel de aluminio. Esto permite que todos los sabores intensos penetren en la carne del pescado y quede muy jugoso. Se sirve con la verdura asiática más sabrosa, el pak choi. Esta col china ligeramente dulce se blanquea brevemente con ajo y tamari (una alternativa sin gluten a la salsa de soja).

2 filetes de lubina
Un trozo de jengibre fresco del tamaño del pulgar, pelado y cortado en juliana
1 chile verde fresco, sin semillas y cortado en rodajas finas
1 cebolla tierna cortada en rodajas finas
2 rodajas de limón
1 cdta. de aceite de colza
1 diente de ajo cortado en rodajas finas
1 cda. de tamari
200 g de pak choi cortado longitudinalmente en octavos
Gajos de lima, para servir

1 Precalentar el horno a 200 °C (180 °C con ventilador) (o hervir agua en la base de una vaporera).
2 Extender dos trozos de papel de aluminio de 10 x 20 cm. Colocar un filete de lubina en el centro de cada trozo y poner en cada uno la mitad del jengibre, el chile y la cebolla. Cubrir cada filete con una rodaja de limón. Doblar el papel de aluminio sobre el pescado y plegar los bordes para sellarlo.
3 Colocar los paquetes en una bandeja de horno y hornearlos unos 15 minutos (o poner los paquetes sobre una rejilla en una vaporera y cocinar 10 minutos).
4 Mientras, calentar una sartén amplia a fuego medio y añadir el aceite y después el ajo, y cocinar 1 minuto, hasta que se dore. Añadir el tamari y 1 cucharada de agua, y luego agregar el pak choi. Cocinar 1 minuto.
5 Servir el pescado con el pak choi y unos gajos de lima para exprimir por encima.

RICA EN vitaminas B6, B12 y C • calcio • hierro • triptófano

BENEFICIOSA PARA: huesos ① • inmunidad ① • mente ① • fatiga ① • mujeres ①

ABADEJO CON JUDÍAS VERDES EN TEMPURA

2 RACIONES • 415 CALORÍAS POR RACIÓN

Este plato es una versión más ligera del clásico plato británico *fish and chips*. La carne de abadejo, suculenta y tierna, es ideal para cocinarse al horno. Las judías verdes rebozadas con una pasta de tempura ligera y luego fritas son una guarnición deliciosa. Aunque no es la guarnición más sana que hemos creado, sin duda es mejor que las patatas fritas.

200 ml de aceite de colza
2 trozos de filetes de abadejo de unos 100-120 g cada uno
125 g de harina sin gluten ni trigo
Una pizca de sal
1 huevo
200 ml de agua con gas
250 g de judías verdes
Gajos de limón, para servir

1 Precalentar el horno a 200 °C (180 °C con ventilador).

2 Poner una sartén a calentar con muy poquito aceite de colza. Añadir los filetes de abadejo con el lado de la piel hacia abajo y presionarlos con los dedos unos segundos. Luego freírlos 5 minutos. Transferir el pescado a una bandeja de horno y hornearlo 8 minutos.

3 Mientras se asa el pescado, calentar el aceite de colza restante en una sartén a 160 °C. (Se puede comprobar si el aceite está listo dejando caer en él un trocito de pan: debe dorarse en unos 30 segundos.) Preparar la pasta para rebozar mezclando la harina, la sal, el huevo y el agua con gas en un bol. Añadir las judías y revolver para rebozarlas.

4 Para que no se peguen, se tendrán que freír las judías verdes por tandas, unas seis cada vez. Antes de introducirlas en el aceite caliente, escurrirlas sacudiéndolas para que suelten la pasta sobrante. Freírlas 45-60 segundos, hasta que estén ligeramente doradas por ambos lados. A medida que se vayan friendo, retirarlas de la sartén y envolverlas en papel de cocina para absorber el exceso de grasa. Mantenerlas calientes mientras se fríe el resto.

5 Servir el abadejo con las judías verdes fritas y los gajos de limón.

RICA EN vitaminas del grupo B • vitamina C • selenio • potasio • magnesio

BENEFICIOSA PARA: huesos ① • inmunidad ① • mente ①② • fatiga ③⑤ • hombres ① • mujeres ①

HAMBURGUESAS DE ABADEJO Y GAMBAS CON ESPAGUETIS DE CALABACÍN

2 RACIONES • 460 CALORÍAS POR RACIÓN

Las hamburguesas de pescado son la especialidad de nuestro amigo Ed, así que le robamos su receta y creamos nuestra versión sin trigo. La clave es tomarse el tiempo necesario para preparar el pescado, picándolo en trocitos en vez de triturarlo. Así queda una textura mucho más interesante. Los espaguetis de calabacín aportan frescura al plato y son un sustituto bajo en calorías de la pasta tradicional. Para una cena más sustancial, también se podrían servir con un poco de arroz integral.

150 g de filetes de abadejo sin piel
6 gambas crudas peladas
1 diente de ajo finamente picado
1 cdta. de alcaparras ligeramente picadas
La ralladura de 1 limón
Una pizca de chile molido
1 cda. colmada de harina sin gluten ni trigo
½ cdta. de bicarbonato de sodio
1 cda. de aceite de oliva
2 calabacines
Gajos de limón, para servir

PARA EL PESTO
30 g de semillas de girasol
1 cda. de cilantro fresco finamente picado
4 hojas de menta fresca
3 cebollinos frescos picados
30 g de anacardos
El zumo de ½ limón
2 cdas. de aceite de colza
Sal y pimienta

1 Cortar el abadejo y las gambas en daditos de unos 5 mm de grosor y ponerlos en un bol. Añadir el ajo, las alcaparras, la ralladura de limón, el chile, la harina, el bicarbonato de sodio, un chorrito de aceite de oliva y una pizca de sal y de pimienta. Mezclar con las manos. Dividir en dos mitades y formar una hamburguesa con cada una. Reservar.

2 Para hacer el pesto, poner todos los ingredientes en una batidora y triturar hasta conseguir una pasta granulada.

3 Poner una sartén antiadherente en un fuego medio. Añadir el resto del aceite de oliva y calentar unos 30 segundos, antes de añadir las hamburguesas. Freírlas 6 minutos por cada lado, dándoles la vuelta de vez en cuando.

4 Mientras se fríe el pescado, hacer los espaguetis de calabacín utilizando un pelador/cortador en juliana (hasta llegar a la zona tierna del centro). Si no se dispone de cortador en juliana, se pueden rallar los calabacines. No se conseguirá el mismo efecto, pero el sabor será igualmente delicioso.

5 En una olla pequeña, calentar el pesto a fuego medio durante 3 minutos. Añadir los espaguetis de calabacín y calentar otros 3 minutos, revolviendo de vez en cuando.

6 Servir las hamburguesas de pescado sobre los espaguetis de calabacín al pesto con unos gajos de limón.

RICA EN vitaminas B1 (tiamina), B12, C y E • folato • potasio • selenio • magnesio • hierro

BENEFICIOSA PARA: corazón ② ③ • huesos ① • inmunidad ① • mente ① ② • fatiga ③ ⑤ • hombres ① • mujeres ③

ABADEJO EN PAPILLOTE CON LENTEJAS

2 RACIONES • 375 CALORÍAS POR RACIÓN

Cocinar pescado en papillote es una técnica rápida y fácil que logra retener todo su sabor. También hace que sea menos probable que el pescado se cocine demasiado: con 12-14 minutos de cocción en el horno queda un pescado sabrosísimo y tierno. Aquí el abadejo se sirve con unas lentejas al limón, pero también queda bien con verduras asadas.

2 trozos de filetes de abadejo de 100-110 g cada uno
2 rodajas de limón
2 dientes de ajo machacados con la piel
2 ramitas de tomillo fresco
1 cdta. de aceite de oliva

PARA LAS LENTEJAS
130 g de lentejas
600 ml de caldo de verduras (véase página 283)
1 hoja de laurel
1 cdta. de sal marina en escamas
1 cda. de aceite de oliva
3 chalotas cortadas en rodajas
1-2 dientes de ajo cortados en rodajas
2 puñados de espinacas
La ralladura y el zumo de 1 limón
1 cdta. de aceite de colza
Sal y pimienta

1 Precalentar el horno a 200 °C (180 °C con ventilador).
2 Extender dos cuadrados de papel de horno de 30 cm y colocar un filete de abadejo en el centro de cada uno. Poner encima una rodaja de limón, ajo y una ramita de tomillo. Añadir un chorrito de aceite de oliva y salpimentar.
3 Plegar el papel para formar dos paquetes y atarlos con una cuerda, de modo que no queden espacios vacíos. Poner los paquetes en una bandeja de horno y asarlos 12-14 minutos, hasta que el pescado esté cocido.
4 Mientras, poner las lentejas en una olla con el caldo de verduras, la hoja de laurel, la sal y una pizca de pimienta. Llevar a ebullición y cocer 15 minutos, hasta que las lentejas estén tiernas. Escurrir en un colador y volcar en un bol grande.
5 Calentar el aceite de oliva en una sartén antiadherente, añadir las chalotas y el ajo, y freír 5 minutos, hasta que estén transparentes.

Añadir las espinacas con la ralladura de limón y cocinar 1 minuto, hasta que se ablanden.
6 Añadir las espinacas a las lentejas junto con el zumo de limón y el aceite de colza. Sazonar bien y mezclar. Servir con el abadejo.

RICA EN vitaminas del grupo B • selenio • potasio • hierro • magnesio • zinc • fibra

BENEFICIOSA PARA: corazón ①②③ • huesos ① • digestión ① • piel, cabello y uñas ①④ • mente ①② • fatiga ①⑤ • hombres ①② • mujeres ①

CABALLA Y GAZPACHO DE AGUACATE

2 RACIONES • 370 CALORÍAS POR RACIÓN

En un día caluroso no hay nada tan refrescante como un gazpacho de pepino frío. Por sí solo es delicioso, pero si se le añade un filete de caballa fresca, se transforma en un plato sustancioso. La mejor época de la caballa es entre abril y septiembre, por lo que este plato es mejor para una comida de verano. Te aportará al menos 2 de las 5 raciones de frutas y verduras recomendadas y una buena dosis de ácidos grasos omega 3.

1 cdta. de aceite de oliva
2 filetes de caballa
1 cda. de yogur de soja natural
La ralladura de ½ limón

PARA EL GAZPACHO
1 pepino
1 aguacate
1 pimiento amarillo sin semillas y picado
1 diente de ajo
2 cebollas tiernas ligeramente picadas
Las hojas de 3 ramitas de menta fresca
El zumo de 1 limón
Un puñado de cebollino fresco

1 Primero preparar el gazpacho. Cortar el pepino por la mitad a lo largo y retirar las semillas. Trocearlo y añadirlo a la batidora. Cortar el aguacate por la mitad, desechar el hueso, extraer la pulpa y añadirla a la batidora. Agregar el pimiento amarillo, el ajo, la cebolla, la menta, el zumo de limón, el cebollino y 75 ml de agua fría. Triturar un par de minutos, hasta que quede una mezcla homogénea. Verter en una jarra y dejar enfriar en la nevera.

2 Mientras, poner una sartén grande a calentar a fuego vivo con un poco de aceite. Una vez caliente, añadir con cuidado los filetes de caballa, con la piel hacia abajo. Presionarlos con los dedos para aplanarlos y freírlos 3 minutos. Darles la vuelta con cuidado y freírlos 2 minutos más.

3 Sacar el gazpacho de la nevera y verter en dos platos hondos. Poner encima de cada uno un filete de caballa caliente, una cucharada de yogur de soja y la ralladura de limón, y luego servir.

RICA EN vitaminas del grupo B • vitaminas C, D y E • potasio • selenio • omega 3 • betasitosterol • fibra

BENEFICIOSA PARA: corazón ①②③ • huesos ①② • digestión ① • inmunidad ① • piel, cabello y uñas ①②③ • mente ① • fatiga ②③ • hombres ①② • mujeres ①③④

CABALLA CON ENSALADA DE ARROZ SALVAJE, PEPINO Y YOGUR

2 RACIONES • 600 CALORÍAS POR RACIÓN

Un pescado recién cocinado con una salsa cremosa y algo ácida resulta tremendamente apetitoso. El yogur de soja es una opción no láctea, y aquí le hemos añadido un poco de ralladura de limón para darle un toque más interesante. El limón también queda bien con el sabor ahumado y salado de la caballa.

150 g de arroz salvaje
1 cdta. de aceite de colza
1 cebolla roja cortada en rodajas
1 diente de ajo finamente picado
1 pimiento rojo sin semillas y cortado en rodajas finas
1 pimiento verde sin semillas y cortado en rodajas finas
100 g de guisantes frescos sin las vainas
2 filetes de caballa
Un manojo de hojas de cilantro fresco troceadas
Un manojo de perejil fresco finamente picado
5 cdas. de yogur de soja natural
½ pepino pelado, cortado por la mitad y luego en rodajas
La ralladura de 1 limón
Un puñado de hojas de menta fresca finamente picadas
Un puñado de cebollino fresco finamente picado
Sal y pimienta

1 Poner una cacerola con agua en un fuego fuerte y llevar a ebullición. Añadir el arroz salvaje y cocer 20-25 minutos, hasta que esté tierno.

2 Mientras, poner una sartén en un fuego medio con un poco de aceite de colza, y luego añadir la cebolla, el ajo y los pimientos. Freír 10 minutos, hasta que estén tiernos. Añadir los guisantes y rehogar 3 minutos más. Transferir a un bol.

3 Limpiar la sartén y ponerla en un fuego fuerte con un poco más de aceite de colza. Cuando esté caliente, añadir con cuidado los filetes de caballa con la piel hacia abajo. Presionar los filetes para que queden planos, y freírlos 3 minutos. Luego darles la vuelta con cuidado y freírlos 2 minutos más.

4 Cuando el arroz salvaje esté cocido, escurrirlo y volver a introducirlo en la olla. Agregarle la mezcla de pimiento junto con el cilantro y el perejil. Salpimentar. Mantener caliente.

5 Mezclar el yogur con el pepino, la ralladura de limón, la menta y el cebollino. Sazonar al gusto.

6 Servir la ensalada de arroz en el centro de cada plato con un filete de caballa encima y la salsa de yogur y pepino. Acompañar con unas judías verdes al vapor.

RICA EN vitaminas del grupo B • vitaminas C y D • potasio • selenio • hierro • omega 3 • betacaroteno • fitoestrógenos • fibra

BENEFICIOSA PARA: corazón ①②③ • huesos ② • digestión ① • inmunidad ① • piel, cabello y uñas ①②③ • mente ① • fatiga ②③ • hombres ①② • mujeres ①③④

CABALLA AL HORNO Y ARROZ CON JENGIBRE Y AZAFRÁN

2 RACIONES • 585 CALORÍAS POR RACIÓN

Para cocinar con aromas intensos se necesita un pescado sabroso como la caballa. Esta es rica en ácidos grasos omega 3, que favorecen la salud del corazón y tienen un potente efecto antiinflamatorio.

200 g de arroz integral
1 cdta. de sal
2 clavos de olor
2 hojas de laurel
Una pequeña pizca de azafrán
Un puñado de judías edamame (descongeladas, si son congeladas)
2 filetes de caballa
Un trozo de jengibre fresco del tamaño del pulgar, rallado con piel
1 chile verde fresco cortado en rodajas
El zumo de 1 lima
Una pizca de sal marina en escamas
1 cdta. de aceite de oliva
2 puñados de espinacas troceadas
Un puñado de tomates cherry finamente picados
Pimienta negra molida

1 Precalentar el grill del horno a temperatura media. Forrar una bandeja de horno con papel para hornear.
2 Poner el arroz en una olla y cubrir con el triple de su volumen de agua. Llevar a ebullición y luego agregar la sal, el clavo, hojas de laurel y el azafrán. Cocer 16 minutos. Añadir las judías edamame y cocinar 2 minutos, hasta que el arroz esté tierno. Escurrir en un colador; desechar los clavos y las hojas de laurel.
3 Mientras se cuece el arroz, poner los filetes de caballa, con la piel hacia abajo, en la bandeja de horno. Sobre cada filete poner la mitad del jengibre, chile, zumo de lima y sal, y añadir un chorrito de aceite de oliva. Asar bajo el grill 6 minutos, hasta que la caballa esté cocida.
4 Servir la caballa sobre el arroz y acompañar con las espinacas y los tomates. Espolvorear con un poco de pimienta negra recién molida.

RICA EN vitaminas del grupo B • vitamina D • selenio • potasio • magnesio • fitoestrógenos • omega 3 • triptófano • betacaroteno

BENEFICIOSA PARA: corazón ①②③ • huesos ①② • digestión ① • inmunidad ① • piel, cabello y uñas ①②③ • mente ①② • fatiga ②③⑤ • hombres ①② • mujeres ①③④

CAPRICHOS DULCES

Las recetas de este capítulo son caprichos exquisitos para disfrutar a conciencia. Quizá tengas la idea de que no se pueden hacer dulces sin azúcar refinado, pero estas recetas te demostrarán hasta qué punto es posible. En la cocina depurativa no hay lugar para el azúcar refinado. Nosotros utilizamos solo azúcares naturales provenientes de la fruta (y algunas verduras), la miel y especias dulces, todo con moderación, además de cacao crudo en polvo para los ricos placeres de chocolate.

A pesar de que nuestros dulces pueden contener abundantes calorías (al fin y al cabo están pensados para darse un gusto de vez en cuando), aún siguen siendo sanos. Sin duda, los azúcares naturales (de la miel y la fruta) y las grasas naturales (de los frutos secos y las semillas) son muy calóricos, pero a la vez aportan nutrientes beneficiosos, y por ello son más saludables que las galletas, pasteles y otros dulces hechos con azúcar refinado. Cuando comes alimentos naturales e integrales, al final sales ganando mucho más.

Hacer pasteles «sanos» puede ser todo un reto. Quizá te imagines mirando por la ventana del horno y rezando para que ocurra un milagro que haga que el pastel suba. Pero no te preocupes. Aunque hacer pasteles sin trigo, lácteos ni azúcar refinado puede no ser tan sencillo de entrada, no te costará dominar la técnica. Verás que nuestras recetas son muy simples, y pronto te encontrarás disfrutando de tus caprichos dulces sin sentirte culpable.

Al final de la mayoría de las recetas, se detallan los principales nutrientes que aporta una ración, así como los problemas de salud a los que puede beneficiar la receta incluida en una dieta saludable. Para más información, consulta la página 9.

PAN DE PLÁTANOS

PARA 8 RODAJAS • 335 CALORÍAS POR RODAJA

Si tienes plátanos muy maduros, utilízalos para esta receta. Cuanto más maduros, más dulce y ligero quedará el pan. La ralladura de naranja, la canela y la nuez moscada resaltan la dulzura de los plátanos y aportan un aroma delicioso. Los plátanos son una fuente abundante de potasio, y una rebanada de este pan te proporcionará un 20 % de la dosis diaria recomendada. Puedes preparar la masa a mano o con un robot de cocina.

350 g de plátanos
50 g de miel líquida
50 g de aceite de coco
1 cdta. de canela en polvo
Una pizca de nuez moscada rallada
½ cdta. de bicarbonato de sodio
La ralladura de ½ naranja
½ vaina de vainilla abierta longitudinalmente
4 huevos
200 g de almendras trituradas
2 cdas. de coco en láminas
2 cdas. de coco rallado

1 Precalentar el horno a 200 °C (180 °C con ventilador). Forrar un molde de 10 x 24 cm con papel de hornear.

2 Pelar los plátanos, cortar una rodaja de uno de ellos y guardarla para decorar. Poner el resto de los plátanos en un bol grande y, con un tenedor, machacarlos para hacer una pasta no demasiado triturada. Añadir la miel, aceite de coco, canela, nuez moscada, bicarbonato de sodio y ralladura de naranja. Raspar las semillas de la vaina de vainilla y añadirlas. Mezclar todo bien. Añadir los huevos y revolver con una cuchara de madera. Agregar las almendras molidas y mezclar hasta conseguir una masa homogénea.

3 Verter la masa en el molde forrado. Cubrir con el coco en láminas y el coco rallado, y luego con la rodaja de plátano reservada. Hornear unos 50 minutos, hasta que al insertar un palillo de madera o un pincho en el centro, salga seco.

4 Retirar del horno y dejar enfriar en el molde 20 minutos. Luego volcarlo sobre una rejilla y dejar que se enfríe por completo. Puede aguantar en un recipiente hermético en la nevera hasta 5 días.

RICA EN vitamina E • betasitosterol

BENEFICIOSA PARA: corazón ① • hombres ① • mujeres ③

MINIMAGDALENAS
DE ZANAHORIA Y NARANJA

12 MAGDALENAS • 140 CALORÍAS CADA UNA

Estas pequeñas magdalenas tienen un sabor
maravilloso. Mientras se están horneando, su
dulce aroma de especias llena la cocina. Puedes
tomarlas como postre con alguna fruta, arándanos
por ejemplo, o para picar entre horas. Las
zanahorias y otras frutas y verduras de color
naranja proporcionan nutrientes esenciales que
son beneficiosos para la salud de los ojos.

75 g de harina sin gluten ni trigo
¼ cdta. de levadura en polvo
55 g de almendras molidas
1 cda. de arrurruz en polvo
Una pizca de sal
1 cdta. de canela en polvo
1 cdta. de pimienta de Jamaica
4 claras de huevo
110 g de miel líquida
1½ cdas. de aceite de colza
2 zanahorias ralladas
La ralladura de 1 naranja

1 Precalentar el horno a 200 °C (180 °C con
   ventilador). Forrar un molde metálico de
   12 huecos para magdalenas pequeñas con
   moldes de papel.
2 Tamizar la harina y la levadura en polvo en un
   bol grande. Añadir las almendras, el arrurruz, la
   sal y las especias, y remover con una cuchara de
   madera.
3 Poner las claras de huevo, la miel y el aceite en
   una batidora o robot de cocina y batir hasta que
   quede una pasta espesa sin grumos.
4 Incorporar poco a poco la mezcla de huevo a los
   ingredientes secos en el bol, y luego añadir las
   zanahorias y la ralladura de naranja, y remover
   bien con una cuchara de madera. Verter la
   mezcla en una jarra para repartirla más
   fácilmente entre los huecos. Llenar cada molde
   hasta un poco más de la mitad.
5 Hornear 35 minutos. Transferir las magdalenas
   a una rejilla y dejar enfriar completamente.
   Se pueden conservar durante 3 días en un
   recipiente hermético.

MINITARTALETAS DE FRUTA

12 MINITARTALETAS • 160 CALORÍAS CADA UNA

Estas pequeñas delicias son crujientes, doradas y pringosas, como deben ser las tartaletas de fruta. Aquí la pasta brisa se ha sustituido por una pasta de almendras, que es también muy fácil de hacer. Si quieres que las tapas tengan una forma bonita, vale la pena invertir en unos cortadores de galleta en forma de estrella.

PARA EL RELLENO

100 g de pasas de uva
50 g de pasas sultanas
50 g de bayas de goji
La ralladura y el zumo de 1 naranja
1 cdta. de miel líquida
1 cdta. de canela en polvo

PARA LA MASA

250 g de almendras molidas
2 cdas. de miel líquida
2 cdas. de aceite de colza
1 huevo
½ vaina de vainilla abierta longitudinalmente
1 cda. de harina sin gluten ni trigo para espolvorear

1 Para hacer el relleno, poner todos los ingredientes en un bol y mezclar bien. Cubrir con film transparente y dejar macerar en la nevera al menos 3 horas, o toda la noche, si es posible.

2 Para preparar la masa, mezclar las almendras, la miel, el aceite y el huevo en un bol grande. Raspar las semillas de la vaina de vainilla y añadirlas. Trabajar con las manos de modo que quede una mezcla bastante seca. Pasar la mezcla a una tabla y agregar 50 ml de agua. Trabajarla hasta obtener una masa, cubrirla con film transparente y dejarla reposar en la nevera durante 1 hora.

3 Precalentar el horno a 200 °C (180 °C con ventilador). Enharinar un molde de 12 huecos para magdalenas.

4 Retirar la masa de la nevera. Enharinar ligeramente la superficie de trabajo y extender con el rodillo la masa hasta que tenga unos 3 mm de grosor. Cortar círculos de 3 cm de diámetro y colocarlos cuidadosamente en los huecos de las magdalenas, ajustándolos en la base y las paredes. Juntar los recortes de masa, amasarlos de nuevo y extenderlos con el rodillo para recortar una tapa para cada tartaleta (preferiblemente en forma de estrella).

5 Rellenar cada tartaleta con la mezcla de frutas y cubrirla con una tapa. Hornear las tartaletas 25 minutos, hasta que estén doradas y crujientes. Dejar enfriar ligeramente en el molde, y luego retirarlas con cuidado; mientras estén calientes, las tartaletas pueden quebrarse fácilmente, pero se endurecerán al enfriarse.

RICA EN vitamina E

BENEFICIOSA PARA: mujeres ③

BOLLITOS DE AVENA

12 BOLLITOS • 210 CALORÍAS POR BOLLITO

Estos bollitos escoceses son perfectos para acompañar el té. Al hacerse con una masa sin trigo, tienden a desmenuzarse más que los bollitos tradicionales, pero untados con un poco de mantequilla de frutos secos y mermelada (véase mermelada de albaricoque y jengibre, página 71) son una merienda exquisita. Son muy ricos en manganeso, un mineral esencial para el buen funcionamiento de la hormona tiroidea, que ayuda a controlar el metabolismo.

300 g de copos de avena, y un poco más para espolvorear
½ cdta. de bicarbonato de sodio
100 g de miel líquida
2 cdas. de aceite de oliva
Una pizca de canela molida
1 plátano
150 g de pasas sultanas

PARA SERVIR
Mermelada

1 Precalentar el horno a 200 °C (180 °C con ventilador). Forrar una bandeja de horno con papel para hornear.
2 Poner la avena, el bicarbonato de sodio, la miel, el aceite, la canela y el plátano en una batidora y batir hasta conseguir una masa blanda. Añadir las pasas y mezclar con la mano o con una cuchara.
3 Volcar la masa sobre una superficie ligeramente enharinada y aplanar hasta que tenga un grosor de unos 2,5 cm. Con un cortador redondo de 5 cm, recortar círculos; deberían salir 12 (utilizar los recortes para amasar y extenderlos de nuevo). Espolvorear la avena sobrante sobre cada cículo.
4 Colocarlos en la bandeja de horno. Hornear 15-20 minutos, hasta que estén ligeramente dorados. Dejar enfriar antes de servir.

RICA EN fibra

BENEFICIOSA PARA: corazón ① • digestión ①

MUFFINS DE CALABAZA

8 MUFFINS • 380 CALORÍAS CADA UNO

Estos deliciosos muffins quedan exquisitamente dulces y aromáticos. En Detox Kitchen hacemos puré de calabaza en grandes cantidades y lo congelamos; es ideal para usarlo en repostería, pues añade un sabor dulce natural. El aceite de colza de estos muffins proporciona el 30 % de la dosis diaria recomendada de vitamina E, que actúa como antioxidante, ayudando al sistema inmunitario a mantenerse fuerte.

RICA EN vitamina E

BENEFICIOSA PARA: hombres ① • mujeres ③

PARA EL PURÉ DE CALABAZA
200 g de calabaza pelada y cortada en cubitos
1 cda. de aceite de colza
1 cdta. de canela en polvo

PARA LOS MUFFINS
300 g de harina sin gluten ni trigo
1½ cdta. de levadura en polvo
½ cdta. de bicarbonato de sodio
½ cdta. de sal
1 cdta. de canela en polvo
1 cda. de jengibre fresco rallado
100 ml de aceite de colza
300 g de miel líquida
Frambuesas para decorar

1 Precalentar el horno a 190 °C (170 °C con ventilador). Forrar una bandeja para muffins de 8 huecos con moldes de papel.

2 Para hacer el puré de calabaza, disponer los trozos de calabaza en una fuente de horno. Rociarlos con aceite de colza y espolvorearlos con la canela. Hornear 40 minutos, hasta que la calabaza esté tierna. Dejar enfriar y luego transferir a una batidora o robot de cocina y hacer un puré. Para estos muffins se necesitarán 200 g de puré.

3 En un bol, mezclar la harina, la levadura en polvo, el bicarbonato de sodio, la sal, la canela y el jengibre. En otro bol, batir el aceite y la miel, y luego añadirlos a los ingredientes secos y mezclar todo para que no queden grumos.

4 Incorporar el puré de calabaza cuidadosamente hasta que se haya integrado del todo en la mezcla.

5 Verter la masa en los moldes, llenándolos por igual, y colocar encima unas frambuesas. Hornear 15-20 minutos, hasta que los muffins se noten esponjosos al presionarlos en el centro. Dejarlos enfriar en los moldes y servir a temperatura ambiente.

PASTEL DE REMOLACHA, MANZANA Y ZANAHORIA

12 PORCIONES • 305 CALORÍAS CADA UNA

Este pastel, jugoso y dulce, tiene además un bonito colorido. Se hace con aceite de girasol, que es una fuente muy rica en vitamina E: una cucharada de aceite proporciona casi el 50 % de la cantidad diaria recomendada. Este no es un aceite que nosotros utilicemos a diario, pero queda muy bien en los pasteles y es una manera útil de incorporar este nutriente.

175 g de miel líquida
175 ml de aceite de girasol
3 huevos
2 manzanas pequeñas peladas, sin corazón
y ralladas
100 g de zanahorias ralladas
100 g de remolachas ralladas
1 cda. de jengibre molido
Un trozo de jengibre fresco del tamaño
del pulgar, pelado y finamente rallado
30 g de nueces picadas
50 g de pasas de uva
50 g de dátiles deshuesados finamente picados
La ralladura de 1 naranja
170 g de harina sin gluten ni trigo
1 cdta. de bicarbonato de sodio
1 cdta. de levadura en polvo
1 cdta. de canela en polvo
½ cdta. de nuez moscada rallada
10 g de semillas de lino

1 Precalentar el horno a 190 °C (170 °C con ventilador). Engrasar un molde metálico desmontable de 18 cm con aceite de oliva (untar los dedos con aceite y pasarlos por la base y las paredes del molde).

2 Mezclar la miel, el aceite de girasol y los huevos en un bol, y batirlos hasta que quede una mezcla ligeramente esponjosa. Añadir las manzanas, zanahorias y remolachas, y revolver. Añadir el jengibre, las nueces, las pasas, los dátiles y la ralladura de naranja, y mezclar bien. Tamizar encima la harina, el bicarbonato, la levadura en polvo, la canela y la nuez moscada, y mezclar todo.

3 Verter la mezcla en el molde y esparcir por encima las semillas de lino. Hornear unos 40 minutos, hasta que al insertar un palillo en el centro del pastel salga limpio. Dejar enfriar en el molde 10 minutos, luego volcarlo sobre una rejilla para que acabe de enfriarse. Se puede conservar hasta 3 días en un recipiente hermético.

RICA EN vitamina E

BENEFICIOSA PARA: mujeres ③

COQUITOS

18 COQUITOS • 150 CALORÍAS CADA UNO

Estos bocaditos de coco deben quedar crujientes por fuera y tiernos por dentro. En nuestra opinión, el coco rallado les da una consistencia más húmeda y suave que el coco desecado, y nos gusta que queden ligeramente dorados. Si los prefieres más claros, hornéalos menos tiempo.

1 cda. de manteca de cacao
100 g de coco rallado
100 g de almendras molidas
1½ cdas. de miel líquida
Una pizca de sal marina en escamas
½ vaina de vainilla abierta longitudinalmente
2 claras de huevo

1 Precalentar el horno a 170 °C (150 °C con ventilador). Forrar una bandeja de horno con papel para hornear.

2 Derretir la manteca de cacao, ya sea en el microondas o en un bol resistente al calor al baño María. Verter la manteca derretida en una batidora o robot de cocina y añadir el coco, las almendras, la miel y la sal. Raspar las semillas de la vaina de vainilla y añadirlas a la batidora. Pulsar el botón de marcha unos segundos para que se mezclen y luego transferir a un bol.

3 En otro bol, batir las claras a punto de nieve. Incorporarlas a la mezcla de coco.

4 Formar bolitas y colocarlas en la bandeja de horno. Hornear 20-25 minutos, hasta que las bolitas estén firmes al tacto. Dejar enfriar en la bandeja 5 minutos, y luego transferirlas a una rejilla para que se acaben de enfriar. Los coquitos se pueden guardar en una lata hermética hasta 3 días

BROWNIES DE REMOLACHA

9 BROWNIES • 260 CALORÍAS CADA UNO

Los brownies pueden ser demasiado dulces. Sin embargo, estos tienen el punto perfecto de dulzura. La remolacha los hace más jugosos y les da un delicioso sabor terroso, además del color rojo intenso. El cacao crudo en polvo no contiene azúcar y es mucho más rico en nutrientes que una bebida de chocolate.

150 g de remolacha pelada y cortada en daditos
50 g de avellanas
100 g de harina sin gluten ni trigo
1 cdta. de levadura en polvo
60 g de cacao crudo en polvo
150 g de miel líquida
½ cdta. de sal
3 huevos
75 ml de aceite de colza

1 Precalentar el horno a 200 °C (180 °C con ventilador). Forrar la base y las paredes de un molde cuadrado de 20 cm con papel de hornear.

2 Poner la remolacha en un recipiente apto para microondas con 50 ml de agua, taparla con film transparente y cocerla a intensidad alta durante 7 minutos, hasta que esté tierna. Si no se tiene horno microondas, envolver la remolacha en papel de aluminio y asarla en el horno caliente unos 40 minutos, hasta que esté blanda.

3 Poner las avellanas en una batidora y triturarlas ligeramente. Pasarlas a un bol grande. Tamizar encima la harina, la levadura y el cacao.

4 Ahora triturar la remolacha cocida en la batidora 1-2 minutos, hasta que quede un puré suave. Añadir a los ingredientes secos en el bol, pero no mezclar todavía.

5 Usar la batidora por tercera vez para mezclar la miel, la sal y los huevos durante 3 minutos. Verter en el bol y mezclar con el resto de los ingredientes con una cuchara de madera. Hacerlo con suavidad, para que la preparación conserve el aire a la vez que se mezcla todo.

6 Verter la mezcla en el molde preparado y hornear 30 minutos o hasta que al insertar un palillo en el centro salga limpio. Dejar enfriar del todo antes de cortar los cuadrados.

CRUMBLE DE MANZANA Y FRAMBUESA

8 RACIONES • 280 CALORÍAS POR RACIÓN

Esta es una versión sin azúcar del apreciado postre británico que resulta tan deliciosa como el crumble tradicional. Le hemos añadido especias para destacar el sabor dulce de las manzanas, mientras que las frambuesas aportan una interesante nota ácida y un color rosa brillante.

10 manzanas peladas, sin corazón y cortadas en rodajas
300 g de frambuesas frescas
1 palito de canela
1 anís estrellado
1 cda. de miel líquida

PARA EL CRUMBLE
200 g de copos de avena
100 g de almendras molidas
50 g de harina sin gluten ni trigo
1 cda. de aceite de colza
3 cdas. de miel líquida
Una pizca de canela molida

1 Precalentar el horno a 200 °C (180 °C con ventilador).
2 Poner las manzanas, la mitad de las frambuesas, la canela, el anís estrellado, la miel y 80 ml de agua en una cacerola. Llevar a ebullición a fuego medio. Después, cocer a fuego lento 10 minutos, añadiendo más agua, si es necesario. Retirar la rama de canela y el anís estrellado, y verter la fruta en una fuente para horno de 10 x 20 cm. Esparcir el resto de las frambuesas por encima.
3 Para hacer el crumble, poner todos los ingredientes en un bol grande y mezclarlos bien con las manos.
4 Cubrir la fruta de manera uniforme con las migas de la mezcla de avena. Hornear 20-25 minutos, hasta que el crumble esté dorado y crujiente.

RICA EN vitamina E • fibra

BENEFICIOSA PARA: corazón ① • digestión ① • mujeres ③

TARTA DE CEREZAS Y ALMENDRAS

8 RACIONES • 290 CALORÍAS POR RACIÓN

La clásica combinación de cerezas con almendras queda estupenda en los pasteles. En esta receta se utiliza un relleno de cerezas deliciosamente dulces y frescas con una base similar a la masa quebrada hecha con almendras y aromatizada con canela, naranja y vainilla. Las cerezas son una fuente natural de melatonina, la hormona que ayuda a regular el sueño, por lo que un trozo de este pastel podría ser un tentempié perfecto para medianoche.

PARA LA BASE

175 g de copos de avena
120 g de almendras molidas
La ralladura de 1 naranja
2 cdas. de miel líquida
½ vaina de vainilla abierta longitudinalmente
1 huevo
1 cda. de harina sin gluten ni trigo, para espolvorear

PARA EL RELLENO

150 g de almendras molidas
60 ml de aceite de colza
2 cdas. de miel líquida
1 vaina de vainilla abierta longitudinalmente
3 huevos
500 g de cerezas frescas, deshuesadas y partidas por la mitad

1 Primero hacer la masa. Poner la avena, las almendras molidas, la ralladura de naranja y la miel en una batidora. Raspar las semillas de la vaina de vainilla y añadirlas a la batidora junto con el huevo. Mezclar hasta que empiece a formarse una masa. (Si no se tiene batidora, se pueden mezclar los ingredientes con las manos y luego amasar la mezcla para formar una masa.)

2 Enharinar ligeramente la superficie de trabajo y poner la masa encima. Hacer una bola con la masa. Envolver con film transparente y dejar reposar en la nevera 30 minutos.

3 Precalentar el horno a 200 °C (180 °C con ventilador). Enharinar un molde metálico redondo de 20 cm con la base desmontable y las paredes onduladas.

4 Sacar la masa de la nevera y extender sobre la superficie enharinada con un rodillo hasta lograr un grosor de 3 mm. Con cuidado, colocar la masa en el molde ajustándola en el fondo y las paredes de manera uniforme; recortar la masa sobrante. Pinchar la masa con un tenedor, cubrir con papel de hornear y rellenarla con arroz o unas pesas para horno. Hornear en blanco 10 minutos. Retirar el papel y las pesas, y dejar enfriar la base mientras se prepara el relleno. (Dejar el horno encendido).

5 Poner las almendras molidas, el aceite, la miel, las semillas de vainilla y los huevos en un bol grande, y mezclar bien todo.

6 Verter la mezcla en la base y cubrir con las cerezas. Hornear 15-20 minutos, hasta que la mezcla de huevo esté cuajada. Dejar enfriar un poco la tarta antes de servirla tibia.

RICA EN vitamina E • magnesio • melatonina

BENEFICIOSA PARA: corazón ②③ • huesos ① • fatiga ③⑤ • mujeres ①③

PERAS POCHADAS
CON LAVANDA

4 RACIONES • 90 CALORÍAS POR RACIÓN

Si te apetece un capricho dulce cuando estés a dieta, prueba este delicioso postre bajo en calorías y en grasas. El característico aroma floral ligeramente dulce de la lavanda puede ser muy intenso —si te pasas solo un poco, puede ser demasiado dominante—, pero en perfecto equilibrio con una fruta dulce como las peras, es una delicia. Este es un plato muy sofisticado.

1 cda. de miel líquida
1 palito de canela
La ralladura de 1 limón
1 ramita de lavanda, y un poco más para decorar
4 peras conferencia

1 Llenar una olla con agua suficiente para cubrir las peras, y añadir la miel, la canela, el limón y la lavanda. Llevar a ebullición.
2 Pelar las peras y luego introducirlas en la olla. Cubrir con una tapa y reducir el fuego a bajo. Pochar las peras unos 20 minutos, hasta que estén tiernas pero no blandas.
3 Retirar las peras y colocarlas en una fuente para servir. Volver a poner la olla en el fuego y hervir el líquido para que se reduzca hasta que quede un jarabe fluido.
4 Verter el jarabe sobre las peras. Dejarlas enfriar y luego acabar de enfriarlas en la nevera durante 2 horas. Servirlas adornadas con las ramitas de lavanda.

RICA EN fibra

BENEFICIOSA PARA: corazón ① • digestión ①

MELOCOTONES A LA PLANCHA CON COULIS DE FRAMBUESA

4 RACIONES • 150 CALORÍAS POR RACIÓN

En verano, cuando los melocotones están perfectamente maduros, parece como si su pulpa quisiera estallar a través de la piel. Este es el momento ideal para preparar esta exquisita receta de melocotones con frambuesas agridulces. El mejor postre para el verano. Los postres a base de frutas son una forma útil de aumentar la cantidad de fibra en la dieta, que ayuda a mantener el sistema digestivo saludable.

150 g de frambuesas frescas
50 g de avellanas
1 cda. de miel líquida
4 melocotones (los más maduros que encuentres)

1 Precalentar el horno a 180 °C (160 °C con ventilador). Forrar una pequeña bandeja de horno con papel de hornear.

2 Primero preparar el coulis. Poner las frambuesas en una batidora y triturarlas 2 minutos para hacer un puré. Pasar a través de un colador para eliminar las semillas y reservar.

3 Mezclar las avellanas con la miel y extenderlas en la bandeja de horno. Hornear 10 minutos. Dejar enfriar, luego ponerlas en una bolsa de plástico y darles unos golpes suavemente para romperlas en trocitos.

4 Poner a calentar una plancha o sartén acanalada a fuego vivo. Deberá estar lo más caliente posible, para que los melocotones no se peguen. Cortar estos en octavos (desechar los huesos). Poner los trocitos de melocotón en la plancha y cocinarlos 30 segundos por cada lado.

5 Para montar el plato, colocar los melocotones en los platos y esparcir por encima las avellanas. Verter el coulis sobre los melocotones y alrededor de ellos.

RICA EN vitamina C

BENEFICIOSA PARA: inmunidad ①

TARTA DE CACAO, AGUACATE Y FRAMBUESAS

16 RACIONES • 420 CALORÍAS POR RACIÓN

Creada por Virginia, una de nuestras brillantes chefs, esta tarta es exactamente lo que debe ser una tarta de chocolate: rica, cremosa y con un sabor intenso a chocolate. Se hace sin horno, y la cobertura de aguacate es una alternativa genial al glaseado de queso cremoso. Una rebanada pequeña de este pastel será suficiente.

900 g de dátiles deshuesados
360 g de avellanas (sin piel) blanqueadas
120 g de cacao crudo en polvo
300 g de frambuesas
125 g de avellanas tostadas más o menos trituradas

PARA LA COBERTURA

4 aguacates
4 cdas. de miel líquida
150 g de de cacao crudo en polvo

RICA EN vitamina E • potasio • magnesio • hierro • fibra

BENEFICIOSA PARA: corazón ① ② • huesos ① • digestión ① • mente ② • fatiga ① ⑤ • mujeres ① ③

1 Poner los dátiles y las avellanas peladas en un bol, cubrirlos con agua hirviendo y dejarlos en remojo 20-30 minutos.

2 Mientras, preparar la cobertura. Retirar la pulpa de los aguacates con una cuchara y ponerla en un robot de cocina, agregar la miel y el cacao en polvo. Mezclar hasta que quede una crema homogéna. Probar y añadir más miel o cacao en polvo si está un poco amargo o sabe demasiado a aguacate. Reservar en la nevera.

3 Escurrir los dátiles y las avellanas. Triturar en el robot de cocina limpio, y añadir el cacao en polvo poco a poco hasta obtener una consistencia homogénea y espesa. Enfriar en la nevera.

4 Forrar con papel de hornear el fondo de un molde redondo metálico de 15 cm con la base desmontable.

5 Usar aproximadamente la mitad de la mezcla del pastel para cubrir la base y las paredes del molde, dejando un hueco en el centro. Llenar el hueco con 200 g de las frambuesas. Extender el resto de la mezcla de la tarta encima y luego alisar la superficie. Enfriar en la nevera 2 horas para que se cuaje.

6 Antes de servir, desmoldar la tarta y cubrirla toda con la cobertura. Decorar con el resto de las frambuesas y avellanas tostadas. La tarta aguantará bien una noche en la nevera.

MOUSSE DE CACAO, JENGIBRE Y AGUACATE

4 RACIONES • 315 CALORÍAS POR RACIÓN

Si explicas a la gente qué ingredientes lleva este plato, es probable que decidan pasar del postre. Sí, parece extraño usar aguacate en un plato dulce, pero aquí sirve como una crema deliciosamente espesa que amalgama el sabor amargo del cacao con el picante del jengibre, lo que da lugar a esta mousse exquisita y sofisticada. El cacao crudo lleva un componente que puede ayudar a elevar tu estado de ánimo, gracias a su efecto en el cerebro; es la misma sustancia que se libera cuando estás enamorado.

2 cdas. de aceite de coco
2 aguacates
1 vaina de vainilla abierta longitudinalmente
1 cdta. de jengibre fresco finamente rallado
3 cdas. de agua de coco
3 cdas. de cacao en polvo crudo
3 cdas. de miel líquida

1 Poner el aceite de coco en un cazo pequeño y calentar suavemente 5 minutos, hasta que se derrita. Retirar del fuego.

2 Mientras el aceite de coco se derrite, cortar los aguacates por la mitad y quitar los huesos. Extraer toda la pulpa y pasarla a una batidora o robot de cocina. Raspar las semillas de la vaina de vainilla y añadir a la batidora.

3 Agregar el jengibre y el agua de coco y triturar hasta que quede una mezcla homogénea. Ahora agregar el aceite de coco junto con el cacao y la miel. Mezclar con la batidora 2 minutos, hasta que no quede ningún grumo. (Si no se tiene batidora, se puede mezclar a mano, aunque la textura puede que no sea tan fina.)

4 Verter la mezcla en cuatro moldes pequeños o copas para postre y dejar reposar en la nevera 1-2 horas antes de servir.

RICA EN potasio • magnesio • betasitosterol • fenietilamina • fibra

TARTA DE «QUESO» CON FRESAS

10 PORCIONES • 285 CALORÍAS CADA UNA

Una tarta de queso sin queso no parece posible, pero mezclando yogur de soja natural y de coco con la fruta madura se consigue la textura suave y cremosa típica de una tarta de queso. La base está hecha con dátiles, por lo que es bastante dulce, y los frutos secos y semillas aportan una textura crujiente ideal. Las nueces de Brasil también la hacen más nutritiva: son una de las fuentes más ricas en selenio. Para el relleno se pueden usar también otras frutas; con frambuesas, moras y mango queda deliciosa.

RICA EN vitaminas C y E • selenio • fitoestrógenos

BENEFICIOSA PARA: inmunidad ① • hombres ① • mujeres ①③④

PARA LA BASE
100 g de nueces de Brasil
100 g de avellanas
100 g de semillas de girasol
20 dátiles sin hueso y remojados en agua caliente durante 10 minutos
2 cdas. de aceite de coco
Una pizca de sal

PARA EL RELLENO
250 g de fresas frescas, y un poco más para decorar
50 ml de miel líquida
100 g de yogur de soja natural
175 g de yogur de coco

1 Para hacer la base, tostar todos los frutos secos y semillas en una sartén seca hasta que se doren. Pasar a una batidora o robot de cocina y triturar hasta conseguir una textura de migas gruesas. Añadir los dátiles escurridos, el aceite de coco y la sal a la batidora, y mezclar bien todo.

2 Extender la mezcla uniformemente sobre la base de un molde metálico redondo de 20 cm con la base desmontable. Enfriar en el congelador mientras se prepara el relleno.

3 Poner las fresas y la miel en la batidora o robot de cocina (tras limpiarlo) y triturar hasta conseguir un puré. Añadir los yogures de soja y coco y mezclar hasta que quede una crema homogénea.

4 Verter la mezcla del relleno sobre la base, y volver a meter en el congelador. Dejar en el congelador 2 horas, hasta que cuaje.

5 Sacar del congelador y decorar la superficie con las fresas reservadas. Servir inmediatamente.

GRANITA DE MANZANA Y LICHI

4 RACIONES • 120 CALORÍAS POR RACIÓN

Este refrescante postre siciliano semicongelado es perfecto cuando hace calor en verano o para limpiar el paladar después de una comida. La textura debe ser ligeramente granizada y más cristalina que la de un sorbete. Una ración de esta granita contiene prácticamente toda la vitamina C que necesitas tomar en un día, lo cual puede ayudarte si tienes tendencia a resfriarte a menudo. Este postre es también perfecto para calmar el dolor de garganta y rehidratarte si has pescado alguna infección.

4 manzanas
500 g de lichis frescos, pelados y sin hueso, y un poco más para servir
El zumo de ½ lima

1 Lavar las manzanas y licuarlas. Verter el zumo en una batidora. Añadir los lichis y el zumo de lima, y triturar hasta que quede una mezcla homogénea.

2 Meter la mezcla en un recipiente apto para el congelador. Después de 30 minutos, la parte superior se habrá congelado. Ahora, con un tenedor, aplastar y raspar la parte congelada para romper los cristales de hielo y mezclarla con el resto. Volver a meter en el congelador.

3 Repetir la operación de aplastar y raspar los cristales de hielo tres o cuatro veces, hasta que la mezcla tenga la textura de una granita: hielo picado pero sin cristales de hielo. Servir con los lichis reservados. La granita está más buena recién hecha, pero puede aguantar unos días en el congelador.

RICA EN vitamina C

BENEFICIOSA PARA: inmunidad ①

CALDOS BÁSICOS

En nuestros establecimientos de Detox Kitchen siempre preparamos nuestro propio caldo básico o fondo, pero a veces en casa tienes poco tiempo y debes recurrir a algo rápido que aporte sabor. La marca de preparados de caldo en polvo que recomendamos para esto es Marigold Organic Swiss Vegetable Bouillon. Tiene un sabor intenso y limpio, y no contiene conservantes, colorantes artificiales ni estabilizantes.

CALDO DE VERDURAS

PARA 1 LITRO

1 cebolla cortada por la mitad
8 ramitas de apio troceadas
2 zanahorias troceadas
1 nabo troceado
1 tallo de brócoli cortado en daditos
Un manojo de perejil fresco picado
2 hojas de laurel
4 granos de pimienta blanca

1 Poner todos los ingredientes en una cacerola grande y agregar 2,4 litros de agua. Llevar a ebullición, bajar el fuego y dejar cocer a fuego lento durante 1 hora.
2 Colar el líquido en un bol (descartar los sólidos) y luego volver introducir en la olla. Cocinar a fuego lento otros 20 minutos para que se reduzca. Dejar enfriar.
3 La mejor manera de guardar el caldo es en bandejas de cubitos de hielo en el congelador. También se puede conservar en la nevera en un recipiente hermético hasta una semana.

CALDO DE POLLO

PARA 1 LITRO

400 g de huesos de pollo (los del tronco y el cuello son los mejores)
2 puerros troceados
4 tallos de apio troceados
1 zanahoria troceada
1 cebolla cortada por la mitad
½ bulbo de hinojo troceado
4 granos de pimienta blanca
1 hoja de laurel
Una ramita de tomillo fresco
Un manojo de perejil fresco picado

1 Poner los huesos de pollo en una olla grande y cubrir con 2,4 litros de agua fría. Llevar a ebullición, bajar el fuego y dejar cocer a fuego lento unos 20 minutos.
2 Espumar la superficie antes de añadir el resto de los ingredientes. Cocinar a fuego lento otras 2 horas. Colar el caldo (desechar los sólidos) y dejarlo enfriar.
3 La mejor manera de guardar el caldo es en bandejas de cubitos de hielo en el congelador. También se puede conservar en la nevera en un recipiente hermético hasta 5 días.

NUTRICIÓN

PRINCIPIOS DE LA NUTRICIÓN

Rob Hobson

Disponemos de muchísima información sobre nutrición y alimentación sana, alguna fiable y otra no tanto. Esta última se centra en alimentos o nutrientes específicos, a menudo con mensajes contradictorios de curas radicales. Por ello, nos parece importante empezar explicando los principios de la nutrición.

La ciencia de la nutrición sigue siendo un campo de investigación relativamente nuevo y excitante. Todas las semanas aparecen noticias de nuevos descubrimientos y teorías sobre la mejor manera de alimentarse para mantenerse sano. Estos descubrimientos suelen tergiversarse y exagerarse, lo que genera confusión y la idea de que puede ser mejor para la salud tomar un solo alimento o nutriente en grandes cantidades (se habla de «superalimentos», una palabra de moda con poca relevancia científica).

Además de las recomendaciones actuales sobre nutrición y salud, quisiera presentarte algunas nuevas ideas e investigaciones que han ganado fuerza en los últimos años, y mostrarte cómo puedes traducir esto en tu manera de alimentarte. Algunos de estos conceptos son un poco complicados, pero he hecho todo lo posible por simplificarlos de modo que no haga falta tener un título de ciencias para entenderlos. Es interesante comprobar que el modelo de cocina saludable que presentamos aquí se ajusta tanto a las ideas tradicionales como a las más modernas sobre alimentación sana.

Equilibrio y variedad Si nos fijamos en los datos de las últimas investigaciones, en general parece que siempre se vuelve al mismo punto: la clave de una nutrición saludable está en consumir la mayor variedad posible de alimentos de manera equilibrada. El significado de equilibrio aquí es un tema de debate, pero refleja el esquema que se muestra en el apartado *Grupos de alimentos clave* (véase página siguiente), donde la mayor parte de los alimentos son de origen vegetal.

Para ciertos problemas de salud, a veces puede ser útil incluir o excluir determinados alimentos, pero esto debe hacerse siempre dentro de los límites de una dieta variada y equilibrada.

Calorías = energía Lo que sabemos sobre los principios de la nutrición no ha cambiado mucho con los años. Los alimentos que comemos nos proporcionan la energía necesaria para llevar a cabo muestras actividades diarias. Esta energía se mide en calorías, que se obtienen de los carbohidratos, grasas y proteínas (macro-nutrientes). Otros nutrientes que nos aporta la dieta y que nos protegen de las enfermedades y favorecen el bienestar son las vitaminas y minerales (micronutrientes).

En las recetas de este libro indicamos las calorías porque contar calorías sigue siendo la forma más simple de controlar la ingesta diaria de energía. Pero no todas las calorías son iguales. Lo más importante es elegir alimentos sanos y ricos en nutrientes de los grupos de alimentos clave, como, por ejemplo, carbohidratos de cereales integrales en vez de refinados.

GRUPOS DE ALIMENTOS CLAVE

Los alimentos se pueden dividir en los cinco grupos que se ilustran en el diagrama inferior. (Nos referimos a alimentos sin trigo, lácteos ni azúcar, basándonos en los principios de nuestra cocina depurativa). Tomando alimentos en su mayoría de origen vegetal, algunos sustitutos de los lácteos, grasas saludables y algo de proteína, te proveerás de todo lo necesario para disfrutar de una salud óptima.

FRUTAS Y VERDURAS   Aunque debes estar aburrido de oír decir a los nutricionistas que hay que comer más frutas y verduras, estas son realmente importantes, pues nos aportan fibra, vitaminas, minerales y antioxidantes necesarios para mantenernos sanos y protegernos contra las enfermedades. Procura comer *al menos cinco porciones diarias* (según las últimas investigaciones, diez sería lo ideal), con una mayor cantidad de verduras que de frutas. Intenta limitar la fruta a dos porciones al día, tomando zumo solo en el desayuno. Aunque los zumos de frutas contienen azúcares naturales, al haberse eliminado la fibra, se digieren rápidamente, y esto puede hacer que aumente la concentración de azúcar en la sangre (si tomas muchos zumos también incrementarás tu ingesta de calorías).

FÉCULAS Alimentos como cereales, maíz, patatas, pan y pasta sin trigo proporcionan una de las formas de energía más fáciles de asimilar (la fécula, o almidón, es un carbohidrato que se encuentra en las plantas), así que *trata de incluir un alimento rico en almidón en la mayoría de las comidas*. Los cereales integrales, como arroz integral, quinoa (aunque no es un cereal, se utiliza como tal), cebada y avena son también una valiosa fuente de fibra, que ayuda a la digestión y regula el nivel de azúcar en la sangre.

Las dietas modernas contienen demasiado trigo, que puede provocar problemas digestivos en algunas personas. Las variedades muy refinadas (en el pan blanco y la pasta), que representan la mayor parte del consumo de trigo, pueden generar subidas y bajadas bruscas del nivel de azúcar en la sangre, lo que a la larga no es bueno para la salud (según investigaciones recientes, parece haber una asociación entre el consumo excesivo de carbohidratos refinados, como el azúcar, y ciertas enfermedades cardíacas y de otro tipo).

En la cocina depurativa preferimos evitar el uso de trigo en favor de la amplia gama de carbohidratos distintos del trigo, como el arroz, la quinoa, la cebada, el maíz y el trigo sarraceno, así como verduras con almidón, como los boniatos.

DIETA SALUDABLE

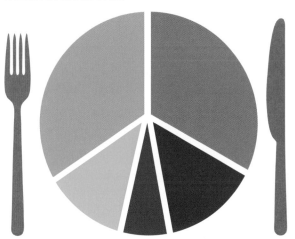

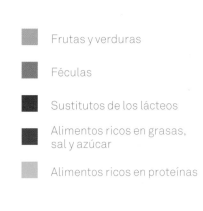

Frutas y verduras

Féculas

Sustitutos de los lácteos

Alimentos ricos en grasas, sal y azúcar

Alimentos ricos en proteínas

Esta es la proporción en la que cada grupo de alimentos debe estar presente en tu dieta semanalmente. La mayoría de estos alimentos deberían ser de origen vegetal, es decir, verduras, frutas, cereales integrales, legumbres, frutos secos y semillas.

SUSTITUTOS DE LOS LÁCTEOS La cocina depurativa excluye los productos lácteos, porque algunas personas experimentan molestias digestivas cuando los toman (el grado de malestar puede variar según la cantidad ingerida). En algunos casos esto puede agravar ciertas dolencias ya presentes.

Aunque los productos lácteos son una valiosa fuente de calcio, este mineral tan necesario para los huesos puede obtenerse de otros muchos alimentos, entre ellos leches vegetales enriquecidas como la leche de arroz, semillas de sésamo y tahini, frutas desecadas, tofu, verduras de hojas verdes como el kale y algunos frutos secos como las almendras (las hierbas secas también son una buena fuente adicional). Todos ellos aportan muchos otros nutrientes a la dieta. *Deberías intentar incluir de dos a tres raciones de estos alimentos diariamente* para obtener el calcio necesario en tu dieta.

ALIMENTOS RICOS EN PROTEÍNAS Además de ser esenciales para el crecimiento y la reparación del cuerpo, los alimentos ricos en proteínas (carne, pescado, huevos y legumbres) son también un medio útil para controlar el apetito y mantener el peso. Por ello, *procura incluir una fuente de proteína en cada comida*. Trata de no limitarte a las proteínas de origen animal, y prueba a consumir otro tipo de alimentos ricos en proteínas, como huevos, legumbres, frutos secos y derivados de soja.

Los productos de soja han sido objeto de gran controversia en lo que respecta a su producción. Uno de los temas importantes es el del cultivo de soja transgénica (que representa más del 90 % en Estados Unidos), cuyo ADN ha sido modificado para crear una especie que no crecería normalmente en la naturaleza: la soja transgénica ofrece un mayor rendimiento en su cultivo, y es más resistente a plagas y enfermedades. Algunos expertos creen que la modificación genética puede generar más perjuicios que beneficios, pero hasta que no se demuestre científicamente, no se pondrá fin a la controversia. En nuestra cocina depurativa preferimos utilizar ingredientes que crezcan del modo en que la naturaleza los programó, por lo que siempre optamos por alimentos no transgénicos, entre ellos la soja.

En tu dieta semanal incluye también pescado azul, para contar con una fuente de grasas omega 3. Según las guías dietéticas actuales debemos tomar dos raciones de pescado a la semana, y una de ellas debería ser de pescado azul. También se recomienda no tomar más de cuatro raciones de pescado azul semanales (dos en el caso de mujeres embarazadas), para evitar cualquier riesgo de acumulación de metales pesados tóxicos.

ALIMENTOS RICOS EN GRASAS, SAL Y AZÚCAR Los postres, dulces y tentempiés salados deberían constituir la porción más pequeña de tu dieta, aunque pueden ser útiles para aquellos que quieran aumentar de peso (un grupo de la población que se olvida con demasiada frecuencia debido a la obsesión actual por perder peso; véase la página 346). En las recetas y los planes de alimentación de nuestra cocina depurativa, utilizamos como edulcorantes alternativas naturales distintas del azúcar refinado, como las frutas y la miel, y usamos aceites y grasas saludables procedentes, por ejemplo, de aguacates y frutos secos. Recomendamos los aceites vírgenes extra de oliva o de colza, por su alto contenido en grasas monoinsaturadas y ácidos grasos omega 3, y usamos el aceite de coco virgen extra para saltear y hornear, pues no se desestructura a elevadas temperaturas.

Estos componentes básicos de la dieta aportan energía (calorías). El cuerpo requiere energía para llevar a cabo sus procesos normales del día a día —más de 1.000 calorías diarias en la mayoría de los adultos sanos—, además de la energía extra para realizar actividades que pueden ir desde trabajar en el jardín hasta correr un maratón.

Los macronutrientes incluyen carbohidratos, grasas y proteínas, todos ellos compuestos por unidades más pequeñas. El cuerpo puede fabricar por sí solo algunas de estas unidades, pero otras debe obtenerlas de la dieta. Por ejemplo, puede producir ciertos aminoácidos (las unidades que componen las proteínas), pero otros deben provenir de los alimentos.

El cuerpo utiliza diferentes mecanismos para procesar los distintos macronutrientes. Pero para que puedan ser utilizados como fuente de energía, debe degradarlos a glucosa, que es el azúcar más simple y la fuente principal de energía.

CARBOHIDRATOS

Como se necesita poca energía para descomponer los carbohidratos en glucosa, estos se consideran la fuente más eficaz de energía en comparación con las proteínas y las grasas. Por ello, se suele recomendar que los carbohidratos constituyan alrededor del 50 % de las calorías de la dieta (aunque las teorías modernas indican que deberíamos comer algo menos). La mayoría de los alimentos ricos en carbohidratos provienen de las plantas en forma de almidones y azúcares, con la única excepción del azúcar de la leche, la lactosa.

CARBOHIDRATOS COMPLEJOS Los almidones naturales se encuentran en alimentos ricos en carbohidratos que no han pasado por procesos de refinado (como eliminar la cáscara del arroz integral para producir arroz blanco). Estos alimentos contienen grandes cantidades de fibra. Los almidones refinados como los del trigo se encuentran en alimentos como pasta refinada, pan blanco, galletas y pasteles.

Los almidones naturales son degradados lentamente en el cuerpo, gracias a su alto contenido en fibra, con lo que se altera menos el nivel de azúcar en la sangre y nos sentimos saciados durante más tiempo (además son más

nutritivos). Se conocen comúnmente como «carbohidratos complejos» y se encuentran en la avena, el arroz integral, la cebada, el trigo sarraceno (en los fideos soba), la quinoa y las hortalizas con almidón, como el boniato y la calabaza; las legumbres también aportan algunos carbohidratos complejos.

Soy un gran defensor de este tipo de carbohidratos «correctos», los complejos. No estoy en contra de las dietas ricas en proteínas, pues no todo el mundo necesita lo mismo, pero no he tenido ningún cliente que tras seguir una dieta con abundantes cereales integrales, ricos en fibras, no haya experimentado un aumento de energía y mejoras en la digestión. Además, esta manera de comer es menos restrictiva y más fácil de mantener a largo plazo.

Los azúcares naturales (como la fructosa), que se encuentran en frutas y verduras, así como la miel, son carbohidratos no complejos, pero a menudo se encuentran en alimentos que contienen fibra (como frutas y verduras). Alteran menos el azúcar en la sangre en comparación con los azúcares más refinados. Utilizados en repostería, refrescos, galletas y tentempiés dulces, estos incluyen todos los tipos de azúcar blanco e integral, el jarabe de agave y de arce. La mayoría de azúcar de la dieta debería provenir de fuentes naturales.

Cuando los carbohidratos se descomponen en glucosa para ser utilizados como combustible, el cuerpo produce la hormona insulina, que ayuda a transportar la glucosa a las células para transformarla en energía. Una vez que las células han obtenido toda la que necesitan, la mayoría de la glucosa restante se almacena en los músculos y en el hígado (en forma de glucógeno) y el exceso se acumula como grasa (triglicéridos) repartida por el cuerpo (la insulina también ayuda a transportar los triglicéridos a las células adiposas). Al controlar el ritmo en que se produce este proceso, los niveles de azúcar en la sangre se equilibran, sin subidones ni bajones de energía.

La velocidad a la que los alimentos se degradan y el efecto de esto sobre el azúcar en la sangre (y por tanto, en el nivel de energía) se mide mediante el índice glucémico (IG). Como los carbohidratos complejos se degradan lentamente en el cuerpo, tienen un IG bajo (véase la página 290).

ÍNDICE GLUCÉMICO Y CARGA GLUCÉMICA

El índice glucémico (IG) se creó como un método de calificación de los alimentos de acuerdo con su efecto sobre los niveles de azúcar en la sangre (glucemia), es decir, la rapidez con la que son digeridos y degradados por el cuerpo. Los alimentos con un IG alto son digeridos y degradados rápidamente, lo que provoca un rápido aumento del azúcar en la sangre, mientras que los que tienen un IG bajo tardan más tiempo en ser digeridos y, por tanto, afectan menos los niveles de azúcar.

El problema con la calificación del IG es que no tiene en cuenta el efecto del tamaño de la ración. Muy a menudo se asigna un IG alto a alimentos aparentemente saludables (como ciertas frutas y hortalizas, p. ej., a los melones y las zanahorias), lo que implica que puedan considerarse «poco saludables».

La carga glucémica (CG) tiene en cuenta esto y por ello puede predecir mejor de qué manera un alimento afecta a la glucemia. Calcular el IG de cada plato que se come no es práctico y, francamente, ¡la vida es demasiado corta! Pero como regla general, los alimentos con sabor dulce suelen tener una CG alta, al igual que los elaborados con harina de trigo blanca refinada, por lo que habría que procurar consumirlos en la menor cantidad posible.

Los alimentos con un alto contenido de fibra, como las frutas (no los zumos), avena, cereales integrales, legumbres, frutos secos y semillas, tendrán una GC baja y deberían constituir la parte más abundante de los alimentos que comemos. Para reducir el aumento del nivel de azúcar en la sangre que provocan los alimentos con una CG elevada, se pueden añadir proteínas y grasas; por ejemplo, comer arroz blanco (con CG alta) con verduras y salmón.

Al mantener constante el nivel de azúcar en la sangre, se regula también el nivel de energía y el estado de ánimo, así como del hambre, lo que resulta útil si estás intentando perder peso. El control de la glucemia es una estrategia para prevenir y tratar ciertos trastornos, como la resistencia a la insulina, que es un tema clave en muchas enfermedades, entre ellas la diabetes.

CARBOHIDRATOS SIMPLES   Los carbohidratos simples son los almidones y los azúcares refinados que se mencionan en la página anterior. En general, una parte o la totalidad de su fibra se ha eliminado (muchas personas siguen prefiriendo los alimentos refinados a los integrales). Esto reduce su contenido nutricional y hace que se descompongan rápidamente en el cuerpo, por lo que tienen una CG alta (véase columna izquierda).

Un exceso de este tipo de carbohidratos en la dieta puede llevar a que se produzca una concentración elevada de insulina, la hormona que controla el nivel de azúcar en la sangre. Esto favorecerá el almacenamiento de grasa y el aumento de los niveles de triglicéridos, que se asocian con enfermedad cardíaca coronaria, diabetes e hígado graso. Cuidando que tu peso corporal sea saludable y eligiendo carbohidratos complejos (véase la página 289), mantendrás a raya la grasa corporal. También te ayudará a sustituir las grasas saturadas por grasas más saludables, como los aceites vírgenes extras de colza y de oliva.

Azúcar refinado y fructosa   La cantidad de azúcar en la dieta es un tema candente en la actualidad, y según las encuestas sobre alimentación, por lo general consumimos demasiado, sobre todo azúcar refinado procedente de refrescos y del azúcar de mesa. Cocinar con productos frescos y evitar los alimentos procesados es la mejor manera de controlar la cantidad de azúcar que tomas, y esto beneficiará tu salud. Nosotros somos partidarios de endulzar los platos con azúcares de fuentes naturales como las frutas y la miel (en cantidades relativamente bajas).

Gran parte de la demonización del azúcar se relaciona con el uso excesivo de jarabe de maíz rico en fructosa (JMRF), un edulcorante barato que se encuentra a menudo en productos alimenticios procesados, como los refrescos. También aparece con nombres como «azúcar de maíz» o «azúcar de glucosa-fructosa», por si revisas las etiquetas de los productos.

Aunque la fructosa se encuentra naturalmente en las frutas y la miel, la utilizada por la industria alimentaria se fabrica en un proceso que convierte parte de la glucosa del jarabe de maíz en fructosa, lo que incrementa su dulzor para que sepa como el azúcar de mesa (sacarosa). En Estados Unidos, el JMRF es el edulcorante más usado por los fabricantes de alimentos, pues es más barato que el azúcar (debido a la cuota de producción del azúcar, las tasas para los azúcares importados y las subvenciones para el cultivo del maíz). En el Reino Unido no se usa en exceso, pero se encuentra en algunos alimentos procesados.

En comparación con otros azúcares, la fructosa se comporta un poco diferente en el cuerpo: solo puede ser degradada por el hígado, que la asimila usando muy poca energía si no hay suficiente glucosa presente. El exceso de fructosa se convierte en triglicéridos (la principal molécula de almacén de grasas del cuerpo), que circulan en el torrente sanguíneo y producen radicales libres (véase columna derecha). El consumo elevado de fructosa a través de alimentos procesados tiene un papel importante en el aumento de la obesidad y las enfermedades asociadas. Existe la teoría de que el cuerpo no puede procesar grandes cantidades de fructosa porque históricamente este tipo de azúcar solo se obtenía de la fruta de cada estación. Esto no significa que no debas consumir fruta, pues su concentración de fructosa es relativamente baja.

Como con muchas ideas y descubrimientos relacionados con la nutrición, estos conceptos pueden ser explicados de un modo excesivamente sensacionalista por los medios de comunicación, provocando gran confusión. Aunque la obesidad es un tema importante para la salud, solo tienes que evitar los alimentos procesados para reducir radicalmente tu ingesta de azúcar y controlar mejor lo que comes. Si necesitas tomar algo rápido, busca alimentos bajos en azúcar, con menos de 5 g por cada 100 g.

También vale la pena recordar que no pasa nada por tomar algo de azúcar refinado con moderación. Quizá no quieras adoptar los principios de la cocina depurativa de por vida, sino solo darle descansos temporales a tu cuerpo con nuestros planes. Cuida lo que comes, pero procura evitar considerar los alimentos como buenos o malos, pues eso solo creará actitudes erróneas hacia la comida y evitará que la disfrutes.

RADICALES LIBRES

Si cortas una manzana o la pelas, tiene lugar un proceso llamado oxidación, por el cual las células reaccionan con el oxígeno. Este proceso ocurre de forma natural en todas las células en la naturaleza, incluidas las de tu cuerpo. Cuando esto sucede, la manzana se vuelve marrón y las células de la piel mueren (para ser reemplazadas luego por nuevas células en un proceso continuo de regeneración).

Estas reacciones se producen entre los átomos (que componen las células). Sin embargo, en algunos casos, los átomos se vuelven inestables, y entonces se habla de «radicales libres». Los problemas surgen cuando los radicales libres se acumulan y reaccionan con otros componentes de la célula, haciendo que esta funcione de manera errónea o muera.

No todos los radicales libres son malos; algunos son utilizados de manera beneficiosa por el sistema inmunitario para eliminar bacterias o infecciones nocivas. El cuerpo está bien provisto de antioxidantes (obtenidos a partir de los alimentos) para hacer frente a las pequeñas cantidades de radicales libres producidos durante las actividades normales de la célula. Pero los radicales libres pueden acumularse como resultado de factores ambientales tales como el daño solar, el estrés, fumar o seguir una dieta inadecuada (que, entre otras cosas, puede conllevar un consumo inadecuado de antioxidantes).

Vale la pena señalar que sería un error suponer que tomar grandes cantidades de suplementos antioxidantes nos protegerá contra la enfermedad. Algunos estudios han demostrado que esto ha tenido el efecto contrario, favoreciendo el desarrollo de ciertas enfermedades (p. ej., el antioxidante betacaroteno, en grandes cantidades, puede aumentar el riesgo de cáncer en fumadores).

En algunos casos, cuando hay algún impedimento en el consumo de nutrientes, los suplementos pueden cubrir las deficiencias, pero la regla general es «primero la comida, siempre».

FIBRA

La fibra está compuesta por la parte no digerible de las plantas, lo que significa que la eliminamos sin que apenas sufra cambios. Aunque en sí no es un macronutriente, la hemos incluido aquí porque es mayoritariamente un carbohidrato y desde hace tiempo se considera un componente clave de una dieta saludable (aunque apenas estamos empezando a comprender su relevancia en la prevención de enfermedades y en el mantenimiento de la buena salud). Las guías dietéticas actuales recomiendan una ingesta diaria de fibra de 24 g, lo cual puede lograrse comiendo alimentos como cereales integrales, frutas, verduras, frutos secos y semillas. Muchas personas no siguen esta recomendación y prefieren tomar alimentos bajos en fibra, que son típicos de nuestra dieta occidental.

Todos los alimentos vegetales contienen alguna forma de fibra, que puede ser dos tipos: soluble e insoluble. Algunos alimentos vegetales tienden a ser más ricos en un tipo u otro. La fibra soluble, que se puede encontrar en alimentos como lentejas, avena, cebada y frutas ricas en pectina, como manzanas y peras, absorbe agua, se hincha y ablanda las heces. La fibra insoluble, que se encuentra en el salvado de la avena, los frutos secos y las semillas, no se digiere en el intestino, por lo que añade volumen a las heces y mejora su tránsito.

Cada tipo de fibra ofrece distintos beneficios para la salud. Se ha demostrado que la fibra soluble es eficaz para reducir los niveles de colesterol (quizá hayas visto que en el envase de la avena se menciona la fibra soluble betaglucano). Cuando hay exceso de colesterol, se une a él formando una especie de gel denso que evita que el colesterol sea absorbido de nuevo por el cuerpo, lo que a su vez puede ayudar a reducir el riesgo de desarrollar enfermedades cardíacas y de sufrir un ictus.

La fibra insoluble ayuda a aliviar el estreñimiento y previene trastornos intestinales, como la diverticulosis y las hemorroides, al hacer que las heces se vuelvan blandas y voluminosas. El Fondo Mundial para la Investigación sobre el Cáncer recomienda este tipo de fibra para ayudar a reducir el riesgo de cáncer intestinal.

Un sistema digestivo sano es la base del bienestar, para lo cual es esencial la fibra de la dieta. Esta también es útil para controlar el nivel de azúcar en la sangre en el caso de la diabetes, y para mantener un peso corporal saludable. La mayoría de nuestras recetas incluyen una fuente rica en fibra (más del 30 % de la ingesta recomendada), por eso no hemos indicado en todas que sean beneficiosas para la digestión o la diabetes. Si la cantidad de fibra es aún más elevada, se enumera entre los nutrientes principales.

PROTEÍNAS

Las proteínas desempeñan un papel esencial en el crecimiento y desarrollo de las células. Esto incluye el cerebro, el cabello y las uñas, los huesos y la producción de hormonas como la insulina, que regulan el nivel de azúcar en la sangre y las endorfinas responsables del buen humor. Nos basta con que un 15 % de las calorías que consumimos provengan de las proteínas, y se considera que los requerimientos diarios en las mujeres son de 45 g por día (55 g en hombres).

Las proteínas están compuestas por moléculas más pequeñas, los aminoácidos. El cuerpo humano necesita 20 aminoácidos diferentes para formar las proteínas que precisa. De estos puede fabricar 11, pero los otros 9 debe obtenerlos de los alimentos. Estos se conocen como aminoácidos «esenciales».

Aunque los alimentos vegetales contienen proteínas, estas son «incompletas», pues no contienen todos los aminoácidos esenciales que se encuentran en la carne. Por ello, los que no comen carne deben combinar diversas fuentes vegetales de proteína para obtener lo que necesitan; por ejemplo, arroz con guisantes (véase *Vegetarianos y veganos*, página 376).

La proteína es útil si quieres perder peso, pues los alimentos ricos en proteínas sacian mucho. Pero la tendencia a suprimir los carbohidratos y sustituirlos por grandes cantidades de proteína (como recomiendan algunas dietas) puede dar lugar a una falta de nutrientes (especialmente de vitaminas del grupo B) y de variedad, lo que será difícil de mantener a largo plazo.

GRASAS

La grasa tiene un papel clave en el funcionamiento normal del cuerpo. Sirve sobre todo para almacenar energía, pero también protege y aísla los órganos vitales, produce hormonas esenciales para el desarrollo y permite absorber vitaminas liposolubles como la A, D, E y K (hace falta un mínimo de 25 g/día para absorberlas).

De los tres macronutrientes, la grasa aporta la mayor cantidad de calorías: el doble por gramo que los carbohidratos y proteínas. Sin embargo, es un error pensar que por comer alimentos que contienen grasa engordarás. Si tu dieta incluye un exceso de grasas, estarás consumiendo demasiadas calorías, pero cualquier otro alimento que consumas por encima de tus necesidades de energía tendrá el mismo efecto de provocar aumento de peso.

El problema con la grasa es que muchos alimentos ricos en grasa son procesados y llevan también azúcar refinado y sal. Además, ciertas grasas se asocian a un mayor riesgo de enfermedades. Por ello, lo más importante es elegir bien las grasas para conseguir un equilibrio saludable.

Las grasas están compuestas por ácidos grasos, que pueden ser saturados e insaturados. Se recomienda una ingesta total de grasas de aproximadamente un 35 % de las calorías de la dieta.

GRASAS SATURADAS
Los ácidos grasos saturados se encuentran en la mantequilla, los lácteos enteros y las grasas animales, a menudo sólidos a temperatura ambiente, así como en alimentos procesados. Según las encuestas, comemos demasiadas grasas saturadas, la mayoría de productos lácteos (sobre todo queso) y de la carne. Esto se asocia a niveles altos de colesterol, y reducir su consumo ha sido durante años el consejo principal para la salud cardíaca.

El colesterol desempeña una serie de funciones importantes en el cuerpo, como la producción de hormonas y vitamina D. Un exceso de colesterol puede provocar aterosclerosis (bloqueo de las arterias), que es un factor de riesgo para las enfermedades cardíacas. Pero no todas las personas con enfermedades del corazón tienen el colesterol alto, y algunas culturas con los más

GRASAS TRANS

Las grasas trans, producidas artificialmente mediante un proceso que transforma los aceites vegetales líquidos en grasas más sólidas, han sido utilizadas en la industria alimentaria por su capacidad de prolongar la caducidad y mantener la textura de los alimentos sin afectar el sabor. Son realmente «las malas» en el mundo de las grasas, y mi recomendación es que intentes excluirlas totalmente de tu dieta.

Las grasas trans alteran el equilibrio del colesterol en el cuerpo haciendo que aumente el llamado «colesterol malo» (colesterol de LDL) y disminuya el «bueno» (colesterol de HDL). Un desequilibrio de las grasas (llamado dislipidemia), que implica un nivel alto de LDL y bajo de HDL, además de una concentración elevada de triglicéridos (la cantidad de grasa que se almacena en el cuerpo), puede tener un efecto negativo sobre la salud, sobre todo la del corazón (véase *Corazón*, página 302). Las grasas trans también aumentan la inflamación en el cuerpo (véase *Inmunidad*, página 326), que se ha relacionado con diversos problemas de salud crónicos que propician la resistencia a la insulina (precursora de la diabetes) y posiblemente la enfermedad cardíaca.

Resulta irónico que las margarinas fuesen ricas en grasas trans en una época en que se publicitaban como una alternativa baja en grasa a la mantequilla, que ayudaría a mantener la salud del corazón. La mayoría de los fabricantes han eliminado las grasas trans de sus margarinas. Aunque las grasas trans todavía se pueden encontrar en algunos aperitivos procesados y productos de bollería, así como en ciertas comidas rápidas, en los últimos años la industria alimentaria ha reducido voluntariamente las grasas trans en sus productos. Como media, comemos dentro de las pautas recomendadas. Para evitar las grasas trans, observa que en las etiquetas no aparezca grasa vegetal «hidrogenada» o «parcialmente hidrogenada». La mejor estrategia es evitar los alimentos procesados.

altos niveles de colesterol tienen la menor tasa de enfermedades cardíacas, lo que ha llevado a que los investigadores se cuestionen esta relación (lo veremos con más detalle en la página 304).

Pese a los temores relacionados con las grasas saturadas, parece que un consumo elevado de grasas trans (véase la página 293), derivado de sustituir las grasas saturadas por hidratos de carbono refinados (como el azúcar) o de un consumo alto de ciertas grasas poliinsaturadas (ácidos grasos omega 6) podría perjudicar la salud igualmente o más.

Aunque quizá los alimentos ricos en grasas saturadas, como la mantequilla, la nata y las carnes grasas, no sean tan malos como se pensaba, yo sigo recomendando tomarlos con cautela, sobre todo los procesados, pues al contener a menudo bastante azúcar refinado y sal, pueden provocar aumento de peso si se comen en exceso (un factor de riesgo en sí para otros problemas de salud). Es mejor centrarse en la dieta de manera global, equilibrándola con cereales integrales, frutas, verduras, proteínas magras y grasas saludables (como el aceite de oliva y el de pescado).

GRASAS INSATURADAS Este tipo de ácidos grasos, llamados a menudo «grasas sanas», puede encontrarse en aceites líquidos, y en alimentos como frutos secos, semillas, pescado azul y aguacates. Hay dos tipos: poliinsaturadas y monoinsaturadas. El cuerpo puede fabricar ácidos grasos monoinsaturados (los que se encuentran de forma natural en el aceite de oliva virgen extra) del mismo modo que produce ácidos grasos saturados, pero las grasas poliinsaturadas debe obtenerlas de la dieta. Los dos tipos deben constituir la mayor parte de la grasa de la dieta y pueden beneficiar la salud de diferentes maneras, por ejemplo, equilibrando los niveles de colesterol.

Ácidos grasos esenciales Los ácidos omega 3 y omega 6 son grasas poliinsaturadas que deben obtenerse de la dieta, pues el cuerpo no puede producirlas. Desde el punto de vista de la nutrición, son más importantes el omega 3, el ácido eicosapentenoico (AEP) y el docosaexenoico (ADH), que solo se encuentran en el pescado azul

(caballa, trucha, salmón, atún, sardinas), pues tienen un efecto protector para el corazón y equilibran los niveles de colesterol, previenen la formación de coágulos y reducen el nivel de triglicéridos en la sangre (un factor de riesgo de enfermedad cardíaca).

Otro tipo de ácido graso omega 3, llamado alfalinolénico, se puede obtener de alimentos vegetales como semillas de lino y de chía, y de sus aceites (tritura las semillas y añádelas a los cereales o a batidos), frutos secos y verduras de hojas verdes oscuro como el kale. El cuerpo puede convertir algunos ácidos grasos en AEP y ADH, que son esenciales en las dietas de vegetarianos estrictos y veganos.

Los ácidos grasos omega 3 ayudan a reducir la inflamación en el cuerpo, lo que puede beneficiar a muchos trastornos de la salud y protegernos contra enfermedades. Sin embargo, los ácidos grasos omega 6 pueden aumentar la inflamación si se consumen en exceso. Tendemos a tomar demasiado omega 6, porque está presente en ciertos aceites, como el de girasol, soja y maíz (todos ellos muy utilizados en los alimentos procesados). Si se toma regularmente suficiente omega 3, se equilibrará la relación de omega 3 y 6, lo que beneficiará a la salud.

Los ácidos grasos omega 6 son necesarios para el buen funcionamiento cerebral y el desarrollo normal, y no todos causan inflamación. Por ejemplo, el ácido gammalinolénico, que se encuentra en el aceite de onagra, puede ayudar a reducir la inflamación, por lo que se utiliza a menudo para aliviar los síntomas del síndrome premenstrual en las mujeres.

Ácidos grasos no esenciales Las grasas monoinsaturadas, que pueden ser producidas por el cuerpo, se conocen como ácidos grasos «no esenciales». Un ejemplo son los omega 9, de los cuales el principal es el ácido oleico. Este contiene algunos antioxidantes llamados polifenoles, que protegen el corazón, pues ayudan a reducir la coagulación de la sangre y equilibran los niveles de colesterol. La mayor fuente de ácido oleico es el aceite de oliva virgen extra, esencial en la dieta mediterránea y a menudo considerado el aceite más sano.

MICRONUTRIENTES

Los micronutrientes, que son las vitaminas y minerales, son necesarios en cantidades muy pequeñas, pero son esenciales para el buen funcionamiento del cuerpo. Con una dieta equilibrada y variada, tendrás la seguridad de estar tomando todos los micronutrientes que necesitas. Habrá momentos, sin embargo, que no te será posible obtener todo lo que precisas de los alimentos que consumes (tal vez por llevar una vida muy activa, por enfermedad, por una dieta extrema o por una mayor exigencia del cuerpo, p. ej., un entrenamiento intenso). Algunas personas pueden sufrir deficiencias, lo que perjudica su salud.

VITAMINAS Y MINERALES

Estos nutrientes esenciales desempeñan un papel clave en los procesos del cuerpo, como el sistema inmunitario, el metabolismo y el crecimiento y la reparación celular (véase la tabla en las páginas 298-299).

Las vitaminas se pueden dividir en dos grupos: hidrosolubles y liposolubles. Las liposolubles, que se encuentran en mayores cantidades en los alimentos grasos, se pueden almacenar en el hígado y en los tejidos grasos, por lo que no es necesario tomarlas cada día. Las vitaminas hidrosolubles, que se encuentran sobre todo en frutas y verduras, se deben comer diariamente, porque eliminamos las que no utilizamos.

Los minerales se encuentran en todos los alimentos, y algunos alimentos son más ricos en ciertos minerales, como la carne roja en hierro o los productos lácteos en calcio.

Para evitar posibles deficiencias, podrías sentirte tentado a tomar suplementos de vitaminas y minerales, pero esto no es necesario, siempre y cuando consumas una amplia variedad de alimentos (especialmente frutas y verduras). El cuerpo solo puede usar lo que necesita, por lo que cualquier efecto beneficioso de los suplementos no aumenta exponencialmente al tomar más. Los suplementos, sin embargo, pueden ser útiles junto con la alimentación en caso de un consumo inadecuado de vitaminas y minerales, de dietas restrictivas, problemas de salud y deficiencias.

ANTIOXIDANTES Y FITONUTRIENTES Un antioxidante es una molécula que evita la oxidación de otras moléculas (un proceso que crea radicales libres; véase la página 291). Ciertas vitaminas y minerales tienen propiedades antioxidantes, al igual que otros compuestos que se encuentran en las plantas (denominados fitonutrientes, véase más adelante). Desde hace algún tiempo se sabe que ciertos micronutrientes antioxidantes, como las vitaminas A, C y E y el mineral selenio, tienen un efecto protector, al reducir los radicales libres en el cuerpo,

Las investigaciones recientes han descubierto los efectos beneficiosos de otros compuestos conocidos como fitonutrientes (los responsables del color de las frutas y verduras). Estos no se consideran esenciales para la vida, y en eso se diferencian de los micronutrientes, sin los cuales no podemos sobrevivir. Sin embargo, pueden tener un efecto poderoso en nuestra salud y reducir el riesgo de enfermedad.

Los fitonutrientes (también llamados productos fitoquímicos) son producidos por las plantas para protegerse de enfermedades e insectos, y las investigaciones científicas están empezando a demostrar que también pueden ayudarnos de la misma manera a protegernos de la enfermedad. En las frutas y verduras hay miles de fitonutrientes, y como las investigaciones son bastante recientes, solo estamos empezando a identificarlos y a descubrir su acción extremadamente compleja dentro del cuerpo humano.

También se ha atribuido a estos antioxidantes y fitonutrientes la reducción del riesgo de diversas enfermedades, como las cardiovasculares, el cáncer y la demencia.

MEZCLAR COLORES Aunque la ciencia puede ser compleja, el mensaje es muy simple: para beneficiarte de los antioxidantes y fitonutrientes, consume una amplia variedad de alimentos vegetales de diferentes colores. Para potenciar su absorción en el cuerpo, no solo es bueno mezclar colores y tipos, sino también los métodos de preparación, combinando alimentos crudos y cocidos (p. ej., agregar boniatos o tomates asados a una ensalada), pues algunos fitonutrientes pueden ser mejor aprovechados por el cuerpo según la estructura del alimento.

- Rojo y rosa La mayoría de las frutas y verduras rojas o rosas contienen el antioxidante **licopeno**, que pertenece a un grupo de compuestos conocidos como carotenoides, que se convierten en vitamina A en el cuerpo. Esta vitamina, junto con las vitaminas C y E, protege al cuerpo frente a los radicales libres. El licopeno puede reducir el riesgo de cáncer de próstata y favorece la salud del colon. Las bayas rojas contienen **ácido elágico** (que refuerza el sistema inmunitario) y **antocianinas**, que ayudan a reducir la inflamación y pueden contribuir

a conservar la memoria y retrasar los procesos degenerativos del envejecimiento. Se cree que estos antioxidantes también protegen contra ciertos tipos de cáncer y enfermedades cardiovasculares, además de tener propiedades antivíricas y antibacterianas.

- Naranja y amarillo Los principales antioxidantes en las frutas y verduras naranjas y amarillas son los **carotenoides** (también presentes en las verduras de hoja verde). En el cuerpo se convierten en vitamina A, que es esencial para la piel y los ojos. Uno de ellos, el **betacaroteno**, se ha relacionado con un menor riesgo de enfermedades cardíacas y ciertos tipos de cáncer. Además favorece el sistema inmunitario, reduce el deterioro cognitivo y posiblemente el riesgo de demencia. Otro grupo de compuestos de estos colores, los **bioflavonoides**, puede reducir la inflamación en el cuerpo y frenar el desarrollo del cáncer y de enfermedades cardíacas y neurodegenerativas, como el Alzheimer y el Parkinson. Mezclar estos alimentos con grasas sanas como las del aguacate y aceite de oliva ayuda a absorber los carotenoides.

ALIMENTOS DE COLORES

Si tu dieta está compuesta por alimentos de variados colores, tendrás la seguridad de estar consumiendo una amplia gama de nutrientes. Además de las vitaminas y los minerales, los vegetales contienen compuestos saludables que también dictan su color. Aunque no son esenciales para la vida, las investigaciones indican que tienen un poderoso efecto en la salud y en la reducción de enfermedades. La ilustración muestra ejemplos de frutas y verduras de cada gama de color.

- **Verde** Dos antioxidantes de los vegetales verdes —la **luteína** (también presente en frutas y verduras amarillas) y la **zeaxantina**— son los principales pigmentos de los ojos y, por tanto, importantes para mantener la vista sana. Se ha demostrado que las personas que toman mayores cantidades de estos dos compuestos a través de la dieta tienen un menor riesgo de desarrollar degeneración macular relacionada con la edad, una importante causa de ceguera en las personas mayores. La zeaxantina también puede ayudar a reducir el riesgo de cáncer de mama y de pulmón, y contribuir a prevenir la enfermedad cardíaca y el ictus. Otro antioxidante, la **luteolina**, que se encuentra en los pimientos verdes y el apio, reduce la inflamación en el cerebro y el sistema nervioso central. Las frutas y verduras verdes, como el chile verde, también contienen **quercetina**, que tiene un efecto antiinflamatorio en el cuerpo.

- **Morado y azul** El grupo de antioxidantes llamado **antocianinas** está presente en frutas y verduras de color morado y azul. Se cree que reducen la inflamación, lo que puede ayudar a conservar la memoria y reducir el riesgo de ciertos cánceres.

Los arándanos azules, en especial, han sido objeto de muchas investigaciones sobre los efectos de las antocianinas en la reducción de deterioro mental (incluida la enfermedad de Alzheimer). Las uvas moradas son especialmente ricas en un tipo de polifenol conocido como **resveratrol**, que puede proteger contra enfermedades del corazón y mejorar la circulación, gracias a que reduce el nivel de grasas malas en la sangre y bloquea la formación de coágulos (causa de infartos y accidentes cerebrovasculares). Las moras contienen **ácido elágico** y **catequinas**, que pueden proteger contra el cáncer.

- **Blanco** Las cebollas, puerros y el ajo contienen **quercetina** y **alicina**, conocidas para su efecto antibacteriano y su capacidad protectora de los capilares (el más pequeño de los vasos sanguíneos del cuerpo). Las setas pueden contener poderosos **polifenoles**, que pueden ayudar a reducir el riesgo de enfermedades cardíacas. Los **glucosinolatos** y **tiocianatos**, dos antioxidantes que se encuentran en la coliflor, también ayudan a reducir el riesgo de enfermedades del corazón y el cáncer, además de mejorar los trastornos digestivos.

	VITAMINA	FUNCIÓN	FUENTES
Vitaminas liposolubles	Vitamina A	Necesaria para la salud de la piel, el cabello y los dientes. Antioxidante que protege frente a infecciones, enfermedades del corazón y cáncer	Retinol: hígado, pescado azul, huevos y lácteos Betacaroteno: frutas y verduras de colores vivos como calabaza, mangos, tomates, pimientos, zanahorias y verduras verde oscuro, como kale y brócoli
	Vitamina D	Esencial para absorber el calcio y mantener los huesos fuertes. También interviene en el sistema inmunitario y la función muscular	La principal fuente es la luz solar, pero también se encuentra en huevos, pescado azul, margarinas enriquecidas y setas shiitake
	Vitamina E	Antioxidante necesario para la salud de la piel, el corazón y el sistema inmunológico	Aceite y semillas de girasol, papaya, aguacate, brócoli, frutos secos (sobre todo almendras), alimentos integrales, edamame y perejil
	Vitamina K	Esencial para los huesos fuertes y una correcta coagulación sanguínea	Huevos, pescado azul, aguacates y verduras de hoja verde oscuro (coles de Bruselas, kale, espinacas, brócoli)
Vitaminas hidrosolubles	Vitamina B1 (tiamina)	Necesaria para la producción de energía, la digestión de los carbohidratos y la función cardíaca	Hígado, cereales integrales (avena y centeno), quinoa, kale, brócoli, legumbres, aguacates y espinacas
	Vitamina B2 (riboflavina)	Necesaria para producir energía y para la salud del cabello y las uñas	Huevos, lácteos, hígado, espárragos, almendras, brócoli, acelga y espinaca
	Vitamina B3 (niacina)	Ayuda a convertir los alimentos en energía y favorece el crecimiento normal	Carne magra, aves, huevos, setas, espárragos, fletán, salmón, mantequilla de cacahuete, alubias rojas y garbanzos
	Vitamina B5 (ácido pantoténico)	Ayuda en la producción de energía, y apoya las glándulas suprarrenales (en la respuesta al estrés) y al sistema inmunológico	Alimentos integrales (avena, arroz integral y quinoa), frutos secos, pollo, huevos, hígado, semillas de girasol, maíz, brócoli y coliflor
	Vitamina B6	Necesaria para la salud del sistema inmunitario y el sistema nervioso	Aves, carne magra roja, huevos, pescado azul y blanco, tofu, patatas, coles, puerros, espinacas, pimientos y plátanos
	Vitamina B12	Esencial para producir energía, el crecimiento, digestión, nervios y la formación de células sanguíneas sanas. Evita la anemia perniciosa	Carne, sardinas, vieiras, huevos, leche de soja enriquecida, algas y espirulina
	Biotina	Se requiere para producir energía y para la salud de uñas, cabello y piel	Acelgas, levadura, arroz integral, frutos secos, edamame y yema de huevo
	Ácido fólico (folato)	Previene los defectos del tubo neural en recién nacidos. Esencial para la salud del sistema inmunológico y para prevenir la anemia	Huevos, zanahorias, albaricoques, calabaza, melón, espinaca, brócoli, ocra, coliflor y legumbres, como lentejas, garbanzos y alubia carilla
	Vitamina C	Antioxidante esencial para el sistema inmunológico, la salud de la piel y la cicatrización. Protege contra el cáncer y enfermedades cardíacas	Frutas y verduras, en especial bayas, kiwis, naranjas, granadas, pimientos, calabaza y brócoli

	MINERAL	FUNCIÓN	FUENTES
Minerales	Calcio	Esencial para la salud ósea, los dientes y el corazón. También interviene en la función muscular y ayuda a mantener una tensión arterial saludable	Productos de soja enriquecidos con calcio, verduras de hoja verde oscuro (excepto espinacas y acelgas), pescado con pequeñas espinas (como sardinas), tofu, almendras, semillas de sésamo (tahini también) y frutas desecadas
	Cromo	Mejora la actividad de la insulina en el cuerpo para mantener unos niveles normales de glucosa en la sangre	Brócoli, hígado, huevos, mariscos, frutos secos, semillas, ciruelas y alimentos integrales como arroz integral y quinoa
	Hierro	Se requiere para el crecimiento y el desarrollo adecuados, y es esencial para la producción de glóbulos rojos (previene la anemia por deficiencia de hierro)	Carne magra roja, hígado, huevos, lentejas, avena, frutas desecadas, kale, aguacates y hierbas y especias secas
	Magnesio	Se necesita para la salud ósea y ayuda al cuerpo a lidiar con el estrés. Se asocia a la salud muscular y del sistema nervioso	Verduras verde oscuro, anacardos, semillas de girasol y otras, fletán, carne, frutas desecadas, tomates, berenjenas y cebollas
	Potasio	Es necesario para la correcta función muscular y nerviosa. Disminuye la tensión arterial y alivia la fatiga y la irritabilidad	Aguacates, plátanos, frutas desecadas y todas las verduras (sobre todo acelgas y espinacas)
	Selenio	Antioxidante esencial para la salud del sistema inmunitario. También ayuda a regular la actividad de la hormona tiroidea	Nueces de Brasil, mariscos, salvado, tomates y brócoli (se encuentra en la mayoría de las frutas y hortalizas, dependiendo del suelo en que se cultiven)
	Zinc	Esencial para un sistema inmunitario fuerte. También interviene en el desarrollo sexual, la función del cerebro y el sistema nervioso; beneficioso para la salud de los hombres	Mariscos, carne roja magra, pavo, alimentos integrales como avena, arroz integral, trigo sarraceno y quinoa, huevos, anacardos, almendras, tahini, semillas de sésamo, lentejas, miso, semillas de calabaza, piñones

PLANES DEPURATIVOS

Aunque todavía falta mucho por conocer sobre cómo utiliza el cuerpo los alimentos y los nutrientes, los interesantes descubrimientos que las investigaciones en nutrición han revelado hasta el momento han ayudado a mejorar nuestra salud y la calidad de los alimentos que comemos. Lo que sabemos con certeza es que la dieta es un factor clave (junto con un estilo de vida activo y saludable) para protegernos de las enfermedades y gozar de salud y bienestar óptimos.

Esta parte del libro incluye una serie de problemas de salud corrientes y expone los resultados derivados de las investigaciones sobre los alimentos que pueden contribuir a mejorarlos. Aunque los nutrientes no funcionan de manera aislada, consumir ciertos alimentos —y en consecuencia los compuestos que contienen— puede ser beneficioso, gracias a su efecto en procesos relacionados, por ejemplo, con el sistema inmunitario y el equilibrio hormonal, así como con la disponibilidad de nutrientes en las células del cuerpo. Los distintos problemas de salud se relacionan con nuestras recetas de cocina depurativa, donde se especifican los nutrientes para los que se consideran una rica fuente, además de los trastornos o problemas de salud en los que pueden aportar beneficios.

Es importante comprender que ningún alimento ni pastilla te va a curar milagrosamente de una enfermedad ni a librarte de repente de los daños causados durante años por un estilo de vida poco saludable. Sin embargo, adoptando una estrategia realista en tu forma de comer (a nosotros nos gusta la regla 80/20; véase la página 9), notarás una gran mejoría en cómo te sientes y empezarás a revertir el daño y a cultivar tu salud a largo plazo. Si sigues los principios de nuestra cocina depurativa, adquirirás una perspectiva nueva de lo que significa una alimentación sana.

En cada uno de los apartados siguientes encontrarás un plan depurativo con algunos de los platos que han destacado por ser útiles para ese problema de salud en particular. Estas recetas son ricas en algunos de los nutrientes clave que pueden ser beneficiosos.

En la página siguiente se muestran dos planes depurativos de tres días. Son bajos en calorías y no están pensados para ser mantenidos a largo plazo, pero son una buena manera de preceder cualquiera de nuestros planes depurativos de una semana que se adapte a tus necesidades.

Cuando realices estos planes depurativos y todos los que se presentan en las páginas siguientes, bebe té de menta fresca después de las comidas e infusiones de hierbas durante todo el día, para mantenerte hidratado y ayudar a la digestión.

PLAN PARA ACTIVAR LA DEPURACIÓN

	PRIMER DÍA	SEGUNDO DÍA	TERCER DÍA
Desayuno	Pastelitos de cereales con goji y anacardos (pág. 80)	Huevos al horno con espinacas y tomate (pág. 38)	Chía con leche y coulis de mora y lima (pág. 35)
Zumo	Zumo de zanahoria, remolacha, manzana y apio (pág. 57)	Batido de coco, piña y chía (pág. 52)	Batido de frambuesas, arándanos y agua de coco (pág. 49)
Comida	Ensalada de aguacate y quinoa (pág. 147)	Judiones con tomates cherry y salsa verde (pág. 160)	Berenjenas al horno con granada (pág. 121)
Merienda	Ensalada de edamame y semillas (pág. 73)	Hummus de remolacha con crudités (pág. 65)	Barritas de cereales con pistachos (pág. 79)
Cena	Rollitos de col rellenos de pollo (pág. 208)	Salmón al horno con jengibre (pág. 238) con cintas de pepino y zanahoria (pág. 105)	Hamburguesas de pavo con ensalada de col (pág. 214)
Tentempié dulce	Pan de plátanos (pág. 255)	Coquitos (pág. 263)	Mouse de cacao, jengibre y aguacate (pág. 276)

DEPURACIÓN A BASE DE «VERDES»

	PRIMER DÍA	SEGUNDO DÍA	TERCER DÍA
Desayuno	Chía con leche y coulis de mora y lima (pág. 35)	Bircher muesli con manzana, arándanos y canela (pág. 28)	Aguacate con frutos secos y semillas (pág. 36)
Zumo	Batido de coco, piña y chía (pág. 52)	Batido de coco, piña y chía (pág. 52)	Zumo de zanahoria, remolacha, manzana y apio (pág. 57)
Tentempié a media mañana	Cintas de pepino y zanahoria (pág. 105)	Ensalada de col, manzana y estragón (pág. 104)	Ensalada de rábano, pepino y eneldo (pág. 102)
Comida	Ensalada de guisantes frescos y calabacín crudo (pág. 98)	Calabacines rellenos de remolacha y chalotas (pág. 118)	Ensalada guisantes y calabacín crudo (pág. 98)
Merienda con zumo	Ensalada de edamame y semillas (pág. 73) con zumo de zanahoria, remolacha, manzana y apio (pág. 57)	Chips de kale con anacardos y pimentón (pág. 74) con batido de coco, piña y chía (pág. 52)	Paté de brócoli y anacardos (pág. 63)
Cena	Calabacín y espárragos a la plancha con pesto de rúcula (pág. 112)	Curry verde tailandés (pág. 137)	Crema de berros con pavo (pág. 93)

CORAZÓN

El término «enfermedades cardiovasculares» se utiliza para describir un grupo de enfermedades que afectan a las arterias, entre ellas la enfermedad cardíaca y el accidente cerebrovascular. Como grupo, es la principal causa de muerte prematura en muchos países, a pesar de que se puede prevenir en gran medida mediante cambios simples en el estilo de vida, como seguir una dieta sana, mantener un peso corporal saludable y hacer ejercicio regularmente. Tres de los factores de riesgo más comunes de las enfermedades cardiovasculares que se pueden atribuir a la dieta son el colesterol alto, la tensión arterial alta y la diabetes tipo 2. El riesgo de desarrollar estas afecciones puede reducirse tomando decisiones adecuadas en cuanto a la alimentación, adoptando una dieta que sustituya las grasas no saludables por grasas sanas, reduciendo los carbohidratos refinados (como el azúcar) e incluyendo abundantes alimentos vegetales ricos en fibra así como proteínas magras.

El mito de los alimentos bajos en grasa Durante mucho tiempo se creía que una dieta baja en grasas ayudaría a perder peso y a evitar las enfermedades cardíacas, así como otras dolencias crónicas. Sin embargo, a la vez que esto se pregonaba como la manera en que debíamos comer, la gente seguía ganando peso y los enfermos aumentaban. Los fabricantes de alimentos han estado produciendo alimentos bajos en grasa o prácticamente sin grasa para ayudarnos

PLAN DEPURATIVO PARA LA SALUD CARDÍACA

	PRIMER DÍA	SEGUNDO DÍA	TERCER DÍA
Desayuno con zumo	Bircher muesli con manzana, arándanos y canela (pág. 26) con zumo de zanahoria, remolacha, manzana y apio (pág. 57)	Bircher muesli con remolacha y manzana (pág. 25) con batido de frambuesas, arándanos y agua de coco (pág. 49)	Bircher muesli con manzana, arándanos y canela (pág. 26)
Tentempié a media mañana	Ensalada de edamame y semillas (pág. 73)	Almendras (30 g)	Guacamole (pág. 59) con crudités
Comida	Cebada perlada con melón cantaloupe (pág. 151)	Crema de berros con pavo (pág. 93)	Judiones con tomates cherry y salsa verde (pág. 160)
Merienda	Arándanos azules (80 g)	Hummus de remolacha con crudités (pág. 65)	Batido de chocolate (pág. 53)
Cena	Espaguetis de calabacín (pág. 127) con gambas	Pollo tandoori con ensalada de piña (pág. 201)	Pavo al curry con anacardos (pág. 212)

a adoptar esta dieta, pero a expensas de añadir grandes cantidades de sal, azúcar y cereales refinados.

Parece ser que lo que tiene relación con el aumento de peso y la enfermedad no es la cantidad total de grasa en la dieta, sino el tipo de grasa (como grasas saturadas y trans; véase la página 293) y el total de calorías consumidas. En una dieta baja en grasas puedes correr el riesgo de no tomar suficientes grasas saludables, que se ha demostrado tienen un efecto protector sobre la salud, incluida la del corazón.

Otro defecto de una dieta baja en grasas es que cuando las personas dejan de comer tanta grasa, a menudo lo compensan con carbohidratos que se digieren rápidamente (como el azúcar refinado, la pasta blanca y el pan blanco), que provocan subidas rápidas de la concentración de insulina, lo que puede estimular la acumulación de grasa y, según las investigaciones recientes, del colesterol «malo» (véase la página 304). Con el tiempo, el consumo excesivo de estos tipos de alimentos ricos en carbohidratos puede aumentar el riesgo de enfermedad cardíaca y de diabetes tanto (si no más) como comer demasiada grasa saturada.

Por ello, ahora estamos empezando a comprender que una dieta rica en grasas saturadas no es la única responsable de las enfermedades cardíacas, y que las grasas trans y los carbohidratos refinados, como los azúcares, pueden ser igualmente perjudiciales.

CUARTO DÍA	QUINTO DÍA	SEXTO DÍA	SÉPTIMO DÍA
Bircher muesli con manzana, arándanos y canela (pág. 26) con zumo de zanahoria, remolacha, manzana y apio (pág. 57)	Copa de mango con granada (pág. 33) con zumo de zanahoria, remolacha, manzana y apio (pág. 57)	Huevos al horno con espinacas y tomate (pág. 38) con batido de frambuesas, arándanos y agua de coco (pág. 49)	Chía con leche y coulis de mora y lima (pág. 35) con zumo de zanahoria, remolacha, manzana y apio (pág. 57)
Almendras (30 g)	Barritas de cereales con pistachos (pág. 79)	Almendras (30 g)	Pastelitos de cereales con goji y anacardos (pág. 80)
Crema de calabaza, coco y guindilla (pág. 87)	Ensalada de kale, brócoli, chalotas y chile (pág. 108)	Caballa al horno y arroz con jengibre y azafrán (pág. 253)	Ensalada de aguacate y quinoa (pág. 147)
Hummus con rábanos y coliflor (pág. 66)	Hummus de remolacha (pág. 65) con crudités	Pasta de aguacates y habas con tortitas de arroz integral (pág. 60)	Ensalada de edamame y semillas (pág. 73)
Salmón con ensalada de judías verdes, naranja y avellanas (pág. 235)	Potaje de legumbres a la mexicana (pág. 139)	Curry verde tailandés (pág. 137)	Curry de calabaza y tofu al horno (pág. 135)

① COLESTEROL ALTO

El colesterol es una sustancia grasa que en el cuerpo sintetiza el hígado. Pese a su mala fama, es esencial para el funcionamiento normal de diversos procesos, como la producción de hormonas sexuales (testosterona y estrógenos), hormonas esteroides (como el cortisol) que participan en la regulación del azúcar en la sangre, y la vitamina D. Ahora sabemos que el colesterol que se encuentra de forma natural en los alimentos no aumenta el colesterol en la sangre (si comes más, el cuerpo mantiene el equilibrio produciendo menos y viceversa).

El hígado produce, acumula y distribuye el colesterol por el cuerpo en la manera y el momento en que sea necesario (p. ej., para producir hormonas). A menudo la gente se sorprende al saber que el cuerpo fabrica colesterol. Aunque vivieras solo a base de ensaladas y otros alimentos bajos en grasa, seguirías produciendo colesterol, pues es esencial para el buen funcionamiento del cuerpo.

El colesterol viaja por el cuerpo en forma de lipoproteínas (compuestas por grasas y proteínas). Hay dos tipos de lipoproteínas, según la proporción de grasa respecto a proteína: las que contienen más grasa que proteína se llaman lipoproteínas de baja densidad (más conocidas como LDL, por sus siglas en inglés) y las que tienen menos grasa que proteína, lipoproteínas de alta densidad (más conocidas como HDL, por sus siglas en inglés).

La mayoría del colesterol del cuerpo es LDL, que es transportado desde el hígado a otras zonas. La teoría tradicional es que si tienes demasiado colesterol de LDL en el torrente sanguíneo, puede depositarse en las arterias, provocando obstrucciones, que aumentan el riesgo de infarto y de accidente cerebrovascular.

El colesterol de HDL viaja por el cuerpo «engullendo» el exceso de colesterol de LDL de células y tejidos, y luego lo lleva de nuevo al hígado, donde el colesterol se reutiliza o se convierte en sales biliares (que ayudan a digerir la grasa en los alimentos). Se cree que esto protege el corazón, al reducir el colesterol de LDL en la sangre.

Para simplificar, suele hablarse del colesterol según su función. Como el exceso de colesterol de LDL puede causar daño, se habla de «colesterol malo», mientras que al colesterol de HDL se le llama «bueno».

Grasas que deben evitarse Un consumo excesivo de grasas saturadas provocará un aumento del colesterol de LDL, así como de la cantidad de grasas en la sangre. Estas grasas, llamadas triglicéridos, se acumulan en todo el cuerpo como almacén de energía (en un bistec crudo, las vetas blancas de grasa son los triglicéridos). La concentración de triglicéridos en la sangre es otro marcador para identificar el riesgo de sufrir enfermedades cardíacas. Estas grasas también se han asociado a un mayor riesgo de diabetes y de hígado graso. Si controlas la cantidad de grasa (y de carbohidratos refinados) en tu dieta, podrás ayudar a reducir

ALIMENTOS BENEFICIOSOS

Manzanas

Aguacates

Calabaza

Aceite de chía

Judías edamame

Aceite de oliva virgen extra

Aceite de lino

Alimentos enriquecidos con fitoesteroles (véase pág. 306)

Ajo

Jengibre

Uvas

Miso

Frutos secos (nueces, nueces de Brasil)

Salvado de avena

Avena

Cebolla

Peras

Quinoa

Aceite de colza

Cacao crudo

Salmón

Sardinas

Semillas (calabaza, girasol)

Boniatos

Tamari

Tofu

Atún

REDUCIR

Alimentos procesados

Carbohidratos refinados (como el azúcar)

Encontrarás una lista de recetas que pueden ser beneficiosas para el colesterol alto en el índice de la página 397.

la cantidad de triglicéridos en la sangre. Debido a esta asociación, las recomendaciones dietéticas sobre el colesterol se suelen centrar en reducir la ingesta de grasas. Uno de los peores tipos de grasa son las grasas trans, que incrementan el colesterol «malo» y los triglicéridos, y reducen el «bueno», y esta proporción de las grasas se considera la más perjudicial para la salud. Las grasas trans se fabrican artificialmente cuando las grasas vegetales se «hidrogenan» (pasan de ser líquidas a ser sólidas). Solían encontrarse en las margarinas (véase la página 293), y se siguen utilizando en algunos productos de bollería, patatas fritas y grasas para freír. Es aconsejable revisar las etiquetas de los alimentos para evitar el consumo de grasas trans.

No todo el colesterol «malo» es igual. Una dieta rica en grasas saturadas aumenta el colesterol de LDL, pero se ha cuestionado si esto supone un riesgo tan grande como tradicionalmente se pensaba de sufrir enfermedades cardíacas. Las investigaciones actuales han encontrado que no todo el colesterol de LDL es igual. Existe una clase de LDL en forma de partículas grandes y «flotantes» que se cree que es benigno y provoca poco daño a las arterias. Este tipo se incrementa al consumir grasas saturadas. Al reducir la grasa saturada en la dieta, se reduce este tipo de colesterol, y la pregunta es si esto es realmente conveniente. Cuando se reducen las grasas saturadas, se reduce también el colesterol de HDL, y también se alega que esto podría no ser conveniente.

La misma teoría destaca los efectos de otra clase de colesterol de LDL, que se forma a partir del consumo excesivo de carbohidratos refinados (como el azúcar y los productos de trigo refinados), y que puede tener un efecto más negativo sobre la salud del corazón. Se cree que este colesterol de LDL, más denso y pequeño, es perjudicial, pues debido a su tamaño puede penetrar en los vasos sanguíneos más fácilmente, y es mucho más susceptible de ser oxidado (debido al daño de los radicales libres; véase la página 291). La oxidación es favorecida en presencia de un exceso de omega 6 (proveniente de los llamados «aceites vegetales» y alimentos fritos en estos aceites) y de grasas trans, así como por estilo de vida poco sano (como fumar y no hacer ejercicio). El colesterol de LDL entra entonces en las arterias y provoca inflamación y daño en la pared arterial, lo que da lugar a la formación de placas de grasa (aterosclerosis) e incrementa el riesgo de enfermedades cardíacas.

Por tanto, comer alimentos ricos en grasas saturadas, como las carnes grasas, mantequilla y otros productos lácteos ricos en grasa, podría no ser perjudicial para tu salud. Sin embargo, vale la pena recordar que los alimentos procesados con un gran contenido de grasas saturadas contienen también abundante azúcar y sal, que, en exceso, son malos para la salud.

Reducir el colesterol alto Las dos teorías explicadas anteriormente pueden parecer un poco contradictorias. Pero vale la pena recordar que esto es solo un factor de riesgo y otros factores relacionados con el estilo de vida, como el tabaco, pueden tener mayor influencia en la salud del corazón. Así que vamos a resumirlo de manera simple. Si te preocupa tu nivel de colesterol, te aconsejo lo siguiente:

- Continúa controlando las grasas saturadas que consumes suprimiendo los alimentos procesados de tu dieta.
- Elige carbohidratos de cereales integrales en vez de carbohidratos refinados «blancos» y evita los azúcares refinados siempre que sea posible.
- Consume grasas saludables: aceites vírgenes extras de oliva o de colza y otros alimentos como pescado azul rico en omega 3, frutos secos, aguacates y semillas, restringiendo al mismo tiempo los llamados «aceites vegetales» y alimentos procesados ricos en ácidos grasos omega 6.
- Incluye en tu dieta abundantes frutas y verduras para consumir suficientes antioxidantes que ayuden a proteger tu salud.

Además de consumir el tipo adecuado de grasas, los alimentos que tomes pueden ser útiles para reducir el colesterol. Se ha demostrado que los denominados «alimentos funcionales», como margarinas, yogures y bebidas que contienen **fitoesteroles**, reducen los niveles de colesterol hasta en un 10 %. También podrías incluir alimentos naturalmente ricos en fitoesteroles, como aguacate, almendras, cilantro fresco, cacao crudo, semillas de calabaza y aceite de oliva, que contienen betasitosterol (que ayuda a reducir el colesterol).

Los alimentos ricos en **fibra soluble**, como las lentejas, cereales integrales y frutos secos (betaglucano), así como semillas, otras legumbres y determinadas frutas con un alto contenido de pectina (manzanas, peras y uvas), también pueden ayudar a disminuir los niveles de colesterol, al unirse a él en el tubo digestivo y arrastrarlo a través del intestino. Procura tomar de dos a tres porciones de estos alimentos por día; por ejemplo, avena para desayunar, unas uvas a media mañana y un plato a base de legumbres para comer. También deberías comer muchas frutas y verduras, y recordar tomar suficiente agua cuando aumentes el consumo de fibra.

Las investigaciones sobre la llamada «dieta portafolio» para reducir el colesterol han revelado los efectos positivos de los alimentos a base de soja, debido a los compuestos conocidos como **isoflavonas de soja**. Para beneficiarte de ellos, intenta incluir en tu dieta algunos alimentos de soja, como judías edamame, tofu, miso y salsa tamari. Sin embargo, una ingesta diaria muy alta de isoflavonas de soja puede no ser adecuada para los hombres ni para las mujeres premenopáusicas que producen niveles adecuados de estrógenos.

La dieta portafolio también recomienda tomar 30 g de almendras diarios, que inhiben la producción de colesterol de LDL («malo») y proporcionan otras grasas beneficiosas para el corazón (monoinsaturadas), además de una dosis elevada de vitamina E.

② TENSIÓN ARTERIAL ALTA

A menudo se describe la tensión arterial alta como el «asesino silencioso», porque puede no provocar síntomas, pero incrementa el riesgo de infarto o de ictus, debido al estrechamiento de los vasos sanguíneos. La tensión arterial alta puede ser hereditaria, pero ciertos factores del estilo de vida, como fumar, beber alcohol, el sobrepeso o una dieta inadecuada pueden hacer que el riesgo aumente.

Una cuestión clave que puedes cambiar en tu dieta es reducir el consumo de sal a no más de 6 gramos por día (lee la información de los envases). También es importante que tomes suficiente **potasio** a través de frutas, verduras y otros alimentos como las lentejas, otra razón para tomar las cinco porciones diarias (como mínimo) de frutas y verduras recomendadas. El **calcio** y el **magnesio** participan también en la regulación de la tensión arterial, por lo que si comes alimentos como verduras de hoja verde oscuro, semillas, productos de soja y fruta desecada tendrás la seguridad de estar consumiendo cantidades adecuadas de estos minerales.

Los estudios científicos han demostrado que la proteína de soja (que contiene **fitoestrógenos** e isoflavonas de soja) puede ayudar a disminuir la tensión arterial, por lo que incluir algunos alimentos de soja en tu dieta puede ser beneficioso. Actualmente se está investigando el efecto de la remolacha sobre la tensión arterial, pues se cree que los nitratos de los vegetales aumentan el óxido nítrico en el cuerpo, que ayuda a ensanchar los vasos sanguíneos y a reducir la tensión arterial.

ALIMENTOS BENEFICIOSOS

Almendras

Espárragos

Plátanos

Remolacha

Brócoli

Coles de Bruselas

Chile

Pepino

Fruta desecada

Judías edamame

Hinojo

Semillas de lino

Ajo

Uvas

Judías verdes

Kale

Lentejas miso

Naranjas

Espinacas

Semillas (calabaza, girasol)

Acelgas tamari

Tofu

Tomates

REDUCIR

Alcohol

Cafeína

Sal

Encontrarás una lista de recetas que pueden ser beneficiosas para la tensión alta en el índice de la página 405.

③ DIABETES TIPO 2

En todo el mundo la diabetes tipo 2 es la enfermedad crónica más común. En el Reino Unido se han diagnosticado casi tres millones de casos de diabetes, de los cuales el 90 % es de tipo 2. La diabetes es más frecuente después de los 40 años, y el riesgo es mayor en personas que proceden de Asia del sur, en quienes puede aparecer a partir de los 25 años. Suele atribuirse al sobrepeso y supone un riesgo mayor de enfermedad cardíaca, y por esta razón se ha incluido en el capítulo dedicado al corazón.

La diabetes afecta a la regulación del nivel de azúcar en la sangre. Una hormona llamada insulina, que transporta la glucosa al interior de las células, controla este proceso. En personas con diabetes tipo 1, el cuerpo no produce insulina, por lo que necesitan inyecciones diarias. En el caso de la diabetes tipo 2, el cuerpo produce una cantidad de insulina insuficiente o se ha vuelto resistente a la misma. En ambos casos, la glucosa se acumula en la sangre, y esto se utiliza como un indicador de la enfermedad.

Es esencial regular el nivel de azúcar en la sangre, pues todos los tejidos del cuerpo humano requieren un suministro constante de glucosa. Esto significa que la diabetes puede afectar a todos los órganos y dar lugar a problemas de salud, entre ellos un mayor riesgo de enfermedades del corazón, además de problemas renales, visión reducida, neuropatías y alteraciones del sistema inmunitario. Algunas personas con diabetes mal controlada pierden peso porque el transporte de glucosa a las células para obtener energía es insuficiente, por lo que el cuerpo debe usar grasa y proteína (con la consiguiente pérdida de masa muscular, un síntoma de la enfermedad).

El diagnóstico de diabetes Se ha demostrado que un tercio de la población de Inglaterra tiene prediabetes (un término usado para describir un nivel de glucosa en sangre superior a lo normal, pero no tan alto como para considerarse diabetes), lo que representa un mayor riesgo de desarrollar diabetes tipo 2. Muchas personas no son conscientes de que tienen prediabetes, pero esta puede revertirse mediante cambios de estilo de vida, perder peso y mantener un peso corporal saludable, hacer ejercicio regularmente y no fumar.

No todas las personas con sobrepeso desarrollan diabetes tipo 2, pero sí parece que el 85 % de los que la desarrollan pesan más de lo que deberían. La grasa abdominal (en la zona media del cuerpo) se asocia con la resistencia a la insulina (una disminución de la respuesta a la insulina), por lo que el tamaño de la cintura es un buen indicador de riesgo: este aumenta partir de los 94 cm en los hombres y de los 80 cm en las mujeres.

Los síntomas de la diabetes tipo 2 incluyen:

- Necesidad de orinar con frecuencia.
- Tener mucha sed y beber mucho
- Cansancio y más sueño de lo normal

ALIMENTOS BENEFICIOSOS

Manzanas

Berenjenas

Plátanos

Brócoli

Arroz integral

Aceite de chía

Pollo

Canela

Huevos

Aceite de oliva virgen extra

Aceite de lino

Fletán

Aceite de cáñamo

Kale

Lentejas

Frutos secos (anacardos, nueces)

Cebolla

Quinoa

Salmón

Espinacas

Col de primavera

Semillas (calabaza, girasol)

Maíz

Boniatos

Acelgas

Tomates

Trucha

Extracto de levadura

REDUCIR

Alimentos ricos en grasas saturadas, grasas trans y carbohidratos refinados (como el azúcar)

Encontrarás una lista de recetas que pueden ser beneficiosas para la diabetes tipo 2 en el índice de la página 399.

- Perder peso sin motivo aparente
- Visión borrosa
- Dificultad para curar las heridas

Cómo reducir el riesgo Mantener un peso corporal saludable y seguir una dieta sana y equilibrada es la mejor manera de reducir el riesgo de desarrollar diabetes tipo 2. Con solo perder entre un 5 y un 10 % del peso se puede reducir el riesgo hasta en un 60 %. Si ya tienes prediabetes o diabetes tipo 2, puedes mejorar tu estado siguiendo los mismos principios básicos de una dieta sana y equilibrada.

- Elige alimentos con baja carga glucémica (CG; véase la página 290), que contengan carbohidratos complejos ricos en fibra; los alimentos con un alto contenido en carbohidratos provocarán oscilaciones bruscas en tu nivel de azúcar y crearán estrés en el mecanismo de regulación. Los alimentos ricos en fibra también te ayudarán a controlar el peso.
- Como los diabéticos tienen un mayor riesgo de sufrir enfermedades cardíacas, reduce los alimentos ricos en grasas saturadas y grasas trans (para equilibrar los niveles de colesterol), así como aquellos con un alto contenido de sal (para reducir el riesgo de tensión arterial alta), y toma más grasas saludables (monoinsaturadas y omega 3), que pueden ayudar a reducir la inflamación y proteger el corazón.
- El magnesio, el zinc y la vitamina B3 intervienen también en el control del azúcar en la sangre. Por lo tanto, incluye en tu dieta alimentos como cereales integrales, frutos secos, verduras de color verde oscuro, mariscos y legumbres.
- El mineral cromo, que se encuentra en pequeñas cantidades en las aves, alimentos integrales y algunas frutas y verduras (el brócoli es la mayor fuente), también tiene un papel muy importante en el control de azúcar en la sangre; su deficiencia se ha asociado con una reducción de la tolerancia a la glucosa
- Hay algunos datos que indican que la canela puede ayudar a regular los niveles de azúcar en la sangre, por lo que podrías tratar de añadirla a tu dieta diaria espolvoreando con ella tus cereales, la fruta fresca o las bebidas calientes.

HUESOS

Es esencial que en la infancia y la juventud (hasta los 20 años) se consuman suficientes alimentos ricos en calcio, pues esa es la edad en la que se alcanza la máxima cantidad de masa ósea. Pasada esta etapa, ya no se puede mejorar la masa ósea, pero puedes ayudar a mantener fuertes los huesos recibiendo abundante vitamina D y consumiendo alimentos ricos en **calcio** (de dos a tres porciones diarias). La vitamina D en suficiente cantidad es básica para que el cuerpo pueda absorber el calcio.

A pesar de que los huesos se renuevan constantemente (recambio óseo), después de los 35 años empezamos a perder más hueso del que ganamos, porque ciertas células degradan el calcio y lo depositan en el torrente sanguíneo. Dos importantes problemas de salud ósea y articular, especialmente a medida que envejecemos, son la osteoporosis y la artritis.

Vitamina D Hay dos formas de vitamina D, según se obtenga de los alimentos (D2) o de la luz del sol (D3). Cuando la piel está expuesta a la luz solar, el cuerpo puede fabricar su propia vitamina D (esto solo ocurre con esta vitamina). El cuerpo convierte la vitamina D en una hormona, la vitamina D activada o calcitriol, que regula el nivel de calcio y de fósforo del cuerpo, e interviene en la mineralización de los

PLAN DEPURATIVO PARA LA SALUD ÓSEA

	PRIMER DÍA	SEGUNDO DÍA	TERCER DÍA
Desayuno	Bircher muesli con manzana, arándanos y canela (pág. 26)	Pastelitos de cereales con goji y anacardos (pág. 80)	Granola con piña y fresas (pág. 30)
Zumo	Zumo de zanahoria, remolacha, manzana y apio (pág. 57)	Lassi de fresa y mango (pág. 55)	Zumo de zanahoria, remolacha, manzana y apio (pág. 57)
Tentempié a media mañana	Anacardos (30 g)	Ensalada de edamame y semillas (pág. 73)	Frambuesas (80 g)
Comida	Ensalada de pollo y quinoa (pág. 205)	Hamburguesas de quinoa, coliflor y pistachos (pág. 173)	Sopa de pak choi y jengibre con arroz (pág. 83)
Merienda	Salsa de pepino, menta y yogur (pág. 70) con crackers de semillas (pág. 77)	Frutos secos picantes (pág. 76)	Salsa de pepino, menta y yogur (pág. 70) con crudités
Cena	Espaguetis de calabacín con pesto de tomate (pág. 127)	Caballa al horno y arroz con jengibre y azafrán (pág. 253)	Potaje de legumbres a la mexicana (pág. 139)

huesos (proceso de formación de nuevo hueso cuando el calcio se deposita en el tejido óseo).

La mayor parte de la vitamina D que obtenemos proviene del sol y solo un 20 por ciento de los alimentos. Muy pocos alimentos la contienen, entre ellos el pescado azul (los de piscifactoría mucho menos que los salvajes), los huevos y las setas shiitake (también setas expuestas a la luz UV después de cosechadas) y alimentos enriquecidos con vitamina D.

En el RU solo absorbemos vitamina D entre los meses de abril y septiembre, y lo que almacenamos en el cuerpo desaparece a las 4-6 semanas, si no se repone. (En verano bastan 15 minutos por día para absorber vitamina D para su uso y reserva.)

Según muestran los estudios, el 40 % de la gente tiene niveles bajos de vitamina D en invierno. Aunque no se ha demostrado del todo, parece que su deficiencia se asocia al desarrollo de esclerosis múltiple, diabetes y baja resistencia a infecciones de vías respiratorias inferiores (así como raquitismo en niños). Si no recibes luz solar ni comes alimentos con vitamina D, podrías considerar tomar 10 µg de vitamina D como suplemento (también se recomienda en mujeres embarazadas o que estén amamantando, y en mayores de 65 años).

CUARTO DÍA	QUINTO DÍA	SEXTO DÍA	SÉPTIMO DÍA
Bircher muesli con remolacha y manzana (pág. 25)	Chía con leche y coulis de mora y lima (pág. 35)	Huevos escalfados y tortitas de boniato (pág. 39)	Aguacate con frutos secos y semillas (pág. 36)
Batido de coco, piña y chía (pág. 52)	Zumo de zanahoria, remolacha, manzana y apio (pág. 57)	Lassi de fresa y mango (pág. 55)	Batido de coco, piña y chía (pág. 52)
Frutos secos picantes (pág. 76)	Ensalada de edamame y semillas (pág. 73)	Pastelitos de cereales con goji y anacardos (pág. 80)	Ensalada de edamame y semillas (pág. 73)
Ensalada de crudités con jengibre (pág. 107)	Potaje de judiones y calabaza (pág. 138)	Ensalada de kale, brócoli, chalotas y chile (pág. 108)	Pollo estilo cajún con salsa de mango y ensalada de aguacate (pág. 202)
Pastelitos de cereales con goji y anacardos (pág. 80)	Batido de chocolate (pág. 53)	Salsa de pepino, menta y yogur (pág. 70) con crudités	Arándanos azules (80 g)
Pescado al curry estilo kerala (pág. 243)	Curry massaman de boniato y pavo (pág. 213)	Fletán con garbanzos estofados y pesto (pág. 242)	Crema de calabaza, coco y guindilla (pág. 87)

① OSTEOPOROSIS

Esta afección se produce cuando los huesos se debilitan y se vuelven porosos debido a la degradación del calcio, lo que los hace más susceptibles a las fracturas. Las mujeres posmenopáusicas son especialmente vulnerables, pues un factor clave que contribuye a la osteoporosis es la falta de estrógenos.

Aunque en los hombres no es tan común, ellos también pueden sufrirla debido a factores como antecedentes familiares, tomar medicamentos esteroideos, falta de ejercicio, fumar o beber demasiado alcohol, o por tener unos niveles bajos de testosterona. El problema se agrava cuando se combina la falta de vitamina D y de calcio.

La osteoporosis no es algo inevitable al envejecer y, aunque es incurable, es posible reducir el riesgo o retrasar su progresión.

Micronutrientes para los huesos   Evidentemente el **calcio** es esencial para la salud ósea, y se pueden mantener unos niveles adecuados del mismo tomando cada día de dos a tres raciones de alimentos ricos en él. Las fuentes de calcio distintas de los lácteos incluyen leche de arroz enriquecida, verduras de hoja verde oscuro, tahini, legumbres, perejil y almendras. La ingesta de calcio debe acompañarse de un consumo adecuado de vitamina D (véase la página 310).

Se ha demostrado que la **vitamina K** también ayuda a mantener la densidad ósea. Esta vitamina liposoluble es producida en parte por las bacterias del intestino, lo cual es una buena razón para mantener una buena salud intestinal (véase *Digestión*, página 316). Las fuentes de vitamina K entre los alimentos incluyen las verduras de hoja verde oscuro y los huevos.

Los alimentos de soja contienen **fitoestrógenos** (estrógeno vegetal similar al producido en el cuerpo) llamados isoflavonas. Estos se unen a los receptores de estrógeno del cuerpo e imitan su efecto (aunque su acción es mucho más débil que la de este). Las isoflavonas de soja pueden ayudar a preservar la masa ósea en las mujeres durante la perimenopausia y la menopausia (véase *Menopausia*, página 372). Una desventaja es que una alta ingesta de soja puede afectar la absorción del calcio, magnesio, zinc y hierro. Sin embargo, unas pocas raciones de soja al día no causarán ningún un problema. Las judías edamame o la sopa de miso son formas fáciles de introducir la soja en la dieta.

Si tu masa ósea es baja y tienes osteoporosis (o riesgo de sufrirla), vale la pena reducir los alimentos que inhiben la absorción o aumentan la eliminación del calcio. Esto incluye el exceso de sal y cafeína. Una dieta muy rica en proteínas también puede afectar los niveles de calcio, ya que el exceso de sulfato favorece la pérdida del calcio en la orina. Los alimentos ricos en oxalatos (como espinacas, acelgas y remolacha) y fitatos (como el salvado crudo, algunos frutos secos y alubias) también pueden reducir la absorción de calcio. Para potenciar la absorción de este, intenta no mezclar estos alimentos con otros ricos en calcio.

ALIMENTOS BENEFICIOSOS

Espárragos
Aguacates
Brócoli
Pollo
Higos secos
Hierbas secas y especias
Judías edamame
Huevos
Fletán
Kale
Miso
Frutos secos (almendras, anacardos)
Naranjas
Perejil
Guisantes
Uvas pasas
Cacao crudo
Salmón
Espinacas
Col de primavera
Semillas (calabaza, girasol)
Tahini
Tamari
Tofu
Tomates
Trucha
Atún
Pavo

EVITAR

Remolacha
Cola light
Salvado crudo
Ruibarbo
Espinacas
Acelgas

Encontrarás una lista de recetas que pueden ser beneficiosas para la osteoporosis en la página 404.

El **magnesio** y el **fósforo** son también esenciales para los huesos. El magnesio se encuentra en las verduras de hoja verde oscuro, semillas, frutos secos (sobre todo anacardos), frutas desecadas, cacao y algunos pescados blancos. Las fuentes ricas en fósforo son el pescado azul, las aves, frutos secos, semillas y productos de soja. Los refrescos *light*, especialmente la cola, favorecen la pérdida de hueso, pues el ácido fosfórico que contienen aumenta la relación fósforo/calcio y estimula una hormona que hace que se elimine el calcio del hueso (esto es importante sobre todo en chicas adolescentes, que a menudo evitan la leche y siguen dietas restrictivas).

CONSEJOS PARA UNA SALUD ÓSEA EXCELENTE

En la mitad de la veintena, cuando el esqueleto llega a su madurez, se alcanza la masa ósea máxima (un proceso muy influenciado por la dieta). Después continúa el recambio óseo, pero se va perdiendo algo más de lo que se gana. La debilidad ósea incrementa el riesgo de osteoporosis más adelante. Algunos factores son inevitables o difíciles de controlar, como los antecedentes familiares, la edad, la enfermedad o el consumo de ciertos medicamentos. Sin embargo, las siguientes recomendaciones pueden ayudarte a favorecer la salud ósea:

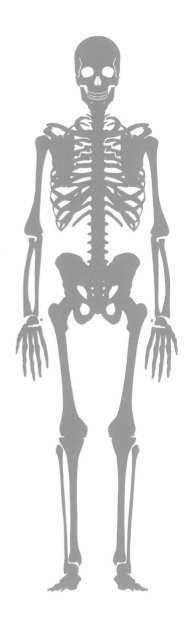

Toma diariamente leche vegetal enriquecida, tofu, sésamo, almendras, higos secos, legumbres y verduras de hoja verde oscuro.

La vitamina D es esencial para tener huesos fuertes. Se obtiene sobre todo del sol, pero también está presente en cierta cantidad en el pescado azul, los huevos y los alimentos enriquecidos.

Come alimentos variados para añadir otros nutrientes necesarios para los huesos, como magnesio, fósforo y vitamina K.

Las dietas extremas limitan la ingesta de nutrientes; por ello, si quieres perder peso, sigue una dieta equilibrada.

Haz ejercicio que ayude a crear músculo y a mantener la fuerza, como correr, bailar, usar máquinas de bajo impacto o entrenar con pesas ligeras.

Aunque primero debes recurrir siempre a los alimentos, a veces pueden ser útiles los suplementos, como la vitamina D en invierno y el calcio para las mujeres durante la menopausia.

Deja de fumar.

Reduce la ingesta de alcohol a 3-4 unidades (hombres) y 2-3 unidades (mujeres) por día. Ejemplos: 25 ml de licor = 1 unidad; 175 ml de vino = 1,9; 1 jarra de 0,57 l de cerveza = 2 unidades)

② ARTRITIS

Hay dos tipos de artritis: artrosis y artritis reumatoide. Ambas se caracterizan por la inflamación de las articulaciones, rigidez y dolor. Mantener un peso corporal saludable mediante una dieta equilibrada es la forma más eficaz de lograr un cierto alivio.

Artrosis En esta dolencia, el cartílago que protege las articulaciones en los extremos de los huesos (para que estas se muevan con facilidad) se va deteriorando. Puede afectar a cualquier articulación del cuerpo, pero es más común en el cuello, rodillas, caderas y manos. Es una enfermedad degenerativa que no tiene cura. Sin embargo, hay maneras de retrasar su progresión, mejorar la función articular y aliviar el dolor, algunas relacionadas con la dieta. Para empezar, el peso corporal saludable aliviará la tensión en las articulaciones.

Aparte de la importancia del calcio y vitamina D, hay pocos datos de investigaciones sobre alimentos específicos que pueden ayudar a aliviar los síntomas asociados con la artrosis. Sin embargo, comer muchas frutas y verduras ricas en vitamina C puede ayudar a retrasar su progresión, debido al papel de esta vitamina en la producción de colágeno (una proteína que es el componente principal del cartílago de las articulaciones). Los alimentos ricos en vitamina C son los cítricos, frutos del bosque y verduras de hoja verde oscuro; comer al menos cinco porciones de frutas y verduras al día te proporcionará toda la vitamina C que necesitas.

Artritis reumatoide Esta enfermedad crónica, que sufren millones de personas, afecta al revestimiento de las articulaciones, lo que provoca una inflamación dolorosa (más comúnmente en las pequeñas articulaciones de las manos y pies). Puede dar lugar a la erosión de los huesos y conducir a la parálisis a medida que la articulación se deforma.

Se considera una enfermedad autoinmune, lo que significa que el sistema inmunitario ataca a los tejidos del propio cuerpo. Primero envía anticuerpos que se unen al revestimiento de la articulación. Esto a su vez hace que las células del sistema inmunitario localicen los anticuerpos y los ataquen, lo que produce inflamación (hinchazón y dolor) y grandes cantidades de radicales libres (véase la página 291). El daño causado por los radicales libres ocurre de manera subyacente al proceso inflamatorio en esta enfermedad.

La artritis reumatoide también puede afectar a otros órganos, como los pulmones, la piel y los vasos sanguíneos. Si tu dieta incluye una gran variedad de alimentos y un montón de frutas y verduras de colores brillantes, tendrás la seguridad de estar consumiendo cantidad de antioxidantes (como betacaroteno, vitamina C, selenio y otros fitonutrientes), que pueden «limpiar» el exceso de radicales y reducir el efecto inflamatorio.

ALIMENTOS BENEFICIOSOS

Frutos del bosque

Brócoli

Coles de Bruselas

Semillas y aceite de chía

Cítricos

Curry en polvo

Semillas y aceite de lino

Kale

Kiwi

Lechuga

Frutos secos (nueces, nueces de Brasil)

Pimientos

Granadas

Gambas

Legumbres

Quinoa

Aceite de colza

Salmón

Sardinas

Col de primavera

Tomates

Trucha

Atún

Cúrcuma

EVITAR

Ningún alimento concreto

Encontrarás una lista de recetas que pueden ser beneficiosas para la artritis reumatoide en la página 397.

Alimentos que pueden ayudar En las personas que sufren los dos tipos de artritis, es frecuente la anemia como un efecto secundario de diversos medicamentos para aliviar el dolor (que pueden provocar hemorragias y úlceras de estómago). Las personas con artritis reumatoide también son susceptibles de sufrir anemia por enfermedad crónica (este tipo de anemia no mejora con suplementos de hierro). En ambos casos es importante comer abundantes alimentos ricos en **hierro**, como carne (sobre todo roja), pescado azul, legumbres y verduras de color verde oscuro. Puedes ayudar a tu cuerpo a absorber el hierro de alimentos no cárnicos tomándolo con una fuente de vitamina C, como el zumo de naranja recién hecho.

La falta de **selenio** en la dieta es bastante común y los niveles bajos se han asociado con el empeoramiento de la artritis reumatoide. Si incluyes en tu dieta frutos secos (las nueces de Brasil son las más ricas), mariscos y muchas verduras, como tomates y brócoli, tendrás la seguridad de estar tomando suficiente selenio. El antioxidante llamado **betacriptoxantina**, que se encuentra en el pimiento rojo y la naranja, también se ha asociado con el retraso de la progresión de la artritis reumatoide.

Hay muchos datos convincentes de que comer muchos alimentos ricos en **ácidos grasos omega 3**, como pescado azul, puede ayudar a reducir la inflamación asociada con la artritis reumatoide. Algunos estudios han demostrado que las propiedades antiinflamatorias de estos ácidos grasos reducen la hinchazón y el dolor de las articulaciones. Intenta comer hasta cuatro raciones de pescado azul a la semana (un máximo de dos, si estás embarazada). Los vegetarianos, veganos y aquellos a quienes no les gusta el pescado azul pueden tomar aceites de semillas, semillas, frutos secos y muchas verduras de hoja verde oscuro, o un suplemento de omega 3.

También conviene equilibrar los ácidos grasos omega 3 y omega 6, pues estos últimos pueden aumentar la inflamación. Los omega 6 se encuentran principalmente en aceites vegetales como el de girasol y maíz, y suelen encontrarse en grandes cantidades en los productos procesados. Evita estos últimos y usa aceite de oliva o de colza virgen extra, que te ayudará a reducir la cantidad de ácidos grasos omega 6 de tu dieta (pero no elimines por completo los omega 6, porque también son importantes para determinadas funciones del cuerpo).

Ciertas especias como la cúrcuma pueden tener un efecto anti-inflamatorio gracias a unos compuestos conocidos como **curcuminoides**. Aunque no se ha demostrado definitivamente, vale la pena incluir la cúrcuma en la dieta añadiéndola a los currys, sopas, guisos, huevos revueltos e incluso batidos. Puedes probar a tomar una cucharadita al día y ver si te ayuda.

DIGESTIÓN

La palabra «digestión» describe el proceso por el cual los alimentos se descomponen en formas que pueden ser absorbidas en el torrente sanguíneo y luego transportadas a las células del cuerpo. Mantener un sistema digestivo saludable es una de las mejores maneras de fomentar la buena salud y el bienestar.

Se pueden tardar de 2 a 6 horas en digerir una comida y absorber totalmente sus nutrientes. Después pueden necesitarse entre 8 y 36 horas para que los desechos atraviesen el colon. Aunque el intestino puede sanarse a sí mismo y deshacerse de las sustancias nocivas, una dieta rica en alimentos procesados y refinados puede provocar problemas digestivos.

Todo lo que comemos influye en la digestión. Algunos alimentos ayudan al sistema digestivo, como aquellos ricos en fibra y los que

PLAN DEPURATIVO PARA LA SALUD DEL SISTEMA DIGESTIVO

	PRIMER DÍA	SEGUNDO DÍA	TERCER DÍA
Desayuno	Yogur de mango con orejones y plátano (pág. 29)	Bircher muesli con manzana, arándanos y canela (pág. 28)	Granola de coco y pecanas (pág. 30)
Zumo	Batido de frambuesas, arándanos y agua de coco (pág. 49)	Lassi de fresa y mango (pág. 55)	Zumo de zanahoria, remolacha, manzana y apio (pág. 57)
Tentempié a media mañana	Arándanos (80 g)	Puré de judiones y espinacas con crudités (pág. 68)	Hummus con rábanos y coliflor (pág. 66)
Comida	Ensalada de pollo y quinoa (pág. 205)	Lentejas de Puy con berenjena asada y pesto (pág. 161)	Sopa de lentejas rojas (pág. 89)
Merienda	Hummus de remolacha (pág. 65) con crudités	Barritas de cereales con pistachos (pág. 79)	Pastelitos de cereales con goji y anacardos (pág. 80)
Cena	Pasta con habas y pesto de menta (pág. 178)	Curry de calabaza y tofu al horno (pág. 135)	Abadejo en papillote con lentejas (pág. 249)

contienen bacterias vivas, además de ciertas hierbas y especias usadas tradicionalmente para ayudar a la digestión (p. ej., jengibre y menta). Las dietas a base de alimentos procesados (que suelen ser bajas en fibra y ricas en grasas saturadas, sal y azúcar refinado) suelen provocar trastornos digestivos, desde indigestión y acidez, que pueden ser incómodas en el día a día, hasta dolencias más serias, como síndrome de intestino irritable y diverticulitis.

No solo lo que comes influye en la digestión, sino también la manera en que lo haces. Hábitos como, por ejemplo, comer deprisa, cenar antes de acostarse, comer encorvado o hablar con la boca llena pueden alterar la digestión, provocando síntomas como hinchazón o reflujo.

CUARTO DÍA	QUINTO DÍA	SEXTO DÍA	SÉPTIMO DÍA
Tostada con alubias (pág. 47)	Bircher Muesli con manzana, arándanos y canela (pág. 26)	Chía con leche y coulis de mora y lima (pág. 35)	Copa de mango con granada (pág. 33)
Batido de coco, piña y chía (pág. 52)	Batido de frambuesas, arándanos y agua de coco (pág. 49)	Zumo de zanahoria, remolacha, manzana y apio (pág. 57)	Batido de coco, piña y chía (pág. 52)
Arándanos (80 g)	Puré de judiones y espinacas con crudités (pág. 68)	Ensalada de edamame y semillas (pág. 73)	Hummus con rábanos y coliflor (pág. 66)
Hamburguesas de pavo con ensalada de col (pág. 214)	Ensalada de gambas, anacardos y arroz salvaje (pág. 230)	Risotto de coliflor con pistachos (pág. 130)	Pastel de pollo y verduras (pág. 219)
Pasta de aguacates y habas con tortitas de arroz (pág. 60)	Almendras (30 g)	Hummus de remolacha (pág. 65) con crudités	Arándanos (80 g)
Lasaña de verduras (pág. 124)	Curry de calabaza al estilo de Sri Lanka (pág. 134)	Salmón al horno con jengibre (pág. 238) con Cintas de pepino y zanahoria (pág. 105)	Ensalada de aguacate (pág. 97)

① ESTREÑIMIENTO

Dudo que haya un solo lector de este libro que no haya sufrido estreñimiento alguna vez. A menudo se piensa que si no se evacúa cada día, ya se tiene estreñimiento, pero cada persona es distinta: unos evacúan todos los días y otros con menor regularidad. El estreñimiento suele definirse como un cambio de patrón: deposiciones menos frecuentes, con heces más duras, secas y grumosas.

La falta de fibra en la dieta y la deshidratación suelen ser responsables de este problema, aunque también puede producirse por un cambio de ambiente (como un viaje), vida sedentaria, estrés o problemas médicos como el síndrome de intestino irritable.

La dieta es esencial para aliviar el estreñimiento, y el primer paso es incrementar la fibra, tanto soluble como insoluble. La **fibra insoluble**, que se encuentra en el salvado de avena (procura no comer demasiado salvado crudo, porque puede inhibir la absorción de nutrientes como el zinc y el hierro), frutos secos y semillas, no se digiere en el intestino, por lo que ayuda a otros alimentos en su tránsito intestinal. La **fibra soluble** absorbe agua, y ayuda a que las heces se vuelvan voluminosas y blandas. Se encuentra en la fruta y las verduras (cómelas con piel), avena, cebada, semillas de lino y legumbres.

Los adultos necesitan 24 g de fibra al día: con tu dosis diaria de frutas y verduras y algunas raciones de cereales integrales o legumbres bastará. Aunque en algunos países no es obligatorio incluir la fibra en la información de las etiquetas, muchos fabricantes lo hacen, lo que es útil para controlar la cantidad que tomas.

Nuestras recetas incluyen abundantes verduras, legumbres y cereales integrales, por lo que la mayoría son ricas en fibra y, por tanto, propician una buena digestión. Si la fibra aparece en la lista de nutrientes destacados, indica que la receta tiene un contenido especialmente elevado de esta.

Si quieres incrementar la fibra en tu dieta, hazlo poco a poco para evitar los gases o la hinchazón, que desaparecerán cuando tu cuerpo se adapte a ella. También deberás beber suficientes líquidos, que ayudarán a que las fibras solubles hagan su trabajo.

Otras maneras de aliviar el estreñimiento

- Las ciruelas (y su zumo) son un remedio tradicional para el estreñimiento. En el desayuno, añade algunas ciruelas troceadas y semillas de lino trituradas o de chía al yogur de soja.
- Las bebidas calientes pueden estimular los intestinos. Intenta beber agua caliente con limón, infusiones o té de rooibos nada más levantarte. Puedes probar la infusión de sen, una planta usada tradicionalmente como laxante, pues estimula los músculos del intestino para favorecer el tránsito de las heces.

ALIMENTOS BENEFICIOSOS

Todas las frutas, sobre todo arándanos, orejones de albaricoque, mangos, ciruelas y zumo de ciruelas

Todas las verduras, sobre todo las féculas, como calabaza y boniatos, coles de Bruselas, tupinambos y kale

Aguacates

Cebada

Semillas de lino

Frutos secos (almendras, anacardos)

Salvado de avena

Avena

Legumbres (alubias, lentejas)

Semillas de calabaza

Quinoa

Arroz integral (marrón, negro, rojo)

EVITAR

Lácteos

Alimentos procesados y refinados

Encontrarás una lista de recetas que pueden ser beneficiosas para el estreñimiento en la página 401.

- Es importante que hagas ejercicio; moverte te ayudará a ir al baño con regularidad.
- Evita tomar demasiados lácteos y alimentos procesados, que son muy pobres en fibra; consumirlos en exceso puede provocar estreñimiento.
- Reduce el té y el café al mínimo, pues la cafeína provoca una cierta deshidratación que agravará el problema.

¿CUÁNTA FIBRA CONTIENEN LOS ALIMENTOS?

LEGUMBRES

Lentejas de Puy (40 g)	8 g
Alubias negras (40 g)	6 g
Judías azuki (40 g)	6 g
Guisantes (40 g)	6 g
Lentejas rojas (40 g)	3 g

CEREALES

Cebada (60 g)	7 g
Avena (50 g)	5 g
Quinoa (60 g)	4 g
Arroz integral (75 g)	2 g

FRUTAS

Aguacate (½)	4 g
Ciruelas pasas (5)	3 g
Orejones de albaricoque (5)	3 g
Mango (½)	3 g
Arándanos (80 g)	2 g

VERDURAS

Coles de Bruselas (80 g)	5 g
Ocra (80 g)	4 g
Tupinambos (80 g)	3 g
Kale (80 g)	3 g
Boniatos (80 g)	3 g
Calabaza (80 g)	2 g

SEMILLAS Y FRUTOS SECOS

Lino (30 g)	8 g
Almendras (30 g)	3 g
Semillas de girasol (30 g)	2 g
Pistachos (30 g)	2 g

Recomendamos una ingesta diaria de 24 g de fibra. Estos ejemplos de algunos alimentos ricos en fibra te orientarán sobre las cantidades que contienen los alimentos. El peso corresponde a la ración media (el peso de las legumbres secas equivale a 80 g una vez cocidas; el peso de los cereales crudos equivale a 180 g ya cocidos; y para las verduras, se dan los pesos de las verduras crudas ya preparadas).

② HINCHAZÓN ABDOMINAL

A la mayoría nos ha pasado que la barriga se nos hinche alguna vez. Es normal después de comer que el intestino se distienda ligeramente por los gases que se producen durante la digestión. Pero en algunas personas esto ocurre con mucha mayor frecuencia, lo que puede provocar molestias, sensación de estar abotargado y, en algunos casos, un vientre visiblemente abombado. Hay muchas razones por las que el abdomen se puede hinchar: comer demasiado, intolerancia a los alimentos, síndrome del intestino irritable, un exceso de bacterias en el intestino, estreñimiento o simplemente haber tragado demasiado aire al comer (por hablar o comer deprisa).

La hinchazón suele producirse por una producción excesiva de gases en el intestino, a menudo debido a una sobrepoblación de las bacterias que viven allí. También pueden acumularse gases al estancarse los residuos del colon por estreñimiento, o por haber comido ciertas cosas, como mucha fruta (las bacterias se nutren de los azúcares de la fruta al digerirse). Es importante que cuides la salud de tus intestinos. Si experimentas a menudo hinchazón, tomar alimentos como yogur de soja fermentado o suplementos de bacterias vivas puede ayudarte a crear una flora intestinal con bacterias «buenas» (busca cepas de *Lactobacillus* y *Bifidobacteria*).

Para favorecer el crecimiento de estas bacterias, puedes incluir en tu dieta alimentos **prebióticos** (un tipo de fibra que no puede descomponerse ni ser absorbida por el cuerpo, y que ayuda a que las bacterias «buenas» se desarrollen). Estos alimentos pueden ser espárragos, tupinambos, plátanos, achicoria, puerros y tomates.

El **magnesio** contribuye también al mantenimiento de la salud intestinal, por lo que puedes tratar de tomar tentempiés ricos en magnesio, como frutos secos y semillas (girasol, calabaza), que también son una buena fuente de fibra (véase *Estreñimiento*, página 318).

Alimentos a evitar Los azúcares refinados, el alcohol y las levaduras son manjares para las bacterias perjudiciales; si los tomas en exceso, pueden producirse demasiados gases, lo que a su vez provocará hinchazón. Quizá te ayude prescindir de los alimentos azucarados y el alcohol (en nuestro estilo de cocina depurativa ya excluimos estos alimentos). Para reducir la cantidad de levaduras en la dieta, deberás evitar las setas, los quesos azules y curados, los encurtidos, los alimentos fermentados y la salsa de soja (la salsa tamari puede tomarse).

Entre los alimentos que se sabe que provocan hinchazón y gases, figuran las legumbres (alubias, garbanzos y lentejas), cebolla, brócoli, col, coliflor y, por supuesto, las coles de Bruselas. Podrías tratar de eliminar estos alimentos de tu dieta para ver si te ayuda, pero asegúrate de seguir comiendo al menos cinco raciones diarias de otras fuentes de frutas y verduras. Reducir el consumo de frutas desecadas es otra manera de evitar la hinchazón y los gases.

ALIMENTOS BENEFICIOSOS

Espárragos

Berenjenas

Plátanos

Anacardos

Achicoria

Pepino

Semillas de hinojo

Té de menta fresca

Fletán

Tupinambos

Puerros

Yogur fermentado (no lácteo)

Papaya

Piña

Semillas (calabaza, girasol)

Tomates

EVITAR

Alcohol

Ciertas verduras, como brócoli, coles de Bruselas, col, coliflor y cebolla

Productos lácteos

Alimentos fermentados o encurtidos

Legumbres (alubias, lentejas)

Azúcar refinado

Salsa de soja

Trigo

Encontrarás una lista de recetas que pueden ser beneficiosas para la hinchazón abdominal en la página 402.

La intolerancia a los alimentos (el trigo y los productos lácteos son los más problemáticos) suele provocar hinchazón. Puede dar lugar a que el intestino no se vacíe correctamente, y a que los alimentos que no se acaben de digerir fermenten por la acción de las bacterias del intestino, lo que provocará gases. Si evitas este tipo de alimentos (todas las recetas de este libro están exentas de trigo y lácteos), es importante que sepas por qué alimentos debes sustituirlos para obtener los nutrientes necesarios para mantenerte sano (véase *Intolerancia alimentaria*, página 325).

Para descubrir qué alimentos pueden estar causándote problemas puedes llevar un diario de alimentos y síntomas, anotando tus sospechas de los «culpables» principales. Cuando creas haberlos identificado, elimínalos de tu dieta. Pero no elimines demasiados alimentos de golpe, y trata de mantener un equilibrio entre los grupos de alimentos clave (véase la página 287).

Maneras de aliviar la hinchazón abdominal

- La infusión de menta fresca se ha usado tradicionalmente para desinflar, pues relaja la pared intestinal y alivia las molestias gracias a que la «válvula» que conecta el esófago con el intestino se afloja (también es una deliciosa alternativa al té o el café después de las comidas, para evitar la cafeína). Para mayor alivio, puedes añadir unas cucharaditas de semillas de hinojo o comino.
- La piña y la papaya contienen enzimas específicas que se cree que ayudan a la digestión. Prueba a tomar estas frutas con sandía y un poco de menta picada como un postre refrescante.
- Intenta comer poco y a menudo, y come con calma. Siéntate a la mesa y mastica bien los alimentos, para no dar demasiado trabajo al sistema digestivo.

Si la hinchazón dura más de un mes, podría ser conveniente que acudas a tu médico de cabecera para descartar cualquier otro problema subyacente.

③ SÍNDROME DE INTESTINO IRRITABLE

El síndrome de intestino irritable (SII) es una dolencia común que afecta hasta a un 20 % de los adultos. Puede tener una gran repercusión en la vida diaria. Se caracteriza por contracciones musculares anormales en el intestino que dan lugar a episodios de diarrea, estreñimiento o ambos. Otros síntomas pueden ser hinchazón, espasmos abdominales con dolor, gases y náuseas. Los síntomas suelen aparecer después de comer, y la gravedad varía de unas personas a otras. No existe una prueba para identificar el SII, y el diagnóstico suele realizarse basándose en los síntomas, tras descartar otras enfermedades.

La intolerancia alimentaria (véase página 325) puede ser una causa del SII. El estrés parece exacerbarlo, y es recomendable realizar ejercicio de manera regular y probar diferentes técnicas de relajación para combatir el estrés.

Parece que ciertos alimentos pueden agravar el SII, y la única manera de identificarlos es mediante un diario de alimentos y de síntomas. Alimentos que con frecuencia causan el SII son el trigo y los productos lácteos, así como alimentos que pueden provocar hinchazón y gases, como los azúcares refinados, el alcohol, la salsa de soja, alimentos conservados en vinagre o fermentados y ciertos alimentos vegetales (como legumbres, cebolla, brócoli, col, coliflor y coles de Bruselas). Eliminar algunos de estos alimentos de tu dieta puede ser un buen punto de partida, pero no suprimas muchos a la vez, porque corres el riesgo de sufrir deficiencias nutricionales. Un profesional especializado en nutrición o un dietista podría ayudarte en esto.

Otros alimentos que sería conveniente evitar son aquellos que contienen polioles (alcoholes de azúcares como el sorbitol, que se utilizan como edulcorantes artificiales), que pueden provocar diarrea si se consumen en grandes cantidades, así como alimentos procesados.

Intestino sano Se ha comprobado que las bacterias vivas, que favorecen la salud del intestino, alivian los síntomas del SII,.en particular, la hinchazón. Las bacterias vivas se encuentran en alimentos como el yogur fermentado (no lácteo) y los suplementos. Busca productos que lleven cepas de *Lactobacillus* y *Bifidobacteria*.

Una dieta conocida como «baja en FODMAP» (siglas en inglés de oligosacáridos, disacáridos, monosacáridos y polioles fermentados) ha tenido bastante éxito en el tratamiento del SII. Debe llevarse a cabo con la ayuda de un dietista experto, para que realice un seguimiento de lo que vaya ocurriendo. La dieta baja en FODMAP clasifica los alimentos según la cantidad de carbohidratos fermentables que contienen: los que son ricos en ellos provocan un aumento de los líquidos y gases en el intestino y, en consecuencia, hinchazón, dolor abdominal y diarrea asociados al SII. En general, se considera que los alimentos ricos en los azúcares de la fruta

---

ALIMENTOS BENEFICIOSOS

Aceite de chía

Aceite de lino

Yogur (no lácteo)

Caballa

Salmón

Sardinas

Trucha

Nueces

EVITAR

Alcohol

Ciertas verduras como brócoli, coles de Bruselas, col, coliflor y cebolla

Productos lácteos

Carbohidratos fermentables

Alimentos fermentados o encurtidos

Legumbres (alubias, lentejas)

Azúcar refinado

Sorbitol

Salsa de soja

Trigo

Encontrarás una lista de recetas que pueden ser beneficiosas para el SII en la página 409.

(fructosa) y de los lácteos (lactosa), así como el trigo en grandes cantidades, tienen un contenido alto de carbohidratos fermentables.

Al igual que con otros problemas digestivos, es conveniente hacer comidas más pequeñas y comer con calma, para evitar la inflamación por tragar demasiado aire. Reducir el consumo de alimentos ricos en grasas también ayudará, porque estos alimentos tardan mucho tiempo en digerirse.

Otra manera de mejorar el SII es controlar la cantidad de fibra en la dieta. Durante los episodios de diarrea, intenta comer menos alimentos ricos en fibra, y cuando sufras estreñimiento, procura tomar más fibra, sobre todo de tipo soluble (la fibra soluble se hincha y ablanda las heces, lo que facilita su tránsito), que se encuentra en la avena, legumbres, frutas como los dátiles y manzanas y verduras. Si aumentas la cantidad de fibra soluble, no olvides beber mucha agua para ayudar a que la fibra se hinche.

Debes evitar tomar salvado crudo (a menudo se toma para combatir el estreñimiento), pues puede irritar el intestino e impedir la absorción de minerales esenciales, como el hierro y el calcio. Esto se debe a unos compuestos denominados fitatos (se encuentran en grandes cantidades en el salvado crudo, en algunos frutos secos, como almendras y nueces, y en alubias, como las pintas y las riñón rojas), que se unen a los minerales en el intestino haciendo que se eliminen al evacuar.

Bebe mucha agua para mantenerte bien hidratado, sobre todo durante las crisis de diarrea. También puedes probar las infusiones digestivas, por ejemplo, de semillas de hinojo, menta y manzanilla, que pueden relajar el estómago y reducir la hinchazón.

Posible inflamación Hasta ahora se pensaba que la inflamación no tenía ningún papel en el SII, pero según una nueva teoría, algunos casos de SII pueden ser provocados por una infección en los intestinos que causa diarrea e inflamación del colon. (Estos síntomas pueden provocar cambios en el colon, que afecta a su funcionamiento y da lugar a SII.) Los estudios que han investigado esta teoría han demostrado que algunas personas con SII presentan inflamación, sobre todo las que sufren diarrea predominantemente. Incluir en la dieta abundantes alimentos ricos en ácidos grasos omega 3, como pescado azul, frutos secos (nueces), semillas de chía (y lino) y aceites de semillas, puede ser útil para reducir la inflamación. En cualquier caso, estos alimentos deben formar parte siempre de una dieta saludable.

④ INDIGESTIÓN Y ACIDEZ

Es normal sentirse indigesto alguna vez, pero algunas personas sufren este trastorno a diario. Suele deberse a la inflamación del estómago, a menudo como resultado de un exceso de ácido segregado para digerir la comida. El ardor de estómago, que acompaña con frecuencia a la indigestión, ocurre cuando los ácidos del estómago fluyen hacia atrás, hacia el esófago (reflujo).

El revestimiento del esófago no tiene ninguna capa protectora (mucosa), por eso se irrita con el ácido del estómago. El ardor ocurre sobre todo en personas obesas o en las mujeres embarazadas, cuando la presión del abdomen empuja los líquidos hacia el esófago. Puede verse acompañado de otros síntomas digestivos, como hinchazón, gases, náuseas y eructos excesivos.

Cambios sencillos Una de las maneras más fáciles para aliviar la indigestión y el ardor es tomar comidas pequeñas durante el día, y evitar las comidas abundantes unas dos o tres horas antes de acostarse. También ayuda comer despacio, masticando bien cada bocado para estimular las enzimas digestivas.

Sigue una dieta baja en grasa con un buen equilibrio de alimentos ricos en almidón, proteínas (estas estimulan a la vesícula biliar para que produzca más bilis, lo que facilita la digestión), frutas y verduras. Para la inflamación y para mejorar la digestión, procura tomar bastantes **ácidos grasos omega 3** (del pescado azul, semillas y aceites de semillas, verduras de hoja verde oscuro y frutos secos).

Si se sufre ardor estomacal, hay que evitar el chocolate, la menta, el alcohol y las bebidas gaseosas, que relajan el músculo del esfínter entre el esófago y el estómago, que actúa como una válvula. Las verduras crudas también pueden causar problemas, pues son difíciles de digerir. Prueba a tomarlas cocinadas y, cuando la indigestión mejore, vuelve a introducirlas crudas poco a poco.

Los alimentos ricos en grasa (sobre todo saturadas, que se encuentran en los cortes grasos de la carne y en los productos lácteos) también necesitan más tiempo para ser digeridos, lo que retrasará el tiempo en que tarda el estómago en vaciarse y así aumentará el riesgo de reflujo. Otros alimentos que pueden provocar reflujo en algunas personas incluyen algunas frutas (como cítricos), café (incluso descafeinado) y otras bebidas con cafeína, como té, refrescos de cola y bebidas energéticas, que pueden inducir a una producción elevada de ácido.

Tomar infusiones de manzanilla o jengibre entre las comidas podría ayudarte, pues estas plantas calman el tejido gastrointestinal inflamado y pueden reducir los espasmos esofágicos.

ALIMENTOS BENEFICIOSOS

Coles de Bruselas

Infusiones de manzanilla y jengibre

Aceite de chía

Aceite de lino

Kale

Salmón

Sardinas

Espinacas

Trucha

Atún

Nueces

EVITAR

Alcohol

Chocolate

Cítricos

Café

Bebidas con gas

Alimentos ricos en grasas saturadas, como carnes grasas, productos lácteos y alimentos procesados

Menta

Verduras crudas

Tés

Encontrarás una lista de recetas que pueden ser beneficiosas para la indigestión y la acidez en la página 402.

⑤ INTOLERANCIA ALIMENTARIA

Las intolerancias y las alergias a los alimentos son diferentes (véase más abajo). Las intolerancias son más frecuentes y sus síntomas, que suelen estar relacionados con la digestión (como hinchazón, espasmos abdominales y diarrea), se producen más lentamente y pueden ser más duraderos. Por lo general, hace falta tomar una buena cantidad del alimento no tolerado para provocar una reacción, aunque algunas personas son sensibles incluso a pequeñas cantidades.

Uno de los alimentos con frecuencia no tolerados es la lactosa, un tipo de azúcar que se encuentra en los productos lácteos. Si en el intestino falta una enzima llamada lactasa, no es posible digerir la lactosa del todo, lo que provoca síntomas como hinchazón. Este trastorno está relacionado con el origen étnico: por ejemplo, es mucho más frecuente en personas de origen chino que en las de ascendencia sueca.

Los síntomas de la intolerancia a los alimentos son a menudo difíciles de distinguir de los de otros trastornos digestivos como el ISS, y como las personas pueden ser intolerantes a diversos alimentos, el diagnóstico puede ser complicado. Aparte de la intolerancia a la lactosa, no hay tests fiables ni validados para identificar las intolerancias alimentarias. Por ello, la principal herramienta para el diagnóstico es una dieta de exclusión. Esto debe ser controlado por un dietista, que eliminará los alimentos de uno en uno y volverá a introducirlos más adelante. La mayoría de las personas con intolerancias pueden comer un poco del alimento no tolerado, y la dieta de exclusión ayudará a establecer los niveles tolerables.

Una dieta sin trigo ni lácteos podría ser suficiente para evitar los síntomas moderados de la intolerancia (p. ej., la hinchazón), pero si los síntomas persisten, debes solicitar ayuda profesional.

Alergia a los alimentos Esto es una respuesta inmunitaria anormal a uno (o más) alimentos, provocada por un tipo de anticuerpos llamados inmunoglobulinas E (IgE). Con un test se puede saber si alguien es alérgico, pues con muy pequeñas cantidades de alimento reaccionará en pocos minutos. Los síntomas pueden incluir hinchazón facial, urticaria, picor en la piel, náuseas, diarrea y vómitos. En casos de alergia grave, algunas personas pueden sufrir un shock anafiláctico, que puede ser mortal.

Las alergias alimentarias son relativamente raras; se ha estimado que en el RU afectan al 1-2 % de la población adulta. Los alérgenos alimentarios más comunes son los cacahuetes, cereales con gluten, pescado y mariscos, leche, mostaza, apio, semillas de sésamo, productos de soja, huevos y sulfitos.

IMMUNIDAD

El sistema inmunitario protege nuestro cuerpo del ataque de los diferentes organismos, virus y bacterias. Está formado por un «ejército» de células que desempeñan la función de defensa, y además tiene la capacidad de recordar las sustancias y organismos extraños, por lo que crea anticuerpos para protegernos contra futuros ataques.

Para tener un sistema inmunitario fuerte y saludable, es fundamental seguir una dieta adecuada. Algunos nutrientes clave en este sentido son el hierro, el zinc, el selenio y las vitaminas A, C y E. También son importantes los ácidos grasos omega 3 y los antioxidantes de las frutas y verduras de colores vivos, que reducen la inflamación y protegen las células de los radicales libres.

Desde hace un tiempo, en nutrición se habla y se está investigando mucho sobre la inflamación. Esta se podría definir como la respuesta del organismo para luchar contra algo que puede ser perjudicial. Esta respuesta no siempre es útil; en algunos trastornos, como la psoriasis (que afecta a la piel), el sistema inmunitario ataca por error a sus propias células. La inflamación puede subyacer a diversas enfermedades crónicas, incluida la enfermedad cardíaca.

Es útil entender que la inflamación es esencial para la supervivencia y que protege al cuerpo de infecciones y lesiones. Si te haces un corte, el sistema inmunitario reacciona indicando a los glóbulos blancos que acudan allí para hacer frente a cualquier

PLAN DEPURATIVO PARA LA SALUD DEL SISTEMA INMUNITARIO

	PRIMER DÍA	SEGUNDO DÍA	TERCER DÍA
Desayuno	Yogur de mango con orejones y plátano (pág. 29)	Bircher muesli con remolacha y manzana (pág. 25)	Granola con piña y fresas (pág. 30)
Zumo	Zumo de zanahoria, remolacha, manzana y apio (pág. 57)	Batido de frambuesas, arándanos y agua de coco (pág. 49)	Zumo de zanahoria, remolacha, manzana y apio (pág. 57)
Tentempié a media mañana	Pastelitos de cereales con goji y anacardos (pág. 80)	Semillas de granada (80 g)	Espárragos y huevos de codorniz (pág. 187)
Comida	Salteado de setas shiitake con daikon (pág. 142)	Chili con alubias pintas (pág. 168)	Ensalada de pollo y quinoa (pág. 205)
Merienda	Hummus con rábanos y coliflor (pág. 66)	Pasta de aguacates y habas con tortitas de arroz (pág. 60)	Almendras (30 g)
Cena	Pollo tandoori con ensalada de piña (pág. 201)	Curry de garbanzos, granada y calabaza (pág. 164)	Tajín de remolacha y zanahoria con cuscús de coliflor (pág. 132)

posible infección, y lo experimentarás como hinchazón, rojez y dolor (síntomas clave de la inflamación).

Pero la inflamación puede tener un efecto negativo. Los científicos están empezando a hallar un vínculo fuerte entre lo que llaman «inflamación crónica de bajo grado» (causada por un sistema inmunitario hiperactivo) y el envejecimiento acelerado y las enfermedades asociadas. Se cree que el exceso de grasa y la obesidad se relacionan con la inflamación, porque las células adiposas producen gran cantidad de hormonas y sustancias químicas del sistema inmunitario.

Se cree que algunos factores del estilo de vida (como el estrés y fumar), una dieta rica en grasas trans, azúcar refinado y omega 6, junto con la intolerancia a los alimentos, pueden contribuir a la inflamación crónica de bajo grado, como una reacción del sistema inmunitario a las consecuencias de la «vida moderna».

Si este tipo de inflamación se mantiene, acaba provocando daños, pero estos pueden reducirse adoptando un estilo de vida saludable que incluya la dieta. Ciertos alimentos que pueden reducir la inflamación en el cuerpo deberían incluirse en una dieta sana y equilibrada rica en alimentos integrales, frutas, verduras, frutos secos y grasas saludables (como omega 3 y ácidos grasos monoinsaturados). Algunos alimentos antiinflamatorios pueden ser útiles también en el síndrome de intestino irritable o en enfermedades autoinmunes, como la artritis reumatoide.

CUARTO DÍA	QUINTO DÍA	SEXTO DÍA	SÉPTIMO DÍA
Huevos escalfados y tortitas de boniato (pág. 39)	Chía con leche y coulis de mora y lima (pág. 35)	Copa de mango con granada (pág. 33)	Minifrittatas (pág. 41)
Batido de coco, piña y chía (pág. 52)	Zumo de zanahoria, remolacha, manzana y apio (pág. 57)	Batido de coco, piña y chía (pág. 52)	Zumo de zanahoria, remolacha, manzana y apio (pág. 57)
Frambuesas (80 g)	Paté de brócoli y anacardos (pág. 63) con tortitas de arroz	Almendras (30 g)	Frutos secos picantes (pág. 76)
Ensalada de gambas, anacardos y arroz salvaje (pág. 230)	Risotto de calabaza y salvia (pág. 182)	Berenjenas al horno con granada (pág. 121)	Salmón con ensalada de judías verdes, naranja y avellanas (pág. 235)
Hummus con rábanos y coliflor (pág. 66)	Barritas de cereales con pistachos (pág. 79)	Chips de kale con anacardos y pimentón (pág. 74)	Puré de judiones y espinacas con crudités (pág. 68)
«Arroz» de coliflor frito con setas shiitake y tofu (pág. 143)	Pad Thai con fideos de arroz integral (pág. 209)	Hamburguesas de abadejo y gambas con espaguetis de calabacín (pág. 247)	Sopa de langostinos y hierba limón con fideos (pág. 84)

① RESFRIADO COMÚN

A pesar de que no revisten gravedad, los resfriados, la tos y los estornudos pueden ser una lata en los meses de invierno y, por desgracia, poco podemos hacer una vez que han empezado, pues no hay nada que los cure realmente. Los resfriados y la tos pueden ser de diferentes tipos, y la mayoría mejoran por sí solos. Pero para ayudar a prevenirlos, es necesario mantener un sistema inmunitario fuerte. Sin duda, una dieta adecuada ayudará a esto. Si ya has pescado un resfriado, ciertos alimentos pueden ayudar a aliviar algunos de los síntomas.

Mantenerse sano La **vitamina C** se suele considerar útil para los resfriados, aunque esto no se ha demostrado de manera definitiva, sobre todo cuando se usa en forma de suplementos. Sin embargo, sí contribuye a mantener fuerte el sistema inmunitario, y comer un montón de alimentos ricos en vitamina C (frutas y verduras) ayuda a aumentar los anticuerpos que combaten las enfermedades.

Se ha demostrado que el **zinc** puede tener un papel significativo para aliviar y prevenir los resfriados. A medida que se acerque el invierno, procura comer más alimentos ricos en zinc (mariscos, cereales integrales como avena y arroz integral, verduras de hoja verde oscuro, nueces y semillas).

Las setas shiitake, conocidas en muchos países asiáticos como «setas curativas», se han utilizado tradicionalmente por sus beneficios para la salud. Según las investigaciones, estas setas contienen unos compuestos (**polisacáridos betaglucanos**) que pueden estimular el sistema inmunitario y proteger contra las enfermedades (la avena también es una buena fuente de betaglucanos). Además, las setas shiitake se encuentran entre los pocos alimentos (con el pescado azul y los huevos) que contienen **vitamina D**, que se ha relacionado con una reducida incidencia de infecciones de las vías respiratorias superiores (como resfriado común, gripe y sinusitis). Mucha gente tiene unos niveles bajos de vitamina D en los meses de invierno (véase página 310), por lo que considera la posibilidad de tomarla como suplemento.

La mayoría de las variedades de setas son una buena fuente de **selenio**, uno de los antioxidantes que necesita el sistema inmunitario, por lo que es beneficioso incluir setas en la dieta. Las shiitake están muy buenas en caldos picantes y especiados, a los que puede añadirse ajo, jengibre y guindilla, por sus propiedades descongestionantes y antiinflamatorias.

Qué hacer cuando estás resfriado Los batidos de frutas ricos en vitaminas y las sopas calientes son útiles cuando te encuentras mal y tienes poco apetito, pues pueden aportar un montón de nutrientes en una ración pequeña. Te ayudará a mantener una dieta sana incluso cuando no tienes ganas de comer. También puedes enriquecer estos platos añadiendo ingredientes súper nutritivos,

ALIMENTOS BENEFICIOSOS

Espárragos
Brócoli
Arroz integral
Trigo sarraceno
Calabaza
Coliflor
Calabacín
Huevos
Kale
Kiwi
Carne magra roja
Limones
Limas
Miel de manuka
Miso
Setas, sobre todo shiitake
Frutos secos
Avena
Naranjas
Perejil
Guisantes
Pimientos
Piña
Granadas
Patatas
Gambas
Quinoa
Frambuesas
Semillas (calabaza, sésamo)
Espinacas
Fresas
Acelgas
Tomates

EVITAR

Alcohol
Leche

Encontrarás una lista de recetas que pueden ser beneficiosas para el resfriado común en la página 407.

como legumbres, arroz y quinoa a las sopas, o tahini, semillas de chía, espirulina y avena a los batidos.

En algunas personas, parece que la leche agrava los síntomas del resfriado y la tos, pues hace que las flemas asociadas a la tos se vuelvan más espesas e irritantes. Sustituir la leche de vaca por leche de soja o de arroz enriquecida ayudará a aliviar este problema.

Probablemente no te apetecerá nada tomar alcohol cuando estés resfriado, pero por si tuvieras la tentación, resístela. No sería una buena idea, porque el alcohol hace que los vasos sanguíneos se dilaten, con lo cual los senos nasales pueden taponarse aún más.

Cuando estés enfermo, es muy importante que te mantengas bien hidratado. Además de beber mucha agua y otros líquidos, puedes probar a tomar alguna fruta acuosa refrescante como el melón o frutos del bosque congelados. En cuanto a las bebidas calientes, puedes tomar infusiones de jengibre fresco, menta fresca, limón, hierba de limón o bayas de goji, o un té sin cafeína, como el rooibos. Agrega miel para ayudar a suavizar la garganta y eliminar las mucosidades (podrías probar la miel de manuka, que elaboran las abejas con el polen de esta planta, tradicionalmente conocida por sus propiedades antibacterianas).

Otra manera de aliviar el dolor de garganta cuando tienes tos es con una infusión de romero (considerado un antiséptico). Añade 2 cucharadas de menta y 1 cucharada de romero a 600 ml de agua hirviendo y deja la infusión toda la noche; tras colarla para eliminar las hierbas, úsala como enjuague bucal o para hacer gárgaras.

Si te recetan antibióticos, considera la posibilidad de tomar un suplemento de bacterias vivas (probiótico), pues estos medicamentos pueden destruir las bacterias «buenas» del intestino.

Por último, algunas personas confían plenamente en remedios a base de hierbas como la equinácea (para prevenir el resfriado) o el pelargonium (para aliviar los síntomas), aunque los datos sobre su efectividad no son concluyentes.

② ENFERMEDAD CELÍACA

La enfermedad celíaca es un trastorno autoinmune (no es una alergia al gluten, como se cree erróneamente a menudo), lo que significa que el cuerpo ataca y destruye por error su propio tejido corporal sano. Es una dolencia que afecta a numerosas personas en Europa, con una frecuencia mayor de casos en mujeres que en hombres. La reacción autoinmune se activa cuando una persona con este trastorno come un alimento que contiene la proteína gliadina, que es una de las proteínas a las se suele hacer referencia como gluten (y se encuentra en el trigo, centeno, cebada, espelta y otros cereales). Algunas personas pueden ser sensibles al gluten, pero no tienen la enfermedad celíaca.

La gliadina se combina con anticuerpos en el tubo digestivo y daña el revestimiento del intestino delgado. Estas lesiones pueden inhibir la absorción de nutrientes esenciales, con el consiguiente riesgo de sufrir deficiencias como anemia por absorción deficiente de hierro, ácido fólico y vitamina B12. Hay muchos síntomas asociados con la enfermedad celíaca, como diarrea, estreñimiento, hinchazón, gases excesivos, espasmos, náuseas y fatiga (véase *Estreñimiento*, página 318, e *Hinchazón abdominal*, página 320), que pueden variar de un individuo a otro.

La única manera de hacer frente a esta enfermedad es eliminando el gluten de la dieta por completo, o casi por completo en las personas que pueden tolerar algunos cereales (como la avena). Para las personas con enfermedad celíaca, es esencial una dieta sin gluten, pero esto no es una opción saludable para todo el mundo (parece que hay una tendencia creciente a seguir este tipo de dieta y se están comercializando alimentos para este propósito). Prescindir del todo de un conjunto grande de alimentos puede conducir a una ingesta insuficiente de ciertos nutrientes.

Tomar suficientes nutrientes Aunque hay una gran cantidad de cereales que una persona celíaca no puede comer, es importante que explores los que sí puedes para incluir carbohidratos en tu dieta. Busca productos a base de maíz, soja, trigo sarraceno (prueba los fideos soba hechos 100 % con trigo sarraceno) y harinas de arroz, además de quinoa, mijo y muchas variedades de arroz. Estos alimentos también te aportarán las cantidades necesarias de las **vitaminas del grupo B** y la fibra que suelen obtenerse del trigo y otros cereales con gluten. Otras fuentes de las vitaminas del grupo B son alimentos como la carne magra, el pescado azul, cereales integrales, huevos, verduras de hoja verde oscuro, frutas desecadas, patatas, frutos secos y legumbres.

Para evitar todas las formas de anemia, incluye en tu dieta abundantes alimentos ricos en **hierro**, **ácido fólico** y **vitamina B12**, como carne roja magra, aves, pescado azul, huevos, tofu, lentejas, fruta desecada, verduras de hoja verde oscuro, especias, hierbas secas y espirulina. Para ayudar a la absorción del hierro procedente

ALIMENTOS BENEFICIOSOS

Azuki
Espárragos
Plátanos
Remolacha
Brócoli
Arroz integral
Aceite de chía
Pollo
Garbanzos
Orejones de albaricoque
Higos secos
Tomillo y mejorana secos
Huevos
Aceite de lino
Cardamomo molido
Kale
Kiwi
Carne magra roja
Lentejas
Caballa
Almendras, nueces
Naranjas
Papaya
Piña
Patatas
Frambuesas
Alubias riñón rojas
Salmón
Col de Milán
Fideos soba
Espinacas
Espirulina
Fresas
Tofu
Atún
Cúrcuma

EVITAR

Cebada
Alcoholes derivados de cereales
Centeno
Espelta
Trigo

Las recetas sin gluten se indican con una (G) en el índice general de las páginas 382-394.

de fuentes no cárnicas, acompaña las comidas con alimentos ricos en **vitamina C**; por ejemplo, una ensalada, un vaso de zumo de naranja o una macedonia de postre. La papaya y la piña son una buena fuente de vitamina C, y las enzimas que contienen (bromelina) pueden ayudar a la digestión y aliviar así algunos síntomas de la enfermedad celíaca.

Otro nutriente que los celíacos no pueden absorber bien es el **calcio**, que es esencial para mantener los huesos sanos. Por lo tanto, las personas con enfermedad celíaca no diagnosticada tienen mayor riesgo de desarrollar osteoporosis (debilitamiento de los huesos; véase la página 312) con la edad. La enfermedad celíaca también se asocia a intolerancia a la lactosa (proteína de la leche), pues daña la parte del intestino donde se produce la lactasa (la enzima que digiere la lactosa). Para mejorar la absorción de calcio, recurre a las fuentes abundantes de calcio no lácteas, como verduras de hoja verde oscuro (como el kale), almendras, leche vegetal enriquecida y tofu.

Es conveniente incluir en la dieta abundantes alimentos ricos en **ácidos grasos omega 3**, como pescado azul (los adultos pueden comer hasta cuatro raciones por semana; pero solo dos, en el caso de mujeres embarazadas), verduras de hoja verde oscuro, frutos secos y semillas y aceites de chía y lino. Estas grasas saludables producen sustancias parecidas a unas hormonas llamadas **prostaglandinas** antiinflamatorias, que pueden ayudar a reducir la inflamación asociada con el trastorno.

Gluten oculto en los alimentos Evitar el gluten puede ser complicado, pues puede encontrarse «oculto» en muchos alimentos, como en cubitos de caldo, salsas preparadas de sobre o de bote, ciertas bebidas alcohólicas y otros alimentos procesados. Según la Normativa Europea, es obligatorio que los proveedores de alimentos (fabricantes, restaurantes y servicios de catering) informen sobre la presencia de alérgenos importantes, entre ellos el gluten. De este modo es más fácil que las personas celíacas puedan elegir los alimentos correctos. Por supuesto, si cocinas tú todo, puedes controlar mejor la comida que tomas y preparar platos lo más nutritivos posible para mejorar tu salud. La mayoría de las recetas en este libro no llevan gluten.

PIEL, CABELLO Y UÑAS

Lo que aparece en la superficie es sin duda un reflejo del estado de nutrición y el estilo de vida. En especial, una piel sana es a menudo el resultado de un estilo de vida saludable y de una dieta equilibrada (además de ser algo genético). Dos de las cosas que más perjudican a la piel son fumar y pasar demasiado tiempo al sol, pues aceleran el proceso de envejecimiento (con riesgos mucho más graves que la aparición de unas cuantas arrugas) al exponer el cuerpo a los daños de los radicales libres.

Los radicales libres se producen naturalmente como un subproducto de los procesos corporales normales; sin embargo, ciertos factores ambientales (como el exceso de luz solar), un estilo de vida poco sano (como fumar) y una dieta deficiente pueden generar una sobreproducción de radicales libres que dañe las células.

PLAN DEPURATIVO PARA UNA PIEL SANA

	PRIMER DÍA	SEGUNDO DÍA	TERCER DÍA
Desayuno	Huevos escalfados y tortitas de boniato (pág. 39)	Copa de mango con granada (pág. 33)	Aguacate con frutos secos y semillas (pág. 36)
Zumo	Batido de frambuesas, arándanos y agua de coco (pág. 49)	Zumo de zanahoria, remolacha, manzana y apio (pág. 57)	Batido de coco, piña y chía (pág. 52)
Tentempié a media mañana	Pastelitos de cereales con goji y anacardos (pág. 80)	Pasta de aguacates y habas con tortitas de arroz (pág. 60)	Arándanos (80 g)
Comida	Dahl con hinojo asado (pág. 163)	Ensalada de arroz salvaje con tupinambo y tomates de herencia (pág. 154)	Potaje de legumbres a la mexicana (pág. 139)
Merienda	Puré de judiones y espinacas con crudités (pág. 68)	Melón cantaloupe (80 g)	Nueces caramelizadas (pág. 81)
Cena	Salmón al horno con jengibre (pág. 238) con ensalada guisantes y calabacín crudo (pág. 98)	Curry massaman de boniato y pavo (pág. 213)	Trucha pochada con hinojo al gratén (pág. 241)

Los antioxidantes provenientes de los alimentos pueden ayudar a combatir el daño causado por los radicales libres. Toma muchas frutas y hortalizas ricas en antioxidantes (de colores vivos) y bebe suficiente agua (unos dos litros al día). Además incluye en tu dieta alimentos saludables para la piel como aguacate (rico en grasas buenas y vitamina E), pescado azul (rico en ácidos grasos antiinflamatorios omega 3) y frutos del bosque, kiwi y piña (ricos en vitamina C), que contribuirán a disminuir el daño en la piel y a suavizar el proceso de envejecimiento.

Evitar los alimentos procesados de baja calidad nutricional también te ayudará a mejorar el aspecto de tu piel, pues los alimentos con un alto contenido de azúcar refinada y grasas poco saludables (trans y saturadas) tienen un efecto negativo.

CUARTO DÍA	QUINTO DÍA	SEXTO DÍA	SÉPTIMO DÍA
Tostada con alubias (pág. 47)	Copa de mango con granada (pág. 33)	Tostada con alubias (pág. 47)	Aguacate con frutos secos y semillas (pág. 36)
Batido de coco, piña y chía (pág. 52)	Zumo de zanahoria, remolacha, manzana y apio (pág. 57)	Zumo de zanahoria, remolacha, manzana y apio (pág. 57)	Batido de frambuesas, arándanos y agua de coco (pág. 49)
Puré de judiones y espinacas con crudités (pág. 68)	Pastelitos de cereales con goji y anacardos (pág. 80)	Mango (80 g)	Pasta de aguacates y habas con tortitas de arroz (pág. 60)
Sopa de langostinos y hierba de limón con fideos (pág. 84)	Pollo estilo cajún con salsa de mango y ensalada de aguacate (pág. 202)	Ensalada de mango y langostinos (pág. 227)	Salmón con ensalada de judías verdes, naranja y avellanas (pág. 235)
Semillas de calabaza y girasol tostadas (25 g)	Hummus de remolacha (pág. 65) con crackers de semillas (pág. 77)	Puré de judiones y espinacas (pág. 68) con bastones de zanahoria	Nueces caramelizadas (pág. 81)
Curry de judías mungo con ensalada de cebolla, pepino y anacardos (pág. 167)	Curry de calabaza y tofu al horno (pág. 135)	Pastelitos de boniato con kale y judías verdes (pág. 113)	Falafel de remolacha (pág. 115)

① ACNÉ

El acné es un trastorno común que puede tener un efecto psicológico, y puede derivar en baja autoestima, aislamiento social y, en algunos casos, depresión. Se produce porque los poros de la piel se bloquean debido a un exceso de producción de sebo, una sustancia aceitosa que mantiene la piel suave. Cuando esto sucede, las bacterias que viven felizmente en la superficie de la piel empiezan a colonizar el interior, lo que provoca inflamación y las pústulas características del acné (la respuesta de tu sistema inmunitario a la infección).

Este exceso de producción de sebo es debido a cambios hormonales, en particular al aumento de la actividad de las hormonas sexuales llamadas andrógenos (la testosterona es el principal andrógeno producido por hombres y mujeres; en las mujeres, se convierte en la hormona femenina estrógeno). Aunque el acné es común en los adolescentes, cuando experimentan un aumento de los andrógenos, puede continuar en la edad adulta. Las mujeres son mucho más propensas que los hombres a desarrollar acné en la edad adulta, debido a los cambios hormonales que experimentan durante la menstruación. El embarazo y enfermedades como el síndrome de ovario poliquístico (véase *Síndrome de ovario poliquístico*, página 374) también pueden provocar cambios hormonales que deriven en acné.

Es importante destacar que no hay alimentos que se sepa causan el acné (aunque puede haber alimentos que lo empeoren y otros que lo mejoren, y cada vez hay más estudios que apoyan esta tesis). La idea de que alimentos como chocolate, dulces y patatas fritas provocan o agravan el acné es equivocada; no hay datos que lo demuestren. Sin embargo, dicho esto, si tu dieta se compone sobre todo de alimentos refinados y procesados de baja calidad nutricional, es poco probable que sea una dieta variada y equilibrada con alimentos ricos en nutrientes que favorezcan la salud de tu piel y el equilibrio de tus niveles hormonales.

Favorecer la salud de la piel Intenta comer alimentos con una carga glucémica baja (véase CG, página 290), que generalmente son los cereales integrales y alimentos bajos en azúcar, que ayudan a regular el nivel de azúcar en la sangre. Los alimentos con una CG alta provocan subidas bruscas del nivel de azúcar en la sangre y un aumento de la producción de la hormona insulina. En algunos casos, comer estos alimentos en exceso puede derivar en sobrepeso y una sensibilidad a la insulina reducida: las células se vuelven menos sensibles al efecto de la insulina en cuanto a reducir los niveles de azúcar en la sangre. Esto y toda una serie de respuestas en cascada pueden desequilibrar las hormonas y estimular a las glándulas sebáceas que se encuentran bajo la piel para que produzcan más sebo, lo que agravará el trastorno.

Las frutas y verduras de colores brillantes contienen antioxidantes, como el **betacaroteno**, que se convierte en **vitamina A**

ALIMENTOS BENEFICIOSOS

Albaricoques

Espárragos

Aguacate

Brócoli

Arroz integral

Coles de Bruselas

Calabaza

Col

Zanahorias

Aceite de chía

Calabacín

Huevos

Aceite de oliva virgen extra

Aceite de lino

Kale

Caballa

Mango

Melón

Miso

Setas

Frutos secos (anacardos, nueces)

Avena

Pimientos

Gambas

Legumbres (alubias, lentejas)

Quinoa

Salmón

Hinojo marino

Semillas (calabaza, girasol)

Espinacas

Boniatos

Trucha

REDUCIR

Productos lácteos

Alimentos ricos en omega 6

Encontrarás una lista de recetas que pueden ser beneficiosas para el acné en la pág. 395.

en el cuerpo y es esencial para el mantenimiento y la reparación de la piel (la vitamina A también se encuentra en el pescado azul y los huevos). Intenta comer todos los días muchas verduras de color verde oscuro (col rizada, espinacas, brócoli), así como frutas y hortalizas de color naranja y amarillo (calabaza, mangos, pimientos amarillos, boniatos).

El pescado azul es rico en ácidos grasos omega 3, que pueden mejorar el acné gracias a su papel antiinflamatorio. Los **ácidos grasos omega 3** también se pueden encontrar en fuentes vegetales como las semillas de chía (y lino) y sus aceites, frutos secos (nueces) y verduras de hoja verde oscuro. Incluye una buena cantidad de estos alimentos en tu dieta semanal: hasta cuatro raciones de pescado azul; frutos secos y semillas como tentempiés cada día; o un poco de aceite de chía añadido a los batidos.

Además usa aceite de oliva o de colza virgen extra para cocinar en vez de aceite «vegetal» o de girasol, ricos en ácidos grasos omega 6 (que pueden favorecer la inflamación si se consumen en exceso).

Hay investigaciones que indican que muchas personas con acné pueden tener una deficiencia de **zinc**, un mineral que regula la actividad de las glándulas sebáceas y, por lo tanto, reduce la producción de sebo. Para estar seguro de que consumes suficiente zinc, incluye en tu dieta alimentos como mariscos, frutos secos, semillas, huevos y cereales integrales.

Los productos lácteos contienen hormonas de los animales productores de la leche, como vacas y ovejas, y según indican las investigaciones, esto podría también afectar el propio equilibrio hormonal y, en consecuencia, el estado de tu piel. Si suprimes los productos lácteos, es importante que tomes suficientes alimentos ricos en calcio para mantener la salud de tus huesos (véase *Intolerancia alimentaria*, página 325).

② PSORIASIS

La psoriasis es una enfermedad autoinmune (el sistema inmunitario ataca a las células sanas del propio cuerpo) que afecta a alrededor de 1 de cada 50 personas. Provoca inflamación, que se manifiesta como placas escamosas y rosadas, generalmente en los codos, parte baja de las piernas y cuero cabelludo, como resultado del crecimiento demasiado rápido de las células de la piel. Estas células se forman en la capa más profunda de la piel, se desplazan hacia arriba y sustituyen a las células muertas de la superficie en un proceso que suele durar cerca de un mes. En la psoriasis, esto ocurre en pocos días.

La psoriasis tiene un factor hereditario, y su tratamiento consiste en pomadas y una dieta sana que ayude a controlar los síntomas. Los brotes pueden desencadenarse por factores como estrés, fumar o comer ciertos alimentos, que pueden identificarse con una dieta de exclusión, mejor bajo la supervisión de un nutricionista o dietista. Ten en cuenta que si buscas información en internet, encontrarás muchos «alimentos desencadenantes» que pueden no aplicarse a tu caso. Si suprimes demasiados alimentos de golpe, corres el riesgo de sufrir una deficiencia de vitaminas o minerales.

Hay algunos factores dietéticos que sería sensato evitar en cualquier caso. Uno de ellos es el alcohol, que puede causar problemas al dilatar los vasos sanguíneos y aumentar el flujo de sangre en la piel; cuando la piel enrojece y se calienta, puede empeorar el picor y la descamación. Otro factor es el ácido araquidónico (AA), un ácido graso omega 6 que favorece la inflamación y puede empeorar la psoriasis. Puede ser útil reducir el consumo de alimentos que contienen AA, como los cortes grasos de la carne (especialmente el hígado), los huevos y los productos lácteos. También se encuentra en los llamados «aceites vegetales» (procura usar aceite de oliva virgen extra o aceite de coco para cocinar), margarinas y alimentos procesados.

Los **ácidos grasos omega 3** son esenciales para aliviar las enfermedades inflamatorias. En la psoriasis pueden ser de gran ayuda para reducir los síntomas; se ha demostrado que las placas mejoran por el efecto de un grupo de sustancias similares a las hormonas conocidas como **prostaglandinas**. Hay dos tipos de prostaglandinas: uno (procedente de los ácidos grasos omega 6) que propicia la inflamación y otro (procedente de ácidos grasos omega 3) que la alivia. Es conveniente compensar la cantidad de omega 6 comiendo alimentos más ricos en omega 3 y hacer algunos cambios en la dieta, como usar aceite de oliva virgen extra o de coco para cocinar y evitar los alimentos procesados (que a menudo contienen aceites vegetales omega 6 como grasa principal). Toma bastante pescado azul (hasta 4 raciones por semana; 2, si estás embarazada) o una fuente vegetariana de omega 3, como verduras de hoja verde oscuro, semillas o aceites de lino o chía y nueces.

ALIMENTOS BENEFICIOSOS

Brócoli

Coles de Bruselas

Calabaza

Melón cantaloupe

Zanahorias

Aceite de chía

Aceite de lino

Kale

Caballa

Mangos

Pimientos

Quinoa

Salmón

Espinacas

Boniatos

Trucha

Atún

Nueces

EVITAR

Productos lácteos

Huevos

Carnes grasas

Hígado

Margarina

Aceites vegetales

Encontrarás una lista de recetas que pueden ser beneficiosas para la psoriasis en la página 407.

Como siempre, tomar mucha fruta y verdura fresca proporcionará abundantes antioxidantes. Son especialmente útiles los antioxidantes que pueden ser absorbidos por la grasa que se encuentra bajo la superficie de la piel; por ejemplo, carotenoides como el betacaroteno, que se encuentra en las frutas y verduras naranjas, amarillas y verdes. Estos ayudarán a reducir la rojez e hinchazón gracias a su efecto suavemente antiinflamatorio.

BALANCE DE OMEGA 3 Y OMEGA 6

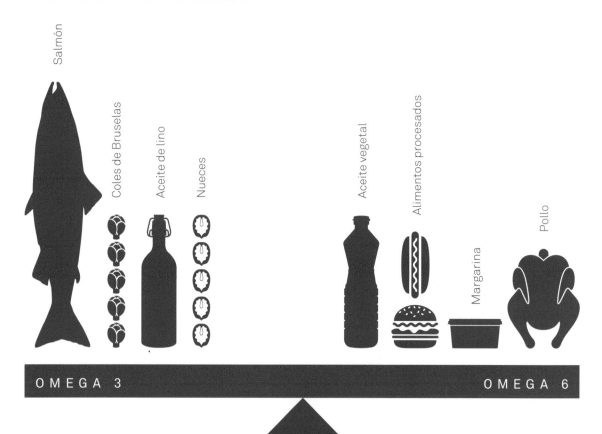

Mucha gente toma más cantidad de omega 6 (margarina, carne, «aceites vegetales» y alimentos procesados) que omega 3 (pescado azul, verduras verde oscuro, nueces y aceites como el de lino), lo que puede tener un efecto inflamatorio. Los dos ácidos grasos tienen papeles importantes, pero deben estar equilibrados mejor. En cada lado de la balanza se muestran los alimentos más ricos en estas grasas. Para lograr un buen equilibrio, incrementa los omega 3 comiendo más pescado azul y verduras de hoja verde oscuro, y reduce los omega 6 evitando los alimentos procesados (incluida la margarina) y usando aceites como el de oliva o de colza.

③ ECZEMA

Esta afección se caracteriza por picor, formación de escamas y erupción inflamatoria. Es común en los niños, y en muchas personas desaparece durante la adolescencia. Sin embargo, alrededor de 1 de cada 12 adultos todavía la sufre. Hay dos variedades de eczema: el eczema de contacto, un tipo de alergia que provoca una molesta erupción enrojecida cuando la piel se irrita en contacto con algo (p. ej., un metal o el tejido de la ropa), y el eczema atópico.

La causa del eczema atópico no está clara. Puede existir un factor hereditario, pero también parece estar relacionado con el sistema inmunitario (afectado por el estrés), las alergias y los cambios hormonales. Los factores externos pueden también intervenir en el aumento del riesgo de un brote; por ejemplo, una loción para la piel (sobre todo si contiene lanolina), productos de limpieza, tejidos (especialmente la lana, que contiene de manera natural lanolina) o temperaturas extremas.

Se sabe que ciertos alimentos agravan el eccema atópico, pero pueden ser diferentes para cada caso particular. Entre los desencadenantes comunes figuran los huevos, lácteos, frutos secos (sobre todos los cacahuetes), el trigo y ciertos aditivos alimentarios. La única forma de identificar los «alimentos desencadenantes» es llevando un diario de alimentos y observando si algún ingrediente empeora el eczema. Después puedes eliminar un alimento cada vez durante un mes para ver si esto ayuda, y luego reintroducirlo para confirmar su efecto. Suprimir grupos enteros de alimentos puede ser complicado y dar lugar a deficiencias nutricionales si no se hace de modo correcto, por lo que podría ser más conveniente trabajar con un nutricionista o dietista experto.

Comer bien mejora el eczema atópico Igual que en otras afecciones de la piel como la psoriasis, deben evitarse los alimentos ricos en ácido graso omega 6 llamado ácido araquidónico (AA), pues al propiciar la inflamación, agrava el problema. Estos alimentos incluyen carnes grasas (en especial el hígado), huevos y productos lácteos, así como los llamados «aceites vegetales» (sustitúyelos por aceite de oliva virgen extra), margarinas y alimentos procesados.

También debes comer muchos alimentos ricos en **ácidos grasos omega 3**, para equilibrar la relación de los ácidos grasos en el cuerpo y reducir la inflamación por efecto de las **prostaglandinas** antiinflamatorias. Los adultos pueden comer hasta cuatro raciones de pescado azul a la semana (dos, en el caso de mujeres embarazadas) sin riesgo de toxicidad por acumulación de metales pesados. Si no comes pescado, puedes obtener el omega 3 de las verduras de color verde oscuro, semillas y aceites de chía y lino (agrégalas a los batidos y aliños) y frutos secos (nueces).

Los antioxidantes solubles en grasa, como el **betacaroteno**, pueden tener un efecto antiinflamatorio suave, principalmente porque pueden llegar a la capa de grasa que se encuentra debajo

Espárragos

Plátanos

Brócoli

Coles de Bruselas

Calabaza

Melón cantaloupe

Zanahorias

Aceite de chía

Achicoria

Aceite de lino

Ajo

Alcachofas

Kale

Yogur fermentado (no lácteo)

Caballa

Mangos

Cebolla

Pimientos

Quinoa

Salmón

Espinacas

Boniatos

Trucha

Atún

Nueces

EVITAR

Productos lácteos

Huevos

Carnes grasas

Hígado

Margarina

Aceites vegetales

Encontrarás una lista de recetas que pueden ser beneficiosas para el eczema en la página 400.

de la superficie de la piel. En general, todos debemos comer muchas frutas y verduras de colores vivos para aprovechar su capacidad de reducir el daño de los radicales libres, que en el caso del eczema podría ser el resultado de la sequedad en la piel.

Algunas investigaciones indican que las bacterias vivas, como *Lactobacillus* o *Bifidobacterium*, que pueden encontrarse en algunos yogures (comprueba la lista de ingredientes) o tomarse como suplemento, pueden ayudar a reducir los efectos del eczema, aunque hasta el momento solo se ha comprobado en niños. Con independencia de si los efectos podrían o no aplicarse a los adultos, mantener un equilibrio de bacterias beneficiosas en el intestino mediante alimentos que contengan bacterias vivas, como el yogur (las puedes encontrar en yogures no lácteos), y favorecer su crecimiento con alimentos **prebióticos** (plátano, cebolla, ajo, achicoria, espárragos, alcachofas) es beneficioso para la salud en general.

④ CABELLO Y CUERO CABELLUDO

Un pelo sano y brillante es siempre un buen indicador de la salud y del estado nutricional de una persona; si se sigue una dieta inadecuada, el cabello puede tener un aspecto opaco y quebradizo y, en algunos casos, volverse más fino y caerse. Aunque la dieta sola no es la única razón de que alguien tenga el cuero cabelludo y el cabello en malas condiciones, puede tener una gran influencia.

Para lucir un bonito cabello, es importante que la dieta incluya una buena cantidad de **ácidos grasos omega 3**, porque esto ayudará a reducir la inflamación y a mejorar el estado del cuero cabelludo. Las vitaminas del grupo B también son importantes, por su efecto en la piel y la circulación, lo que ayudará a mantener el cuero cabelludo sano.

CALVICIE La calvicie masculina está relacionada con la hormona testosterona, que hace que los folículos pilosos se contraigan. Como resultado, el pelo se va volviendo más fino hasta que llega un punto en que ya no puede atravesar la superficie de la piel. Esta calvicie es muy común en los hombres y, por desgracia, la dieta no puede hacer nada para mejorarla. Tus posibilidades de quedarte calvo tienen una importante relación con la genética y el grado en que otros hombres de tu familia han perdido el cabello.

Las mujeres también pueden sufrir patrones de calvicie masculinos, a veces como resultado de la producción excesiva de testosterona (como en el caso de ovario poliquístico; véase la página 374). Otras causas incluyen una tiroides hipoactiva o las dietas «relámpago» (la posibilidad de que el cabello se debilite es otra razón para perder peso de manera lenta y constante a lo largo del tiempo), así como el estrés (come abundantes alimentos ricos en **vitamina B**, esencial para la salud de las glándulas suprarrenales y el sistema nervioso).

La deficiencia de **zinc** se ha asociado con la pérdida de cabello. Puedes aumentar tu consumo de zinc tomando alimentos como mariscos, nueces, semillas, huevos y cereales integrales. La anemia también puede provocar la pérdida del cabello, y hacer que te sientas débil y baja de energía. Puede deberse a una falta de **hierro** (se encuentra en la carne roja magra, pescado azul, huevos, lentejas, verduras de hoja verde oscuro, hierbas secas y especias), **ácido fólico** (en la mayoría de las frutas y verduras) o **vitamina B12** (pescado azul, huevos , espirulina), por lo que es importante mantener unos niveles saludables de estos nutrientes.

La **vitamina A** también interviene en la producción saludable de sebo (la sustancia cerosa que lubrica e hidrata la piel y el cuero cabelludo). Puedes obtener esta vitamina en grandes cantidades de alimentos ricos en **betacaroteno** (en frutas y verduras de color verde oscuro, amarillo y rojo).

ALIMENTOS BENEFICIOSOS

Azuki

Espárragos

Aguacates

Remolacha

Arroz integral

Calabaza

Melón cantaloupe

Zanahorias

Coliflor

Garbanzos

Frutas desecadas, sobre todo albaricoques

Judías edamame

Huevos

Kale

Carne magra roja

Lentejas

Caballa

Mangos

Avena

Naranjas

Perejil

Guisantes

Pimientos

Salmón

Sardinas

Semillas (calabaza, girasol)

Espinacas

Espirulina

Boniatos

Atún

Pavo

EVITAR

Alimentos procesados (deficientes en vitaminas y minerales)

Encontrarás una lista de recetas que pueden ser beneficiosas para el cabello y el cuero cabelludo en la página 406.

⑤ UÑAS DÉBILES Y QUEBRADIZAS

Las uñas sanas se ven rosadas y con el borde blanco. A menudo las uñas se deterioran por morderlas, por manipular objetos o por el uso excesivo de quitaesmaltes corrosivos. Sin embargo, cuando tienen un aspecto débil, quebradizo o estriado, puede ser un signo de alguna deficiencia nutricional o incluso de alguna enfermedad subyacente.

Deficiencia de minerales La mala salud de las uñas suele atribuirse a la falta de **calcio** y **zinc**, y en las tiendas de dietética encontrarás muchos suplementos con estos minerales que se venden para «reforzar» y «reparar» las uñas débiles (ten en cuenta que una ingesta excesiva de calcio procedente de suplementos también podría evitar la absorción de otros minerales esenciales). El zinc se ha relacionado con los puntos blancos que a menudo aparecen en las uñas (en realidad, es muy probable que estos puntos se deban a los daños causados por las actividades cotidianas).

Aunque es cierto que el zinc y el calcio desempeñan un papel en la salud de las uñas, este es pequeño, pues las uñas contienen muy poca cantidad de estos minerales. Mientras tomes de dos a tres raciones de fuentes de calcio no lácteas (leche de arroz enriquecida, verduras de hojas verde oscuro, almendras, semillas de sésamo) y alimentos que contengan zinc, como mariscos, frutos secos y semillas, es poco probable que estos minerales sean responsables de la mala salud de las uñas

Otras causas Como las uñas están hechas de una proteína llamada queratina, una dieta deficiente en proteínas puede debilitar las uñas. Es muy poco probable que los que comen carne sufran carencias de los aminoácidos que componen las proteínas del cuerpo, pero para los que prescinden de los alimentos de origen animal, esto puede ser un problema. Los veganos deben combinar diferentes proteínas vegetales como las de legumbres, cereales y productos de soja, para obtener todos los aminoácidos esenciales necesarios (véase *Vegetarianos y veganos*, página 376).

Una de las causas más probables de las uñas débiles y quebradizas es la anemia, que puede deberse a la falta de hierro, ácido fólico o vitamina B12, con la consecuencia de un riego sanguíneo deficiente en las uñas. La falta de **hierro** es la más común, sobre todo en las mujeres (véase la página 354), y se puede diagnosticar con un análisis de sangre solicitado por el médico de cabecera. Si tomas alimentos ricos en hierro (como carne roja magra, verduras de hoja verde oscuro, legumbres, frutos secos, hierbas y especias), tus reservas de hierro se recuperarán. Combina estos alimentos con otros ricos en **vitamina C**, como frutas y verduras, que ayudarán a absorber el hierro. Para tener unos niveles de **folato** y **vitamina B12** adecuados, toma alimentos como marisco, huevos, verduras de hoja verde oscuro, legumbres y zumo de naranja.

ALIMENTOS BENEFICIOSOS

Azuki

Espárragos

Aguacates

Remolacha

Brócoli

Coliflor

Garbanzos

Frutas desecadas, sobre todo albaricoques

Hierbas secas y especias

Judías edamame

Huevos

Kale

Kiwi

Carne magra roja

Puerros

Limones

Lentejas

Limas

Perejil

Guisantes

Pimientos

Piña

Aves

Gambas

Sardinas

Espinacas

Espirulina

Semillas de girasol

Tofu

EVITAR

Ningún alimento específico

PESO

Dicho de manera simple, el sobrepeso suele ser el resultado de comer más calorías de las que se queman. (Algunos trastornos, como el síndrome de ovario poliquístico o el hipotiroidismo, favorecen el sobrepeso, pero son relativamente infrecuentes). En general, nos cuesta reconocer lo que comemos o subestimamos el tamaño de las raciones que tomamos; se ha comprobado que las personas que hacen dieta declaran por debajo de lo real las calorías consumidas, hasta 500 calorías al día, la cantidad teóricamente necesaria para perder 450 g a la semana. A veces olvidamos los pequeños bocaditos o sorbos extras —cuando picamos en el trabajo, del plato de nuestros hijos o al cocinar—, que al final del día se van acumulando.

Hay un montón de métodos para perder peso, algunos especialmente nocivos, con ayunos prolongados o complicadas dietas restrictivas que prometen soluciones rápidas y fomentan actitudes negativas hacia la comida. Aunque nuestro estilo de alimentación sana no está pensado como una dieta para adelgazar, muchas personas pierden peso cuando adoptan nuestros principios.

Si estás intentando perder peso, aquí te ofrecemos algunos consejos, así como un plan para perder peso basado en la ingesta de 1.500 calorías diarias (es muy difícil tener energía para llevar una vida activa y obtener todos los nutrientes necesarios con menos calorías).

PLAN DEPURATIVO DE 1500 CALORÍAS

	PRIMER DÍA	SEGUNDO DÍA	TERCER DÍA
Desayuno	Muffins de arándanos y manzana (pág. 43)	Bircher muesli con manzana, arándanos y canela (pág. 28)	Granola de coco y pecanas (pág. 30)
Zumo	Zumo de zanahoria, remolacha, manzana y apio (pág. 57)	Batido de coco, piña y chía (pág. 52)	Zumo de zanahoria, remolacha, manzana y apio (pág. 57)
Tentempié a media mañana	Hummus con rábanos y coliflor (pág. 66)	Ensalada de edamame y semillas (pág. 73)	Puré de judiones y espinacas con crudités (pág. 68)
Comida	Chili con alubias pintas (pág. 168)	Ensalada de aguacate (pág. 97)	Cebada perlada con melón cantaloupe (pág. 151)
Merienda con zumo	Frutos del bosque variados (80 g)	Hummus de remolacha (pág. 65)	Peras pochadas con lavanda (pág. 270)
Cena	Caballa al horno y arroz con jengibre y azafrán (pág. 253)	Rollitos de col rellenos de pollo (pág. 208)	Fletán con garbanzos estofados y pesto (pág. 242)

En la página 301 también encontrarás dos planes de tres días bajos en calorías para activar la depuración. No están pensados para ser mantenidos a largo plazo, pero pueden ser una buena manera de empezar la dieta. Y para que puedas controlar lo que consumes, en cada receta se da la información sobre las calorías.

Las personas que hacen ejercicio tienden a quemar más calorías. Las más musculadas suelen tener una tasa metabólica basal mayor, es decir, queman más calorías cuando realizan sus actividades cotidianas. Hacer ejercicio de manera regular es una buena manera de perder grasa y aumentar la masa muscular del cuerpo y, por lo tanto, el metabolismo.

Si tienes sobrepeso, a menudo significa que estás comiendo demasiados alimentos que contienen muchas calorías, que serán inevitablemente ricos en grasa, sal y azúcar. Este tipo de dietas se asocian a una serie de problemas médicos, entre ellos, la enfermedad cardíaca y la diabetes. Cabe recordar, sin embargo, que puedes ganar peso si comes demasiados alimentos «sanos», pues algunos son también ricos en calorías (p. ej., en 100 g de frutos secos y semillas hay unas 600 calorías; sin embargo, son muy nutritivos, por lo que puedes obtener una gran cantidad de nutrientes esenciales tomando solo una cantidad pequeña). Esta es la razón por la gente suele decir que no entiende por qué engordan cuando comen alimentos sanos.

CUARTO DÍA	QUINTO DÍA	SEXTO DÍA	SÉPTIMO DÍA
Bircher muesli con manzana, arándanos y canela (pág. 28)	Huevos al horno con espinacas y tomate (pág. 38)	Huevos escalfados y tortitas de boniato (pág. 39)	Copa de mango con granada (pág. 33)
Batido de coco, piña y chía (pág. 52)	Zumo de zanahoria, remolacha, manzana y apio (pág. 57)	Zumo de zanahoria, remolacha, manzana y apio (pág. 57)	Zumo de zanahoria, remolacha, manzana y apio (pág. 57)
Chips de kale con anacardos y pimentón (pág. 74)	Frutos secos picantes (pág. 76)	Barritas de cereales con pistachos (pág. 79)	Ensalada de edamame y semillas (pág. 73)
Potaje de judiones y calabaza (pág. 138)	Coquitos (pág. 263)	Crema de coliflor, apio y pimentón (pág. 90)	Ensalada de arroz salvaje con tupinambo y tomates de herencia (pág. 154)
Barritas de cereales con pistachos (pág. 79)	Frutos del bosque variados (80 g)	Pasta de aguacates y habas con tortitas de arroz (pág. 60)	Hummus de remolacha con crudités (pág. 65)
Ensalada de pollo y quinoa (pág. 205)	Wraps de lechuga con pollo (pág. 211)	Espaguetis de calabacín (pág. 127) con gambas	Hamburguesas de pavo con ensalada de col (pág. 214)

Mantener un peso corporal saludable no solo es una de las mejores maneras de prevenir ciertas enfermedades, sino que también ayuda a conservar la autoestima. Esta puede perderse fácilmente cuando estás descontento con tu aspecto, y este sentimiento puede extenderse a todos los ámbitos de tu vida.

Diario de alimentos Mantener un diario de alimentos, anotando honestamente lo que has comido (o mejor, tomando fotos con el móvil de lo que comes), es la única manera de averiguar lo que está pasando. A menudo se descubren patrones en el modo de comer. Un nutricionista puede ayudarte a evaluar tu diario y a calcular tu ingesta diaria de calorías. O puedes usar alguna de las muchas aplicaciones de internet para introducir la información (recuerda, sin embargo, que estimar el tamaño de las raciones y saber lo que contiene una receta puede ser bastante complicado).

Visto sobre el papel, puede ser obvio de dónde procede el exceso de calorías. Entonces puedes empezar a establecer unos objetivos de la dieta e introducir cambios simples para reducir las calorías, como tomar raciones más pequeñas, comer más frutas y verduras o pasarte a los alimentos integrales.

La comida como consuelo Todos comemos a veces para consolarnos y solemos elegir alimentos que aumentan el nivel de serotonina en el cerebro, lo que hace que nos sintamos relajados y menos ansiosos. Estos alimentos suelen ser ricos en azúcar y carbohidratos refinados, que provocan subidas bruscas del nivel de azúcar en la sangre y nos dejan peor enseguida cuando el efecto desaparece.

Comer estos alimentos puede convertirse en un hábito y provocar sobrepeso. Si comprendes cómo y cuándo surge el impulso de comerlos, será más fácil cambiar el hábito. Es útil que en el diario de alimentos anotes cómo te sientes cada vez que comes. Esto te ayudará a enfrentar el problema y a buscar opciones saludables de alimentos u otras maneras de mejorar el estado de ánimo (el ejercicio libera hormonas del «bienestar»).

Saber si tienes sobrepeso Una forma rápida de determinar si tienes sobrepeso es estimar tu índice de masa corporal (IMC) con la gráfica de la página 347, basado en la relación entre el peso y la estatura. El azul representa el intervalo normal de IMC; el área que queda por debajo o por encima corresponde a un peso deficiente o excesivo. En algunos casos, sin embargo, como en el de mujeres embarazadas o personas muy musculosas, el IMC no es una medida fiable, pues se basa en el peso y no diferencia entre grasa y masa muscular. Dicho esto, está claro que no vas a empezar a perder peso estando embarazada, y si tu relación entre masa muscular y grasa es alta, es muy probable que ya lleves un estilo de vida activo y saludable. Mantener un peso corporal sano es esencial para todo el mundo.

Si tu IMC indica que necesitas perder peso, empieza por establecer una meta realista para ello. Perder de 450 g a 1 kg por semana es un objetivo razonable. Aunque puedes tardar más en alcanzar tu peso ideal, hay menos posibilidades de que abandones la dieta y vuelvas a aumentar de peso. Trata de no obsesionarte con la báscula: pésate una vez a la semana, no todos los días, porque hay factores como la retención de agua que pueden fluctuar a lo largo del día.

En vez de preocuparse demasiado por los gramos o los kilos, a menudo es mejor fijarse un objetivo práctico, como ponerte de nuevo esos antiguos vaqueros que te encantan u otra prenda favorita. Estos logros serán los que te animarán a seguir adelante.

Algunos consejos útiles

- Pon atención al comer. Se ha demostrado que las personas que comen de manera consciente toman menos calorías. Siéntate a comer, mastica bien y baja los cubiertos entre un bocado y otro. Así el cerebro tendrá tiempo de registrar que estás comiendo y el momento en que estés lleno.
- Come de manera equilibrada alimentos muy variados, para incluir la mayor cantidad posible de nutrientes. Intenta que la mayoría de los alimentos sean vegetales (frutas, verduras y cereales integrales) acompañados de proteínas magras y grasas saludables (aceites, aguacates, frutos secos y pescado azul). Toma también diariamente algunas raciones de fuentes de calcio no lácteas (leche de arroz enriquecida, tahini, almendras, verduras verde oscuro).
- Elige alimentos con carga glucémica baja (GG; véase la página 290), para el equilibrio del nivel de azúcar en la sangre, lo que regulará tu estado de ánimo y ansiedad.
- Para sentirte saciado más tiempo, toma proteínas (de origen animal y vegetal) y alimentos ricos en fibra (cereales integrales y verduras) en cada comida. Los alimentos con un alto contenido de agua también pueden saciar con menos calorías. Toma sopas o platos que lleven tomate o caldo, como estofados, guisos y currys.
- Come a menudo para que el nivel de azúcar en la sangre sea estable y no pases hambre. No olvides el desayuno; se ha demostrado que las personas que no desayunan son más propensas a engordar.
- Reduce al mínimo las grasas saturadas y el azúcar: las grasas contienen muchas calorías y engordan fácilmente, y el exceso de azúcar se almacena como triglicéridos (la forma principal de grasa de reserva en el cuerpo). No reduzcas la grasa del todo; con un poco te sentirás saciado y añadirás sabor y textura a los alimentos. Toma aceite de oliva virgen extra o pequeñas raciones de aguacate, frutos secos y semillas.

- No te deshidrates, porque puedes malinterpretar esto como hambre y comer más. Bebe mucha agua durante todo el día.
- Evita el alcohol, pues contiene casi tantas calorías como la grasa (con pocos beneficios nutricionales), y puede desequilibrar el nivel de azúcar en la sangre. También puede perturbar el sueño (la falta de sueño se ha relacionado con el sobrepeso o la dificultad para perder peso).
- Mantente activo para incrementar tu metabolismo y favorecer la pérdida de peso. No hace falta entrenar para un triatlón; bastará con que hagas un poco de ejercicio cada día, pues a largo plazo es más fácil mantener esto que un entrenamiento intensivo.

Aumentar de peso Para algunas personas, engordar puede ser tan difícil y frustrante como adelgazar. Una enfermedad, una operación quirúrgica, trastornos digestivos, el estrés o un estilo de vida muy activo pueden hacer que sea difícil mantener un peso corporal saludable. Aunque sea tentador llenarse de alimentos ricos en calorías con gran contenido de grasas, sal y azúcar, esta no será la mejor dieta, pues te dejaría aletargado y no sería saludable.

Como miembro del «club de los flacos por herencia», puedo darte algunos consejos para engordar de manera saludable:

- No te saltes comidas. Toma las tres principales y un montón de tentempiés nutritivos. Las personas que intentan engordar a menudo tienen poco apetito, por lo que en vez de tomar grandes raciones piensa en hacer seis minicomidas.
- Elige alimentos saludables ricos en nutrientes y calorías, como frutos secos, semillas, aguacates, aceites, pescado azul, mantequillas de frutos secos, tahini (que se encuentra en el hummus), plátanos, granola, fruta desecada y aliños y adobos caseros. La quinoa y las judías edamame son un poco más ricas en calorías que otros cereales y legumbres.
- Toma tentempiés nutritivos como mantequilla de frutos secos y rodajas de plátano en pan sin trigo; pequeñas ensaladas a base de cereales; tortillas; guacamole o ensalada de tomate y aguacate con aceite de oliva virgen extra; gachas de avena con frutos secos; yogur de coco con granola; frutos secos y frutas desecadas; judías edamame con chile y aceite de sésamo. Con los batidos también puedes llenarte de calorías: añade aguacate, mantequilla de frutos secos o tahini.
- Enriquece los platos adquiriendo el hábito de añadir siempre un ingrediente más: frutos secos picados o legumbres; alimentos cocinados como quinoa o boniatos a las ensaladas; aceites aromatizados y cereales a las sopas; frutas desecadas a las ensaladas de cereales; coco rallado a ensaladas de frutas; o leche de coco a los currys.

GRÁFICA DEL ÍNDICE DE MASA CORPORAL (IMC)

La gráfica del IMC es una manera de estimar la grasa corporal basándose en la estatura y el peso. Para usar la gráfica, sigue con un dedo la línea de tu peso y con otro la de la altura hasta que se encuentren. La zona donde se encuentre ese punto indica dónde te sitúas (véase explicación a la derecha).

- Por debajo del peso normal
- Peso normal
- Sobrepeso
- Obesidad

1 piedra = 6,35 kg
1 libra = 450 g

1 pie = 30 cm
1 pulgada = 2,5 cm

MENTE

Todos llevamos vidas activas que a veces conllevan mucho estrés. Aprender a lidiar con el estrés, para que no afecte a nuestra capacidad de hacer las cosas importantes, es esencial para nuestro bienestar. Algunos factores estresantes son las relaciones con los otros y los problemas económicos, así como la incapacidad de mantener un equilibrio sano entre el trabajo y la vida personal.

El estrés puede evolucionar en tres etapas. La primera produce adrenalina y suele caracterizarse por la respuesta de «lucha o huida». La segunda es el desarrollo de mecanismos de adaptación; y la tercera, el agotamiento de los recursos del cuerpo. Cuando somos incapaces de hacer frente al estrés, aumenta el riesgo de sufrir daño a largo plazo y de que aparezcan ciertos trastornos, como la ansiedad y la depresión, que pueden afectar gravemente la calidad de vida.

PLAN DEPURATIVO PARA UNA MENTE SANA

	PRIMER DÍA	SEGUNDO DÍA	TERCER DÍA
Desayuno	Bircher muesli con manzana, arándanos y canela (pág. 28)	Huevos escalfados y tortitas de boniato (pág. 39)	Granola con piña y fresas (pág. 30)
Zumo	Batido de frambuesas, arándanos y agua de coco (pág. 49)	Zumo de zanahoria, remolacha, manzana y apio (pág. 57)	Batido de coco, piña y chía (pág. 52)
Tentempié a media mañana	Pasta de aguacates y habas con tortitas de arroz (pág. 60)	Pastelitos de cereales con goji y anacardos (pág. 80)	Puré de judiones y espinacas con crudités (pág. 68)
Comida	Ensalada de arroz salvaje con tupinambo y tomates de herencia (pág. 154)	Ensalada de aguacate y quinoa (pág. 147)	Salmón con ensalada de judías verdes, naranja y avellanas (pág. 235)
Merienda con zumo	Ensalada de edamame y semillas (pág. 73)	Hummus con rábanos y coliflor (pág. 66)	Higos secos (50 g)
Cena	Salmón con fideos de arroz integral (pág. 237)	Wraps de lechuga con pollo (pág. 211)	Curry de calabaza y tofu al horno (pág. 135)

El estrés, la ansiedad y la depresión suelen alterar el apetito. Si disminuye, podrías no comer todo lo necesario para alimentarte adecuadamente. Estos trastornos también pueden llevarte a comer en exceso alimentos no adecuados (que podrían desequilibrar el nivel de azúcar en la sangre) y a beber demasiado café (que aumenta la adrenalina). El estrés también puede agotar los nutrientes esenciales del cuerpo, como las vitaminas B y el magnesio.

En algunos casos, comer alimentos adecuados ayuda a hacer frente a las condiciones adversas que puedan surgir. Se ha demostrado que los ácidos grasos omega 3 contribuyen a equilibrar las hormonas del estrés. Una buena dieta y el ejercicio regular son maneras sencillas de propiciar una buena salud mental, además de la salud física.

CUARTO DÍA	QUINTO DÍA	SEXTO DÍA	SÉPTIMO DÍA
Pan de quinoa (pág. 44)	Bircher Muesli con remolacha y manzana (pág. 25)	Yogur de mango con orejones y plátano (pág. 29)	Huevos al horno con espinacas y tomate (pág. 38)
Batido de coco, piña y chía (pág. 52)	Batido de frambuesas, arándanos y agua de coco (pág. 49)	Zumo de zanahoria, remolacha, manzana y apio (pág. 57)	Batido de coco, piña y chía (pág. 52)
Hummus con rábanos y coliflor (pág. 66)	Pastelitos de cereales con goji y anacardos (pág. 80)	Anacardos (30 g)	Ensalada de edamame y semillas (pág. 73)
Frittata de kale, edamame e hinojo (pág. 199)	Potaje de judiones y calabaza (pág. 138)	Ensalada de quinoa, espárragos y almendras (pág. 150)	Pollo al limón (pág. 220)
Arándanos (80 g)	Guacamole (pág. 59) con tiras de pimiento roja	Pasta de aguacates y habas con tortitas de arroz (pág. 60)	Batido de chocolate (pág. 53)
Chili con alubias pintas (pág. 168)	Fletán con garbanzos estofados y pesto (pág. 242)	Curry verde tailandés (pág. 137)	Sopa de alubias a la mexicana (pág. 88)

① DEPRESIÓN

La depresión es muy común: una de cada diez personas sufre una depresión grave que puede durar varias semanas o incluso meses. Hay muchos factores desencadenantes: acontecimientos vitales tales como un duelo o la ruptura de una relación, o factores asociados al estilo de vida, como las adicciones al tabaco, alcohol o drogas. Los síntomas de la depresión varían y pueden ser tanto físicos como psicológicos, e incluir falta de apetito, insomnio, estreñimiento, aumento o pérdida de peso y falta de energía y de entusiasmo.

Aunque la comida no va a curar tu depresión, seguir una dieta adecuada puede ayudar a aliviar los síntomas y generar bienestar. Es importante que hagas todo lo posible por conservar el apetito y comas con regularidad, para nutrirte con todo lo que necesitas. El ejercicio también puede ayudar en depresiones de leve a moderadas, gracias a que libera serotonina, la «hormona del bienestar».

Combatir los síntomas de la depresión Hay muchos datos que indican que los **ácidos grasos omega 3** pueden aliviar estos síntomas: en los países con un consumo elevado de omega 3, las tasas de depresión son menores, y en los pacientes con depresión, los niveles de este ácido graso son notablemente inferiores. Aumenta tu consumo de omega 3 tomando hasta cuatro raciones semanales de pescado azul (dos si estás embarazada), además de verduras de hoja verde oscuro, frutos secos, semillas y aceites de lino y chía.

Es importante que los niveles de azúcar en la sangre sean estables, pues pueden afectar a la concentración, la capacidad de enfoque y la energía. Combina carbohidratos complejos, como cereales integrales (arroz integral, trigo sarraceno, cebada y avena) con proteínas, para un aporte de energía lento y constante

Ciertos alimentos contienen cantidades importantes del aminoácido **triptófano** (aves, pescado azul, huevos, legumbres), que en el cerebro se convierte en **serotonina**. Esta hormona es útil para aliviar la ansiedad y favorecer el sueño. Como la absorción de triptófano requiere carbohidratos, antes de acostarte podrías tomar, por ejemplo, unas pocas gachas o galletas de avena con miel.

Las deficiencias de **magnesio** y **vitaminas B** (sobre todo la B12) también se asocian a depresión; estas últimas intervienen en la producción de neurotransmisores en el cerebro. Estos nutrientes se pueden encontrar en verduras de hoja verde oscuro, lentejas, pescado azul, frutos secos, semillas y espirulina (un alga).

La depresión relacionada con el síndrome premenstrual se ha asociado a la falta de **vitamina B6** (presente en aves, huevos, pescado azul, quinoa y verduras verde oscuro), quizá porque interviene en la conversión de triptófano en serotonina. Ten en cuenta que como suplemento, en dosis altas (más de 50 mg), puede provocar reacciones adversas, como entumecimiento.

El cacao crudo contiene un compuesto que mejora el estado de ánimo (**feniletilamina**) y otro compuesto estimulante (**teobromina**).

ALIMENTOS BENEFICIOSOS

Berenjenas
Aguacates
Remolacha
Brócoli
Arroz integral
Coles de Bruselas
Col
Melón cantaloupe
Aceite de chía
Pollo
Higos secos
Judías edamame
Huevos
Aceite de lino
Fletán
Kale
Puerros
Lentejas
Caballa
Judías mungo
Frutos secos (anacardos, nueces)
Avena
Cebolla
Naranjas
Quinoa
Uvas pasas
Cacao crudo
Salmón
Semillas (calabaza, girasol)
Fideos soba
Espirulina
Maíz
Tomates
Atún
Pavo

EVITAR

Alcohol
Cafeína
Azúcar refinado

Encontrarás una lista de recetas que pueden ser beneficiosas para la depresión en la página 398.

② ANSIEDAD

La mayoría de las personas experimentan ansiedad en algún momento de su vida provocada por alguna situación (hablar en público), fobias (miedo a las alturas) o estrés postraumático (tras una experiencia aterradora), o como un trastorno generalizado (sensación continua de ansiedad sin desencadenantes presentes). La ansiedad acompaña a menudo a la depresión, pero puede darse sola, y los síntomas incluyen sudoración, dificultad para respirar, mareos y palpitaciones. A veces deriva en ataques de angustia.

Al igual que con la depresión, la comida no cura la ansiedad, pero seguir una dieta saludable con los alimentos adecuados favorecerá al máximo la salud mental y el bienestar. Cuando se sufre ansiedad, es importante mantener estables los niveles de azúcar en la sangre, teniendo en cuenta que los alimentos que se metabolizan rápidamente (carbohidratos refinados, como el azúcar) pueden alterarlos. Los «chutes de azúcar» pueden tener un efecto perjudicial, pues provocarán nerviosismo, que afectará a la capacidad para concentrarse. Para un aporte lento y constante de energía y para equilibrar los niveles de azúcar en la sangre, sigue una dieta de carga glucémica (CG) baja eligiendo carbohidratos complejos como cereales integrales (arroz integral, fideos soba, cebada, quinoa, avena), hortalizas de raíz y legumbres.

Los estudios han demostrado que el **magnesio** (que participa en la relajación muscular) es útil para la ansiedad, aunque no se ha dilucidado aún si esto tiene una relación directa con el sistema nervioso. Sin embargo, no te hará ningún mal incluir en tu dieta un montón de alimentos ricos en magnesio, como frutos secos, semillas, verduras verdes oscuro y algún pescado blanco.

Los niveles bajos de los aminoácidos **L-lisina** (en las judías edamame, aves, legumbres, semillas y huevos) y **L-arginina** (en el pescado azul, marisco, avena, frutos secos, legumbres) también se han relacionado con la ansiedad, por lo que incrementar su consumo puede ser de ayuda. Puedes tener un aporte constante de estos nutrientes tomando alimentos ricos en proteínas de buena calidad. También se ha demostrado que el **omega 3** es beneficioso para la ansiedad, aunque no se sabe exactamente de qué manera ayuda. Podría estar relacionado con la liberación de serotonina (la hormona «del bienestar») en el cerebro, que mejora el estado de ánimo, o con el hecho de que los omega 3 pueden evitar el aumento de las hormonas del estrés (adrenalina y cortisol).

Como ya habrás imaginado, la cafeína agrava la ansiedad, pues provoca nerviosismo (libera la hormona adrenalina), por lo que debe evitarse. Puedes sustituirla por infusiones de hierbas, como manzanilla, bergamota y melisa, que tienen un efecto relajante. Si tienes dificultad para dormirte, prueba a tomar una infusión de valeriana o de verbena por la noche para inducir la relajación.

ALIMENTOS BENEFICIOSOS

Azuki
Berenjenas
Infusiones de bergamota, manzanilla, valeriana y verbena
Arroz integral
Calabaza
Col
Pollo
Garbanzos
Cítricos
Higos secos
Judías edamame
Huevos
Ajo
Judías verdes
Kale
Frutos secos (anacardos, cacahuetes, piñones)
Avena
Cebolla
Gambas
Quinoa
Uvas pasas
Semillas (calabaza, girasol)
Fideos soba
Maíz
Boniatos
Acelgas
Tomates

EVITAR

Alcohol
Cafeína
Azúcar refinado

Encontrarás una lista de recetas que pueden ser beneficiosas para mitigar la ansiedad en la página 396.

FATIGA

Estar agotado o sentirse sin energía es algo bastante frecuente que puede ocurrir por muchas razones. A veces se relaciona con un cierto estilo de vida y a veces con la dieta, en especial con la falta de vitaminas del grupo B, necesarias para convertir los alimentos en energía (estas vitaminas pueden agotarse como respuesta al estrés, lo que también produce fatiga). O puede deberse a algo tan simple como no comer lo suficiente para obtener la energía que necesitas para llevar a cabo tus tareas cotidianas.

El bajón de energía a media tarde suele producirse como consecuencia de una comida con una elevada carga glucémica(CG)

PLAN DEPURATIVO PARA COMBATIR LA FATIGA

	PRIMER DÍA	SEGUNDO DÍA	TERCER DÍA
Desayuno	Bircher muesli con remolacha y manzana (pág. 25)	Granola con piña y fresas (pág. 30)	Bircher Muesli con manzana, arándanos y canela (pág. 26)
Zumo	Batido de frambuesas, arándanos y agua de coco (pág. 49)	Zumo de zanahoria, remolacha, manzana y apio (pág. 57)	Batido de coco, piña y chía (pág. 52)
Tentempié a media mañana	Pastelitos de cereales con goji y anacardos (pág. 80)	Frutos del bosque variados (80 g)	Hummus con rábanos y coliflor (pág. 66)
Comida	Pastelitos de boniato con kale y judías verdes (pág. 113)	Ensalada de aguacate y quinoa (pág. 147)	Risotto de calabaza y salvia (pág. 182)
Merienda con zumo	Nueces del Brasil (30 g)	Ensalada de edamame y semillas (pág. 73)	Nueces caramelizadas (pág. 81)
Cena	Salmón con fideos de arroz integral (pág. 237)	Curry de calabaza y tofu al horno (pág. 135)	Pollo estilo cajún con salsa de mango y ensalada de aguacate (pág. 202)

—que es degradada rápidamente por el cuerpo, lo que provoca un incremento rápido del azúcar en la sangre, seguido a menudo por una bajada brusca y por hambre (las patatas al horno suelen tener este efecto)— más los tentempiés dulces. Para gozar de un buen nivel de energía de manera constante, se deben evitar los «chutes de azúcar» y mantener estable el azúcar en la sangre.

En algunas personas puede haber una razón más profunda para la fatiga, como un trastorno mental (depresión y ansiedad) o una enfermedad, como el síndrome de fatiga crónica, una intolerancia a los alimentos o deficiencias de vitaminas y minerales.

CUARTO DÍA	QUINTO DÍA	SEXTO DÍA	SÉPTIMO DÍA
Yogur de mango con orejones y plátano (pág. 29)	Aguacate con frutos secos y semillas (pág. 36)	Chía con leche y coulis de mora y lima (pág. 35)	Huevos al horno con espinacas y tomate (pág. 38)
Zumo de zanahoria, remolacha, manzana y apio (pág. 57)	Batido de frambuesas, arándanos y agua de coco (pág. 49)	Zumo de zanahoria, remolacha, manzana y apio (pág. 57)	Batido de coco, piña y chía (pág. 52)
Frutos secos picantes (pág. 76)	Pastelitos de cereales con goji y anacardos (pág. 80)	Guacamole (pág. 59)	Ensalada de edamame y semillas (pág. 73)
Frittata de boniatos (pág. 196)	«Arroz» de coliflor frito con setas shiitake y tofu (pág. 143)	Sopa de pak choi y jengibre con arroz (pág. 83)	Pizza de quinoa (pág. 148)
Frutos del bosque variados (80 g)	Falafel de remolacha (pág. 115)	Nueces de Brasil (30 g)	Falafel de remolacha (pág. 115)
Fletán con garbanzos estofados y pesto (pág. 242)	Hamburguesas de pavo con ensalada de col (pág. 214)	Hamburguesas de abadejo y gambas con espaguetis de calabacín (pág. 247)	Caballa al horno y arroz con jengibre y azafrán (pág. 253)

① DEFICIENCIA DE HIERRO (ANEMIA)

El hierro tiene un papel clave en la producción de glóbulos rojos, cuya función es transportar el oxígeno por todo el cuerpo. El término anemia describe un grupo de trastornos caracterizados por la incapacidad de llevar a cabo esta función. La anemia más común se relaciona con la deficiencia de hierro, pero también hay otros tipos que tienen que ver con la falta de folato y vitamina B12. Los tres nutrientes intervienen en la producción de glóbulos rojos.

Los síntomas de la anemia se asocian a la falta de oxígeno en el torrente sanguíneo. En los casos leves, puedes sentirte débil y cansado y tener un aspecto pálido. En casos más graves, puedes experimentar dificultades para respirar o desmayos. La deficiencia de hierro es común en las mujeres, debido a la pérdida mensual de sangre, y las embarazadas tienen un riesgo mayor de sufrirla por las necesidades crecientes del feto (en el tercer trimestre del embarazo y tras el nacimiento). Otros grupos de mayor riesgo son las personas con grandes exigencias físicas, como los deportistas, y los que siguen dietas vegetarianas o veganas.

Obviamente lo primero es incluir en la dieta un montón de alimentos ricos en hierro. También debes tomar suficiente **vitamina B12** (en el pescado azul, huevos, espirulina) y **folato** (en la mayoría de las frutas y verduras). En los casos más graves, puedes acudir a tu médico de cabecera, que te prescribirá un análisis de sangre y tal vez te recomiende tomar suplementos de hierro.

Puedes enriquecer con hierro tu cocina, por ejemplo, añadiendo legumbres y verduras verde oscuro a los guisos y ensaladas; agregando fruta desecada a los guisos o cereales (prueba a hacer una compota de frutas desecadas) y con pastas para untar a base de legumbres, para picar entre horas. Los alimentos más ricos en hierro son las carnes rojas magras, las aves, el pescado azul y los huevos. También tienen importantes cantidades de hierro alimentos vegetales como legumbres, frutas desecadas, productos de soja, verduras de hoja verde oscuro, avena, aguacates y hierbas secas y especias (solo un par de cucharaditas de tomillo o mejorana, semillas de comino o cúrcuma pueden añadir hasta 2 g de hierro).

Para absorber mejor el hierro de fuentes vegetarianas, tómalas con un alimento rico en **vitamina C** (cítricos, frutos del bosque, pimientos rojos): un zumo de naranja en el desayuno, un poco de compota de frutas con los cereales o una guarnición de verduras verdes. El **cobre** también ayuda a absorber el hierro, y se encuentra en alimentos como el kale, los anacardos, las setas y las legumbres (garbanzos, soja, judías azuki).

Entre los alimentos que pueden impedir la absorción de hierro (también de suplementos), fiiguran el té (por los taninos), las bebidas con cafeína y unos compuestos llamados fitatos, que se encuentran en el salvado crudo, algunos frutos secos y alubias. Procura no tomar estos alimentos con comidas ricas en hierro.

ALIMENTOS BENEFICIOSOS
Espárragos
Aguacates
Remolacha
Brócoli
Calabaza
Zanahorias
Coliflor
Pollo
Orejones de albaricoque
Higos secos
Tomillo y mejorana secos
Huevos
Cardamomo molido
Kale
Kiwi
Carne magra roja
Limones
Limas
Avena
Naranjas
Perejil
Piña
Granadas
Legumbres (alubias, lentejas)
Calabaza
Frambuesas
Pimientos rojos
Salmón
Espinacas
Espirulina
Fresas
Acelgas
Tofu
Trucha
Berros

EVITAR
Cafeína
Salvado crudo
Té

Encontrarás una lista de recetas que pueden ser beneficiosas para la anemia en la página 395.

② SÍNDROME DE FATIGA CRÓNICA (SFC)

Todavía no se sabe bien cómo o por qué se desarrolla el síndrome de fatiga crónica (SFC), también conocido como encefalopatía miálgica. Según una teoría, se produce en algunas personas tras una infección vírica, como la mononucleosis o la gripe (cuando el sistema inmunitario no logra recuperarse por completo de nuevo). Otros posibles factores que pueden contribuir son el estrés prolongado debido a una experiencia traumática, como un duelo o una depresión, o desequilibrios hormonales o trastornos del sistema inmunitario.

Los síntomas son principalmente fatiga debilitante, así como dolores de cabeza, dolores musculares y en las articulaciones, falta de concentración, tiempo prolongado para recuperarse tras el ejercicio y sueño no reparador. Muchos de estos síntomas podrían estar vinculados a otros problemas, como anemia, trastornos tiroideos, diabetes u obesidad, por lo que se debe realizar una serie de pruebas para descartar estas enfermedades antes de diagnosticar el SFC

No hay cura para el SFC, pero los síntomas pueden mejorar con el tiempo, y una dieta equilibrada puede tener gran influencia en el estado de ánimo y el nivel de energía. Si mantienes los niveles de azúcar en la sangre estables comiendo con regularidad durante todo el día, e incluyes en tu dieta abundantes carbohidratos complejos (arroz integral, quinoa, legumbres, fideos de soba), podrás contar con un adecuado suministro de energía. Los **ácidos grasos omega 3** serán útiles para el alivio temporal de síntomas como la inflamación de las articulaciones y de las glándulas, por lo que será bueno consumir alimentos ricos en este nutriente (pescado azul, semillas y aceites de chía y lino, verduras de hoja verde oscuro y nueces).

También es importante mantener un sistema inmunitario fuerte, para que puedas hacer frente a las infecciones. Intenta consumir mucho **zinc** (en mariscos, aves, huevos, avena y frutos secos) y **vitamina C** (la mayoría de frutas y verduras, como kiwi, fresas y pimientos) para favorecer una buena inmunidad.

Conviene evitar los alimentos que contengan el edulcorante aspartamo (en alimentos procesados «bajos en grasas» y *light*) y el potenciador de sabor glutamato monosódico (GMS), pues se ha demostrado que ambos empeoran los síntomas del SFC.

ALIMENTOS BENEFICIOSOS

Frutos del bosque

Brócoli

Arroz integral

Coliflor

Aceite de chía

Pollo

Garbanzos

Calabacín

Cangrejo

Huevos

Aceite de lino

Kale

Limones

Limas

Miso

Setas

Frutos secos (nueces, nueces de Brasil)

Avena

Naranjas

Guisantes

Pimientos

Piña

Granadas

Gambas

Quinoa

Aceite de colza

Salmón

Sardinas

Semillas (calabaza, sésamo)

Fideos soba

Col de primavera

Tomates

Trucha

Atún

Pavo

EVITAR

Alimentos con aspartamo y GMS

Encontrarás una lista de recetas que pueden ser beneficiosas para el SFC en la página 409.

③ INSOMNIO

Alrededor de una de cada 5 personas sufre insomnio, lo que incluye dificultades para conciliar el sueño o mantenerlo y el hecho de despertarse demasiado pronto. La consecuencia de ello es que no descansas bien y al día siguiente te sientes cansado, incapaz de concentrarte y probablemente irritable y con un humor cambiante. La horas necesarias de sueño varían de una persona a otra: para algunas pueden bastar 3 o 4 horas por noche, pero la norma es de 6 a 8 horas.

Las razones del insomnio pueden ser muchas y también puede producirse sin razón alguna. Puede ser algo pasajero, debido a problemas relacionados con el trabajo o la familia, o algún trastorno de salud, como indigestión, calambres o un resfriado. También puede estar relacionado con un problema más crónico, como ansiedad o depresión.

Ciertas medidas básicas como practicar técnicas de relajación o leer antes de acostarse, o asegurarse de que el dormitorio esté totalmente a oscuras (el cerebro segrega más melatonina, la «hormona del sueño» en la oscuridad) pueden ayudar. Evita los estimulantes, como la cafeína y el alcohol, así como hacer ejercicio antes de acostarte, para favorecer una relajación completa. También puedes probar a tomar infusiones de hierbas como manzanilla, valeriana y pasiflora, conocidas por sus propiedades relajantes.

En cuanto a la dieta, si comes bastantes alimentos ricos en el aminoácido **triptófano** (aves, frutos secos, judías edamame, aguacates, garbanzos) tu cuerpo podrá contar con las cantidades necesarias para producir **serotonina** en el cerebro (que a su vez se utiliza para fabricar **melatonina**, que regula los ciclos de sueño y vigilia). Para que el triptófano atraviese la barrera entre los vasos sanguíneos y el cerebro (hematoencefálica), se requiere la acción de los carbohidratos, que elevan los niveles de insulina, lo que facilita el paso del triptófano. Por ello, para contribuir a la relajación e inducir el sueño, puedes tomar una cena rica en carbohidratos complejos; o tomar un pequeño tentempié rico en carbohidratos poco antes de acostarte (p. ej., un par de galletas de avena con un poco de miel o un pequeño bol de gachas de avena).

La deficiencia de **magnesio** se ha relacionado con el insomnio; por ello intenta comer muchos alimentos ricos en este mineral, como pescado blanco, verduras de hoja verde oscuro, frutas desecadas y frutos secos y semillas (como tentempiés o añadidos a los cereales del desayuno y ensaladas). El **calcio** también combate el insomnio, pues ayuda al cerebro a utilizar el triptófano para producir melatonina. Prueba a tomar un pequeño tazón de avena con leche de arroz enriquecida con calcio antes de acostarte: el calcio de la leche ayudará a absorber el triptófano de la avena (una buena fuente de este aminoácido).

ALIMENTOS BENEFICIOSOS

Berenjenas
Aguacates
Brócoli
Arroz integral
Coles de Bruselas
Col
Anacardos
Infusiones de manzanilla y valeriana
Pollo
Garbanzos
Calabacín
Pepino
Higos secos
Judías edamame
Leche de arroz enriquecida
Ajo
Fletán
Kale
Judías mungo
Avena
Quinoa
Semillas (calabaza, sésamo, girasol)
Fideos soba
Maíz
Acelgas
Tahini
Tofu
Tomates

EVITAR

Alcohol
Cafeína

Encontrarás una lista de recetas que pueden ser beneficiosas para el insomnio en la página 403.

④ DOLOR DE CABEZA

Los dolores de cabeza son uno de los problemas de salud más frecuentes. El tipo más común es el dolor de cabeza tensional, cuando se siente presión en la frente o en los lados de la cabeza. También puedes tener dolor de cabeza como consecuencia de un resfriado o de sinusitis, y en este caso se nota detrás de los ojos.

Los dolores de cabeza tensionales suelen deberse al estrés, pero otros factores pueden incluir deshidratación, falta de sueño, falta de ejercicio y consumo de alcohol. Las mujeres experimentan a menudo dolores de cabeza hormonales durante la menstruación, que en algunos casos pueden convertirse en migraña (véase la página 358). También puedes experimentar dolor de cabeza tras la liberación repentina de la tensión, lo que podría ocurrir después de un momento especialmente traumático. La reducción brusca de las hormonas del estrés hace que se liberen neurotransmisores, lo que provoca que los vasos sanguíneos se dilaten y se contraigan, y esto se manifiesta como dolor de cabeza.

La mayoría de las personas se deshidratan durante el día. Esto no solo provoca dolores de cabeza, sino que también disminuye la capacidad de concentrarse, y el dolor puede aparecer incluso con una deshidratación leve. Procura beber al menos dos litros de líquido al día, preferiblemente agua, que puede estar fría o caliente, sola o aromatizada con menta fresca, limón, pepino, albahaca fresca o jengibre fresco. Las sopas y algunas frutas (como el melón) también tienen un alto contenido de agua y pueden ayudar a que te mantengas hidratado. Los tés sin cafeína, como el rooibos o algunas infusiones de hierbas también van bien. La cafeína se ha relacionado con la aparición de dolores de cabeza, y también el edulcorante aspartamo, que se encuentra en muchas bebidas *light*, como las de cola. Como regla general, si sientes sed, ya estás experimentando los efectos de la deshidratación.

Otros ingredientes que pueden provocar dolores de cabeza son el glutamato monosódico (GMS) y el aminoácido tiramina, que puede encontrarse en alimentos como el vino tinto, chocolate y alimentos encurtidos o fermentados como el chucrut. Los nitratos, que pueden estar presentes en las carnes procesadas, también se han relacionado con los dolores de cabeza.

Si crees que tus dolores de cabeza son provocados por ciertos alimentos o bebidas, vale la pena llevar un diario de alimentos durante una semana, y anotar lo que parece relacionarse con el dolor. Si tus dolores de cabeza son constantes (se consideran crónicos si se producen durante más de la mitad de los días del mes), independientemente de lo que comes o bebes, y sobre todo si se acompañan de otros síntomas, sería conveniente que acudas al médico de cabecera.

ALIMENTOS BENEFICIOSOS

Ningún alimento concreto, pero bebe agua suficiente para mantenerte hidratado

EVITAR

Alcohol

Cafeína

GMS

Nitratos (en carnes procesadas)

Tiramina (en chocolate, encurtidos y vino tinto)

⑤ MIGRAÑA

Aunque el principal síntoma de la migraña es el dolor de cabeza fuerte, es una dolencia mucho más compleja que incluye otros síntomas, como visión borrosa, náuseas, vómitos, sensibilidad a la luz y hormigueo en los brazos. A menudo durante una crisis, el paciente puede necesitar permanecer inmóvil en una habitación oscura durante varias horas.

Se cree que hay una predisposición genética a la migraña y, por desgracia, no hay cura. Los síntomas pueden diferir bastante de una persona a otra; por ello es mejor buscar medidas preventivas para cada caso particular. Identificar los llamados «desencadenantes» puede ayudar a controlar la aparición de las migrañas; los más comunes son el estrés, la falta de sueño, factores ambientales (luces parpadeantes, ruido fuerte o humo de tabaco), los cambios hormonales en las mujeres (posiblemente relacionados con la hormona estrógeno), ciertos alimentos y el alcohol. La deshidratación también puede provocar migraña.

Alimentos desencadenantes En algunas personas la comida puede contribuir a la aparición de las migrañas. Los desencadenantes más comunes son el chocolate, el café o el vino rojo (todos ellos ricos en el aminoácido tiramina). Puedes empezar eliminando estos alimentos y ver si te ayuda.

Muchas personas sienten un deseo fuerte de comer dulces justo antes de la aparición de una migraña y creen que estos las provocan, cuando en realidad el deseo de dulces es solo un síntoma. Vale la pena que tengas esto en cuenta si estás intentando identificar tus alimentos desencadenantes.

Ciertos alimentos pueden contener productos químicos o aditivos que se asocian a menudo con las migrañas: Los más comunes son el glutamato monosódico (GMS; potenciador del sabor), los nitratos (en las carnes procesadas) y el aspartamo (edulcorante de alimentos y bebidas *light*).

Llevar un diario Para identificar los posibles factores desencadenantes, es útil llevar un diario detallado de los síntomas, que podría incluir factores ambientales (condiciones climáticas, luces parpadeantes o ruido fuerte) o alimentos. Tendrás que llevar el diario durante un período suficientemente largo (p. ej., un mes) para ver si aparecen patrones. Entonces podrás empezar a eliminar el desencadenante (cuando sea posible) y ver si hay alguna mejora en la frecuencia y la intensidad de tus crisis de migraña. No te desanimes si no puedes identificar el desencadenante; muchas personas no encuentran ninguno.

Algo que a menudo provoca la migraña es no comer suficiente, por lo que es muy importante que no te saltes comidas. Intenta comer poco y a menudo para mantener los niveles de azúcar en la sangre estables, y elige alimentos con una baja carga glucémica (CG;

ALIMENTOS BENEFICIOSOS

Espárragos

Berenjenas

Aguacates

Brócoli

Col

Zanahorias

Calabacín

Higos secos

Huevos

Semillas de lino

Ajo

Judías verdes

Fletán

Kale

Caballa

Frutos secos (almendras, anacardos)

Cebolla

Uvas pasas

Salmón

Semillas (calabaza, sésamo, girasol)

Espinacas

Calamares

Maíz

Acelgas

Tomates

EVITAR

Cafeína (en café, té, cola y bebidas energéticas)

Alimentos con aspartamo o GMS

Tiramina (en chocolate, encurtidos o vino tinto)

Encontrarás una lista de recetas que pueden ser beneficiosas para la migraña en la página 403.

véase la página 290), como carbohidratos complejos, que se encuentran en los alimentos integrales (arroz integral, avena, cebada, quinoa y vegetales con almidón, como los boniatos).

En algunas personas con migraña, los alimentos ricos en **vitamina B2** (riboflavina) pueden ayudar; por ejemplo, el pescado, los huevos y las verduras de hoja verde oscuro. La deficiencia de **magnesio** también se ha asociado a las migrañas. Intenta tomar alimentos ricos en magnesio, como pescado blanco, frutos secos, semillas, frutas desecadas y verduras de hoja verde oscuro.

DESENCADENANTES DE LA MIGRAÑA Y ESTRATEGIAS

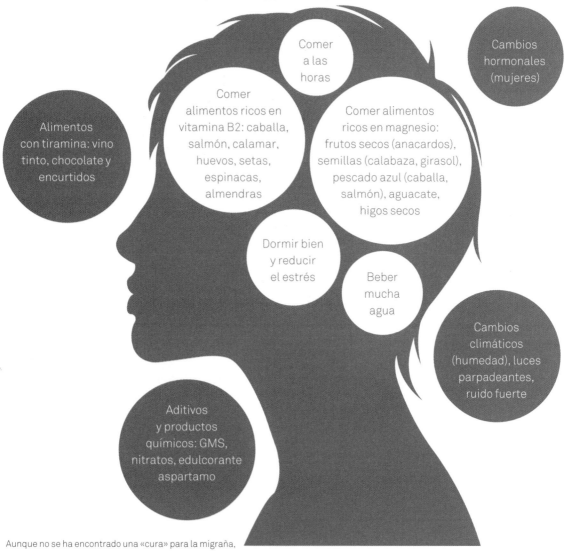

Aunque no se ha encontrado una «cura» para la migraña, identificar los factores desencadenantes (círculos violeta) permite desarrollar estrategias (círculos blancos) que pueden ayudar a prevenir la aparición de las crisis.

HOMBRES

Cada vez se está investigando más sobre la salud de los hombres, debido a que tienden a morir antes que las mujeres y las estadísticas muestran que tienen un mayor riesgo de desarrollar cáncer, así como tasas más altas de obesidad y diabetes. Aparte de los problemas cardíacos, que afectan a ambos sexos, los principales trastornos de salud en los hombres son los problemas de próstata, el cáncer de próstata y testículos y los problemas de salud mental, sobre todo depresión (véase la página 350). Muchos de los factores de riesgo de estos problemas pueden disminuir con una dieta adecuada, reduciendo la ingesta de alcohol y manteniéndose físicamente activo.

Los problemas de salud de los hombres se deben a razones numerosas y complejas, a menudo asociadas con prejuicios o vergüenza, y pueden incluir la siguientes:

PLAN DEPURATIVO PARA LA SALUD MASCULINA

	PRIMER DÍA	SEGUNDO DÍA	TERCER DÍA
Desayuno	Bircher muesli con manzana, arándanos y canela (pág. 28)	Copa de mango con granada (pág. 33)	Huevos al horno con espinacas y tomate (pág. 38)
Zumo	Batido de coco, piña y chía (pág. 52)	Lassi de fresa y mango (pág. 55)	Zumo de zanahoria, remolacha, manzana y apio (pág. 57)
Tentempié a media mañana	Frutos secos picantes (pág. 76)	Ensalada de edamame y semillas (pág. 73)	Crema de tomate y anacardos (pág. 62) con crackers de semillas (pág. 77)
Comida	Berenjenas al horno con granada (pág. 121) y una ensalada verde con semillas	Ensalada de gambas, anacardos y arroz salvaje (pág. 230)	Ensalada de quinoa, espárragos y almendras (pág. 150)
Merienda con zumo	Guacamole (pág. 59) con crackers de semillas (pág. 77)	Kiwi (80 g)	Pan de plátanos (pág. 255)
Cena	Hamburguesas de pavo con ensalada de col (pág. 214)	Curry de calabaza y tofu al horno (pág. 135)	Fletán con garbanzos estofados y pesto (pág. 242)

- No ser conscientes de sus problemas de salud ni comprenderlos
- Ser menos propensos a hablar de su salud y sentimientos
- Ser reacios a buscar soluciones cuando se encuentran mal o deprimidos
- Ser más propensos a las conductas de riesgo
- Tender a avergonzarse por sus problemas de salud (como los problemas de próstata y la impotencia).

Abordar esto factores queda fuera del alcance de este libro; sin embargo, hay algunos cambios clave en relación con la comida que los hombres pueden hacer para mejorar su salud, sobre todo para tratar los problemas de próstata, reducir el riesgo de cáncer, mejorar la fertilidad masculina y ayudar con la impotencia.

CUARTO DÍA	QUINTO DÍA	SEXTO DÍA	SÉPTIMO DÍA
Muffins de arándanos y manzana (pág. 43)	Huevos al horno con espinacas y tomate (pág. 38)	Aguacate con frutos secos y semillas (pág. 36)	Chía con leche y coulis de mora y lima(pág. 35)
Batido de coco, piña y chía (pág. 52)	Batido de frambuesas, arándanos y agua de coco (pág. 49)	Zumo de zanahoria, remolacha, manzana y apio (pág. 57)	Lassi de fresa y mango (pág. 55)
Guacamole (pág. 59) con tiras de pimienta roja	Pastelitos de cereales con goji y anacardos (pág. 80)	Nueces de Brasil (30 g)	Aguacate con frutos secos y semillas (pág. 36)
Lentejas de Puy con berenjena asada y pesto (pág. 161)	Ensalada de aguacate y quinoa (pág. 147)	Pizza de quinoa (pág. 148)	Pad Thai con fideos de arroz integral (pág. 209)
Batido de chocolate (pág. 53)	Ensalada de edamame y semillas (pág. 73)	Puré de judiones y espinacas con crudités (pág. 68)	Pastelitos de cereales con goji y anacardos (pág. 80)
Pavo al curry con anacardos (pág. 212)	Caballa al horno y arroz con jengibre y azafrán (pág. 253)	Espaguetis de calabacín (pág. 127) con gambas	Chili con alubias pintas (pág. 168)

① PRÓSTATA

La próstata, una glándula situada bajo la vejiga, puede provocar problemas urinarios, por ejemplo, por un agrandamiento benigno, por cáncer o por una inflamación. Hacia los 50 años de edad, la próstata empieza a crecer en un proceso denominado hiperplasia benigna de próstata (HBP), que en la mayoría de los casos es inofensiva, pero puede causar problemas urinarios por presionar la vejiga. Las infecciones urinarias, la mala alimentación y ciertos hábitos (tabaco y alcohol) pueden predisponer a las hombres a estos problemas.

Aunque la alimentación puede hacer poco por frenar la HPB, las investigaciones indican que el **betasitosterol**, que se encuentra en alimentos como semillas de lino y de calabaza, aceite de oliva, aguacates, almendras, cacao crudo y cilantro fresco, puede ayudar a aliviar los síntomas urinarios. También es bueno que los hombres tomen suficiente **zinc** (en mariscos, cereales integrales, huevos, frutos secos y semillas), pues este mineral es beneficioso para la salud masculina en general, lo que incluye la salud reproductiva y el funcionamiento de la próstata.

El cáncer de próstata es uno de los cánceres más comunes en los hombres. Tiende a ocurrir a una edad avanzada y el diagnóstico precoz es clave para el éxito del tratamiento. Una dieta saludable puede ayudar a reducir el riesgo, así como llevar una vida sana en general. Aunque no hay ningún alimento que prevenga de manera definitiva el cáncer de próstata, numerosas investigaciones destacan varios alimentos y nutrientes que pueden contribuir a reducir el riesgo. Estos alimentos son beneficiosos de por sí y en este libro encontrarás un montón de recetas que los incluyen.

Gran parte de las investigaciones sobre la relación entre el cáncer de próstata y la dieta se han centrado en los tomates, que contienen el poderoso antioxidante **licopeno**. El Fondo Mundial para la Investigación del Cáncer ha llegado a la conclusión de que es probable que los alimentos ricos en licopeno ayuden a reducir el riesgo de cáncer de próstata. Parece que producen un efecto mayor los tomates cocinados y procesados, por ejemplo, en conserva o en forma de puré o de sopa, lo que indica que el licopeno se absorbe más fácilmente de esta manera. También hay licopeno en otros alimentos rojos, como sandías, granadas, pomelo rosa y pimientos rojos.

La soja contiene **fitoestrógenos** (hormonas vegetales), que pueden contribuir a la salud de la próstata. Los productos de soja, como el tofu, tamari, judías edamame y miso, contienen un tipo de fitoestrógenos llamados **isoflavonas de soja**. Estas, según indican los estudios, pueden ser útiles para la HBP y para prevenir los tumores cancerosos o reducir su velocidad de crecimiento, pues pueden reducir una hormona masculina que estimula el crecimiento excesivo del tejido de la próstata. Aunque hacen falta más estudios para demostrar definitivamente este efecto, la soja, en cantidades moderadas, puede ser una proteína sana en vez de la carne.

ALIMENTOS BENEFICIOSOS

Aguacates

Arándanos

Brócoli

Arroz integral

Coles de Bruselas

Chía (aceite y semillas)

Guisantes

Cangrejo

Tomillo seco

Judías edamame

Huevos

Aceite de oliva virgen extra

Semillas de lino

Cilantro fresco

Kale

Lentejas

Caballa

Miso

Frutos secos (almendras, nueces de Brasil, nueces, anacardos, piñones)

Avena

Papayas

Perejil

Gambas

Quinoa

Cacao crudo

Pimientos rojos

Salmón

Semillas (sésamo, girasol)

Tahini

Tamari

Tofu

Tomates (cocinados, en conserva, concentrados o secados al sol)

Atún

Sandía

EVITAR

Nada en concreto

Encontrarás una lista de recetas que pueden ser beneficiosas para la próstata en la página 408.

También pueden tener un efecto protector contra el cáncer de próstata los alimentos ricos en **selenio**, como los frutos secos (sobre todo las nueces de Brasil), mariscos, el salvado y las aves. Y se están investigando además los alimentos ricos en **vitamina E** (frutos secos, semillas de girasol y cereales integrales), por su capacidad de reducir la inflamación y proteger contra el cáncer.

Desde hace tiempo se sabe que las crucíferas, como el brócoli, la col, las coles de Bruselas, el kale y la coliflor, tienen un efecto protector contra el cáncer, y hay muchos datos científicos que lo apoyan. Parece que esto se debe a un tipo de compuestos con propiedades antioxidantes llamados fitonutrientes, en concreto los **isotiocianatos**, otra razón para tomar un montón de verduras y frutas.

MEJORES ALIMENTOS PARA LA SALUD DE LA PRÓSTATA

Se ha investigado mucho sobre el efecto de la dieta en la salud de la próstata, sobre todo en cuanto al riesgo de cáncer. Algunos nutrientes, como el zinc, son útiles para la salud de los hombres en general; otros parecen ser beneficiosos especialmente para la próstata, como el licopeno y el selenio. Aquí presentamos los alimentos que consideramos mejores como fuentes de estos nutrientes.

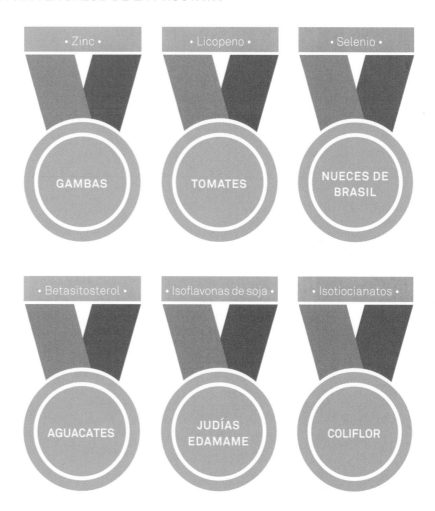

② FERTILIDAD

En la última década, en los hombres se ha reducido notablemente la cantidad de espermatozoides y estos presentan cada vez más anomalías, lo que puede dificultar la concepción. A menudo lo que más importa es la calidad de los espermatozoides (que sean lo bastante fuertes como para fertilizar el óvulo). Los problemas de fertilidad pueden ser tanto responsabilidad de los hombres como de las mujeres. En los hombres la infertilidad se asocia principalmente al estilo de vida (dieta inadecuada, tabaco, alcohol y estrés).

Fumar perjudica en especial la fertilidad, pues no solo afecta a la salud del esperma (probablemente debido a la toxicidad del metal pesado cadmio), sino que también puede provocar impotencia, que por razones obvias hará muy difícil la concepción natural. El alcohol también puede afectar a la forma de los espermatozoides, y consumirlo en exceso puede acabar con ellos durante meses, pues reduce las hormonas necesarias para producir esperma. Se cree que las hormonas del estrés también interfieren con las hormonas productoras de espermatozoides; por ello, incluir técnicas de relajación en tu régimen de fertilidad puede ser una buena idea.

Los espermatozoides tardan al menos tres meses en madurar, por lo que si tú y tu pareja estáis buscando un bebé, tendrás que prepararte suficiente tiempo mediante la dieta y el estilo de vida. Los hombres con sobrepeso y los obesos son menos fértiles (un tercio menos que los delgados), quizá porque sus niveles de testosterona son menores, y además su esperma es de baja calidad. Así que si necesitas adelgazar, este es un buen momento para hacerlo. Renunciando al alcohol y a picar entre horas y haciendo un poco de ejercicio, se puede perder bastante peso.

El **zinc** es el mineral más beneficioso para la fertilidad masculina. Se necesita para producir las hormonas sexuales masculinas, y se cree que el esperma contiene una elevada concentración de zinc. Para aumentar tu producción de esperma, toma alimentos ricos en zinc (marisco, aves, alubias, huevos, frutos secos, cereales integrales) y evita los hábitos que pueden reducir su concentración, como abusar del alcohol.

La **vitamina C** también es importante, ya que reduce la tendencia de los espermatozoides a aglutinarse (común en la infertilidad). Toma al menos cinco raciones de frutas y verduras cada día, especialmente cítricos, frutos del bosque y pimientos rojos. Tomar frutas y verduras variadas asegurará también tu consumo de **antioxidantes** (como el **selenio**, que participa en la producción de ciertas proteínas que se encuentran en el esperma). Esto ayudará a reducir el daño causado por los radicales libres, que algunos expertos relacionan con la infertilidad masculina...

La falta de **omega 3** también puede asociarse a problemas de fertilidad. Para evitarla, toma varias raciones de pescado azul a la semana. También encontrarás omega 3 en verduras de hoja verde oscuro, nueces, semillas (chía y lino) y sus aceites.

ALIMENTOS BENEFICIOSOS

Espárragos
Aguacates
Remolacha
Arándanos
Brócoli
Arroz integral
Coliflor
Semillas y aceite de chía
Garbanzos
Cangrejo
Tomillo seco
Huevos
Semillas de lino
Kale
Kiwi
Limones
Lentejas
Limas
Caballa
Miso
Setas
Frutos secos (almendras, anacardos, piñones, nueces)
Avena
Naranjas
Perejil
Guisantes
Pimientos
Gambas
Quinoa
Frambuesas
Salmón
Hinojo marino
Semillas (calabaza, sésamo, girasol)
Espinacas
Col de primavera
Fresas
Tahini
Atún
Pavo

EVITAR
Alcohol

Encontrarás una lista de recetas que pueden ser beneficiosas para la fertilidad masculina en la página 402.

③ IMPOTENCIA

La impotencia puede deberse a razones psicológicas, pero también se ha demostrado que pueden provocarla algunos factores físicos. Llevar una vida saludable y seguir una dieta adecuada será de ayuda para abordar el problema de la impotencia.

Trastornos como la diabetes, la tensión arterial alta y la aterosclerosis (bloqueo de las arterias como resultado de factores tales como el colesterol alto) pueden reducir el flujo sanguíneo y provocar impotencia. Mantener un peso saludable te ayudará a disminuir el riesgo de diabetes y reducir las grasas saturadas y grasas trans (así como los carbohidratos refinados como el azúcar) contribuirá a prevenir la aterosclerosis. Como en cualquier otro problema de salud masculina, comer muchos alimentos ricos en zinc (marisco, aves, alubias, huevos, frutos secos, cereales integrales) es importante para los problemas de la salud reproductiva, aunque no estén directamente relacionados con la impotencia.

Ciertos hábitos, como beber alcohol y consumir drogas y algunos medicamentos, así como fumar, también pueden afectar a la función sexual masculina. La nicotina es especialmente problemática, pues dificulta la circulación sanguínea, debido a que constriñe las arterias pequeñas (como las que se encuentran en el pene).

ALIMENTOS BENEFICIOSOS
Brócoli
Garbanzos
Cangrejo
Tomillo seco
Huevos
Lentejas
Miso
Setas
Frutos secos (almendras, anacardos, piñones)
Avena
Guisantes
Gambas
Quinoa
Hinojo marino
Semillas (calabaza, sésamo, girasol)
Espinacas
Acelgas
Tahini
Pavo

REDUCIR
Alimentos ricos en grasas saturadas, grasas trans y azúcar refinado

MUJERES

Los problemas de salud de las mujeres se deben a menudo a la alteración del delicado equilibrio hormonal. Esta alteración ocurre de forma natural en las diferentes etapas de la vida de una mujer (pubertad, embarazo, lactancia y menopausia). Los trastornos hormonales con frecuencia no pueden controlarse, pero una dieta inadecuada, un estilo de vida poco sano (fumar y beber), el exceso de peso, los trastornos del sueño y el estrés suelen acentuarlos y, si no se tratan, puede tener consecuencias para la salud a largo plazo.

Los desequilibrios hormonales son a menudo complicados. Aunque la dieta sola no ofrece una cura, un estilo de vida sano repercutirá en el complejo equilibrio. Según indican las investigaciones, ciertos alimentos pueden ser útiles por su efecto sobre las hormonas, mientras que otros pueden ayudar a reducir la inflamación que subyace a muchos problemas.

El ciclo menstrual Para entender el papel de las hormonas femeninas, es útil empezar por el ciclo menstrual, donde intervienen dos de las principales hormonas sexuales femeninas, los estrógenos y la progesterona. Al inicio del ciclo, los niveles de estrógeno y progesterona son bajos. Esto activa la hipófisis (la «glándula maestra» que regula funciones vitales del cuerpo, incluido el control hormonal) para que produzca la hormona estimulante del folículo (HEF).

PLAN DEPURATIVO PARA LA SALUD FEMENINA

	PRIMER DÍA	SEGUNDO DÍA	TERCER DÍA
Desayuno	Bircher Muesli con manzana, arándanos y canela (pág. 26)	Copa de mango con granada (pág. 33)	Minifrittatas (pág. 41)
Zumo	Batido de coco, piña y chía (pág. 52)	Zumo de zanahoria, remolacha, manzana y apio (pág. 57)	Zumo de zanahoria, remolacha, manzana y apio (pág. 57)
Tentempié a media mañana	Ensalada de edamame y semillas (pág. 73)	Hummus de remolacha (pág. 65) con crudités	Barritas de cereales con pistachos (pág. 79)
Comida	Berenjenas al horno con granada (pág. 121)	Pollo al pesto con ensalada de quinoa y paraguayas (pág. 206)	Salmón con ensalada de judías verdes, naranja y avellanas (pág. 235)
Merienda con zumo	Salsa de pepino, menta y yogur (pág. 70) con crudités	Nueces caramelizadas (pág. 81)	Ensalada de edamame y semillas (pág. 73)
Cena	Wraps de lechuga con pollo (pág. 211) con cintas de pepino y zanahoria (pág. 106)	Curry de calabaza y tofu al horno (pág. 135)	Berenjenas al horno con granada (pág. 121)

La HEF inicia la maduración del folículo (una bolsa llena de líquido en el ovario, que contiene un óvulo), que produce más estrógeno para preparar el útero para el embarazo.

Por lo general, tras unos 12 a 14 días se produce la ovulación. Esto provoca un aumento en los niveles de estrógeno, que activan la secreción por parte de la hipófisis de la hormona luteinizante (HL), lo que provoca la liberación del óvulo. El folículo se rompe y segrega progesterona y estrógeno, para preparar el útero para el embarazo. Si el óvulo no se fecunda, los niveles de estrógeno y progesterona disminuyen, y en el día 28 empieza la menstruación.

En algunos trastornos, como en el síndrome de ovario poliquístico (véase la página 374), el equilibrio de estas hormonas se ve afectado y se producen una serie de síntomas, como la alteración del ciclo menstrual. El exceso de ciertas hormonas (como el estrógeno) puede provocar otros problemas, como menstruaciones dolorosas o endometriosis. El sobrepeso puede incrementar la producción de hormonas (el estrógeno se produce en la grasa corporal), lo que aumenta el riesgo de cáncer en la mujer. En la menopausia, la reducción de estrógeno hace a la mujer más susceptible a dolencias tales como enfermedades cardíacas y osteoporosis.

Entender el efecto de las hormonas sobre la salud de las mujeres y la importancia de una dieta sana y equilibrada puede ayudar a tratar los trastornos de la mujer.

CUARTO DÍA	QUINTO DÍA	SEXTO DÍA	SÉPTIMO DÍA
Chía con leche y coulis de mora y lima (pág. 35)	Aguacate con frutos secos y semillas (pág. 36)	Copa de mango con granada (pág. 33)	Chía con leche y coulis de mora y lima (pág. 35)
Batido de coco, piña y chía (pág. 52)	Batido de frambuesas, arándanos y agua de coco (pág. 49)	Zumo de zanahoria, remolacha, manzana y apio (pág. 57)	Batido de frambuesas, arándanos y agua de coco (pág. 49)
Hummus de remolacha con crudités (pág. 65)	Frambuesas (80 g)	Hummus con rábanos y coliflor (pág. 66)	Almendras (30 g)
Ensalada de aguacate y quinoa (pág. 147)	Potaje de legumbres a la mexicana (pág. 139)	Rollitos de col rellenos de pollo (pág. 208)	Hamburguesas de pavo con ensalada de col (pág. 214)
Pastel de remolacha, manzana y zanahoria (pág. 262)	Batido de chocolate (pág. 53)	Guacamole (pág. 59) con pimiento rojo	Pastelitos de cereales con goji y anacardos (pág. 80)
Caballa al horno y arroz con jengibre y azafrán (pág. 253)	Cintas de pepino y zanahoria (pág. 105)	Curry de judías mungo con ensalada de cebolla, pepino y anacardos (pág. 167)	Sopa de lentejas rojas (pág. 89)

① SÍNDROME PREMENSTRUAL (SPM)

Muchas mujeres en edad fértil sufren alguna manifestación del SMP, que se inicia poco antes de la menstruación. Entre sus muchos síntomas, la mayoría de las mujeres destacan la ansiedad (cambios de humor, irritabilidad y tensión) o los antojos (aumento del apetito, deseo de comer dulces, cansancio y dolor de cabeza). Las mujeres a menudo comentan que experimentan este tipo de sensaciones, pero no las relacionan con la menstruación hasta que esta se inicia. Otros síntomas incluyen sensibilidad excesiva en los pechos, dolor de espalda e hinchazón.

En una de cada 5 mujeres, los síntomas son lo bastante fuertes como para afectar la vida cotidiana. Hay un montón de teorías sobre el origen del SPM, pero ninguna se ha demostrado. Probablemente se deba a las fluctuaciones hormonales durante el ciclo menstrual. Pero el hecho de que los síntomas difieran de una mujer a otra, hace pensar que pueden intervenir otros factores.

En algunos casos se recetan medicamentos, como la píldora anticonceptiva, para equilibrar las hormonas, y en otros, antidepresivos, para incrementar los niveles de serotonina (la «hormona del bienestar») en el cerebro.

Nuestra cocina depurativa no será un antídoto para el SPM, pues no hay ningún alimento que pueda prevenirlo, pero seguir una dieta equilibrada propiciará sin duda la salud general y el bienestar. Y hay alimentos que pueden ayudar a aliviar los síntomas asociados.

Niveles estables de azúcar en la sangre Como con cualquier trastorno que pueda afectar tu estado de ánimo, es importante evitar los aumentos y descensos bruscos de los niveles de azúcar en la sangre (que pueden exacerbar sentimientos como la irritabilidad y la ansiedad). Para que se produzca una liberación lenta de azúcar en la sangre, debes seguir una dieta que contenga principalmente alimentos con una baja carga glucémica (CG; véase la página 290), es decir, ricos en carbohidratos complejos, como cereales integrales, legumbres y hortalizas con almidón (p. ej., calabaza y boniato). La fibra de estos alimentos hace que se digieran lentamente y, por lo tanto, reduce la cantidad de insulina que el cuerpo produce (haciendo más lento el transporte de glucosa a las células).

Se cree que el ansia de comer carbohidratos (especialmente azúcar) se debe a un descenso del nivel de serotonina (para su absorción en el cerebro hacen falta carbohidratos), así como a la concentración baja de progesterona y alta de estrógeno, que provoca una reducción del nivel de azúcar en la sangre. Tomar muchos alimentos de CG baja (de origen vegetal) puede ser beneficioso, pues la fibra equilibra el azúcar en la sangre y ayuda a disminuir los niveles de estrógeno (esto es importante si tienes períodos abundantes y dolorosos que pueden ser exacerbados por el aumento de estrógeno).

Reducir el consumo de azúcar, sal y grasas saturadas no solo mejorará tu salud en general, sino también la hinchazón y la

Brotes de alfalfa

Plátanos

Brócoli

Arroz integral

Col

Semillas y aceite de chía

Fruta desecada

Judías edamame

Huevos

Semillas de lino

Productos de leche de arroz enriquecida

Fletán

Kale

Brotes de lentejas

Lechuga

Frutos secos (almendras, anacardos)

Avena

Pescado azul

Pimientos

Legumbres (alubias, lentejas)

Semillas (calabaza, sésamo, girasol)

Espinacas

Tamari

Salmón en conserva

Tofu

Tomates

Pavo

REDUCIR

Alimentos ricos en sal, azúcar refinado, grasas trans y grasas saturadas

Encontrarás una lista de recetas que pueden ser beneficiosas para el SPM en la página 410.

retención de líquidos (y la inflamación). Esto es algo a tener en cuenta cuando sientas el ansia de comer dulces. Las grasas trans (véase la página 293) son el peor tipo de grasa, pues disminuyen la concentración de las sustancias que ayudan a evitar la inflamación y a combatir el dolor. Por eso es conveniente evitar estas grasas por completo.

Fitoestrógenos Se cree que los efectos de un exceso de estrógenos en el cuerpo (como dolor en los pechos) pueden reducirse en presencia de fitoestrógenos (también conocidos como estrógenos vegetales, similares a los estrógenos producidos por el cuerpo, pero con un efecto mucho más débil). Estos fitoestrógenos se unen a los receptores estrogénicos en vez del estrógeno propio del cuerpo.

Los fitoestrógenos se encuentran en los alimentos de soja (como judías de soja, tofu y miso), legumbres (sobre todo garbanzos y lentejas), frutas (albaricoques secos, bayas rojas y moradas), semillas (lino, sésamo, girasol) y frutos secos (pistachos, nueces). Las mujeres premenopáusicas deben moderar su ingesta de soja, pero unas pocas raciones diarias al día pueden beneficiarlas. Si tus menstruaciones son abundantes y dolorosas, es aconsejable evitar la soja por completo (incluidos los suplementos de isoflavonas de soja), pues podría aumentar demasiado los niveles de estrógeno y empeorar las cosas.

Vitaminas y minerales Algunas mujeres sufren deficiencias de **hierro**, lo que puede atribuirse en parte a las pérdidas de sangre menstruales (así como a la baja ingesta de hierro). Cuando tengas la menstruación, es importante que tu dieta incluya muchos alimentos ricos en hierro, sobre todo si pierdes mucha sangre. La falta de hierro supone un riesgo de anemia, que si no se trata, podría hacer que te sintieras cansada, apática y deprimida. Puedes obtener abundante hierro de alimentos como carnes magras, legumbres, frutos secos y verduras de hoja verde oscuro. Procura acompañar los alimentos vegetales ricos en hierro con una fuente de vitamina C, que se encuentra en todas las frutas y las verduras, especialmente en los cítricos, frutos del bosque y pimientos rojos. Evita también beber té con las comidas, pues los taninos pueden afectar la absorción de hierro.

Algunas investigaciones indican que las mujeres con niveles más altos de **calcio** suelen sufrir menos los síntomas asociados con el SPM (como trastornos del estado de ánimo, espasmos e hinchazón). Si prescindes de los lácteos, es importante que tomes alguna fuente saludable de este mineral, como leche de arroz enriquecida, verduras de hoja verde oscuro, almendras, frutas desecadas y tahini (de dos a tres raciones por día).

El **magnesio** es otro mineral asociado con síntomas del SPM, sobre todo en mujeres con deficiencias. Tentempiés como semillas y frutos secos pueden aumentar tu ingesta de magnesio, y también puedes contribuir a ello comiendo legumbres (lentejas y alubias), frutas desecadas y verduras de hoja verde oscuro.

Muchas mujeres toman suplementos de **vitamina B6**, que se ha demostrado que es útil para aliviar los síntomas emocionales asociados con el SPM, como los cambios de estado de ánimo. Ten en cuenta, sin embargo, que si se toman grandes cantidades de vitamina B6, se pueden provocar daños en el sistema nervioso; esto se ha observado cuando el consumo sobrepasa los 50 mg, que es la dosis recomendada para conseguir un efecto terapéutico. La vitamina B6 se encuentra en muchos alimentos, pero son especialmente ricos en ella los cereales integrales, las aves, los huevos, el pescado azul y las verduras de hoja verde oscuro.

Prostaglandinas Otra teoría relacionada con el SPM es que puede estar asociado con la inflamación, en concreto ver con unas sustancias similares a las hormonas llamadas prostaglandinas, que se producen en las zonas donde se manifiestan los síntomas, como los pechos, el cerebro y el tubo digestivo (el largo tubo por donde pasa la comida), lo que hace pensar en su participación en problemas como los espasmos, sensibilidad excesiva en los pechos, hinchazón, diarrea y estreñimiento. Las prostaglandinas derivan de los ácidos grasos omega 3 y omega 6, y desempeñan diversas funciones en el cuerpo, entre ellas la respuesta inflamatoria.

Hay dos tipos de prostaglandinas: las que favorecen la inflamación (a base de omega 6) y las que la reducen (a base de omega 3). La clave está en que el cuerpo produzca más prostaglandinas antiinflamatorias y menos inflamatorias, para aliviar las molestias del SPM. Los alimentos ricos en **ácidos grasos omega 3** incluyen pescado azul, semillas, aceites de semillas, nueces y verduras de hoja verde oscuro; son ricos en ácidos grasos omega 6 los aceites denominados «vegetales» y de girasol. Como siempre, una dieta con abundantes frutas y verduras de colores vivos te aportará suficientes antioxidantes, que también aliviarán la inflamación.

Muchas mujeres utilizan el aceite de onagra para aliviar los síntomas del síndrome premenstrual. Si aún no lo has probado, puedes tomar un suplemento durante algunos meses para ver si te ayuda.

② INFECCIONES URINARIAS (CISTITIS)

Las infecciones urinarias se pueden producir en cualquier parte del aparato urinario, y los síntomas son el resultado de una inflamación de la vejiga (en algunos casos pueden afectar a los riñones). En las mujeres se suelen llamar comúnmente cistitis; los hombres pueden tener una afección similar que se conoce como uretritis.

La cistitis se produce cuando algunas bacterias (*E. coli*) logran pasar por la uretra hasta la vejiga, a menudo como resultado de limpiarse de atrás hacia delante tras evacuar. La irritación causada por jabones con aromas fuertes, geles de baño y perfumes también puede provocar cistitis, y en algunos casos puede ser la consecuencia de alguna infección de transmisión sexual como la clamidiasis. El principal síntoma de la cistitis es una necesidad urgente de orinar, aunque la vejiga no esté llena, y que suele acompañarse de dolor y escozor.

La cistitis es más común en mujeres que en hombres, por tener estas una uretra más corta. Las mujeres mayores son más vulnerables, debido a que los cambios en los niveles de estrógeno afectan a los tejidos del cuerpo, haciendo que se vuelvan más delgados y, por lo tanto, más propensos a sufrir daños e infecciones. Los cambios hormonales del embarazo también hacen a las mujeres más susceptibles a la cistitis (por influencia de la hormona progesterona, la vejiga se agranda y se relaja, por lo que no se vacía bien y se vuelve más vulnerable a las infecciones bacterianas).

La primera medida eficaz es beber mucha agua (dos litros al día), pues esto te ayudará a orinar y a «expulsar» algunas de las bacterias que invaden las vías urinarias. En segundo lugar, podrías probar a tomar **zumo de arándanos**: estos contienen unas sustancias que evitan que las bacterias se adhieran a la pared de la vejiga (no sirven para *tratar* la infección, pero evitarán que se produzca de nuevo). Debes buscar zumo de arándanos con un mínimo o nada de azúcar y una alta concentración de fruta, en vez del zumo aguado y dulzón que venden a menudo. Si no te gusta el sabor de los arándanos, prueba las cápsulas de extracto de arándanos, que se pueden encontrar en las tiendas de alimentación dietética.

Para evitar la deshidratación, no tomes bebidas con cafeína, como refrescos de cola, té, café, bebidas energéticas y alcohólicas. A algunas personas los alimentos picantes también pueden provocarles cistitis. Si tienes infecciones recurrentes, puedes probar a llevar un diario de alimentos y síntomas, para identificar los alimentos que desencadenan la cistitis.

Los médicos prescriben a menudo antibióticos para curar las infecciones urinarias bacterianas. Estos fármacos pueden alterar el equilibrio de las bacterias del intestino, por lo que es una buena idea tomar yogures fermentados (se pueden encontrar yogures no lácteos) y suplementos de bacterias vivas. Esto también ayuda a inhibir el crecimiento de microorganismos que causan infecciones urinarias.

ALIMENTOS BENEFICIOSOS

Zumo de arándanos

Yogur fermentado (no lácteo)

EVITAR

Bebidas con cafeína (café, té, cola y bebidas energéticas)

Comida picante

③ MENOPAUSIA

La menopausia se puede definir como el tiempo en que la mujer deja de menstruar. El proceso suele empezar hacia los 45-50 años (perimenopausia) con la disminución de la hormona estrógeno, que ayuda a liberar óvulos de los ovarios y regula la menstruación. Esta hormona influye también en otros aspectos, como la densidad ósea, la temperatura de la piel y la humedad vaginal.

Los patrones irregulares y fluctuantes de las hormonas, como los descensos y aumentos repentinos de los niveles de estrógeno, son responsables de síntomas como sofocos, sudores nocturnos, pérdida de deseo sexual, cambios del estado de ánimo e irritabilidad, así como adelgazamiento de los huesos (que puede aumentar el riesgo de osteoporosis y fracturas). El grado y la gravedad de los síntomas de la menopausia pueden diferir entre distintas mujeres; algunas experimentan pocos síntomas o ninguno y otras se ven muy afectadas. Este proceso concluye normalmente hacia los 55 años y la etapa que sigue se conoce como posmenopausia.

THS La terapia hormonal sustitutiva (THS), una combinación de estrógeno y progesterona, se usa para tratar los síntomas de la menopausia. Esta terapia ha sido objeto de controversia, pues parece presentar asociaciones con el cáncer de mama y enfermedades cardiovasculares. Sin embargo, actualmente se considera que si la gravedad de los síntomas afecta negativamente la calidad de vida de una mujer, los beneficios de la THS junto con un estilo de vida saludable sobrepasan los riesgos. También es recomendable que la THS se utilice en la dosis más baja posible durante el menor tiempo posible. La mujer es la que decide al final, pero en aquellas con antecedentes de cáncer de mama con receptores estrogénicos positivos se desaconseja la THS.

Una dieta sana Comer el tipo correcto de alimentos puede ayudar a aliviar los síntomas leves de la menopausia y proteger a las mujeres frente a ciertas enfermedades. Aunque al principio puede costarte, cuando entiendas qué alimentos debes comer, puedes empezar a hacer cambios en tu dieta. Si comes abundantes cereales integrales, frutas y verduras (ricas en **vitaminas B**, que favorecen el equilibrio hormonal) y lo mínimo de carbohidratos refinados y grasas saturadas, estarás tomando todos los micronutrientes esenciales que necesitas, así como fitoestrógenos y bioflavonoides.

Antes de la menopausia, el estrógeno protege a las mujeres frente a las enfermedades cardíacas. Por lo que es importante seguir una dieta saludable para el corazón (véase *Corazón*, página 302). Los **ácidos grasos omega 3** tienen un papel esencial en la protección del corazón, así que asegúrate de incluir alimentos como pescado azul, semillas (chía y lino) y sus aceites, verduras de hoja verde oscuro y nueces, por sus propiedades antiinflamatorias. Se ha demostrado que estos ácidos grasos también ayudan a reducir el efecto de los sofocos.

ALIMENTOS BENEFICIOSOS
Brotes de alfalfa
Berenjenas
Aguacates
Cebada
Arándanos
Brócoli
Semillas y aceite de chía
Garbanzos
Higos secos
Judías edamame
Huevos
Semillas y aceite de lino
Leche de arroz enriquecida
Fletán
Kale
Lentejas
Brotes de lentejas
Caballa
Miso
Judías mungo
Frutos secos (almendras, anacardos, nueces)
Papayas
Alubias riñón rojas
Salmón
Sardinas
Semillas (calabaza, sésamo, girasol)
Setas shiitake
Col de primavera
Fresas
Tahini
Tamari
Tofu
Tomates
Trucha

REDUCIR
Alcohol
Cafeína
Azúcar refinado, grasas trans y grasas saturadas

Encontrarás una lista de recetas que pueden ser beneficiosas para los problemas de la menopausia en la página 411.

Tomar los nutrientes necesarios La menopausia acelera la pérdida de masa ósea debido a la disminución de los niveles de estrógeno. Esto, junto con una absorción de calcio menos eficiente, puede suponer mayor riesgo de osteoporosis más adelante. Por tanto, es esencial mantener una buena salud ósea. Los nutrientes claves para los huesos son el **calcio** (leche de arroz enriquecida, frutos secos, verduras de hoja verde oscuro y tahini), el **magnesio** (lentejas y alubias, frutas desecadas, frutos secos y verduras de hoja verde oscuro) y la **vitamina D** (huevos, pescado azul y setas shiitake). Puedes leer más sobre esto en el capítulo sobre los huesos (página 310).

Los productos de soja, como las judías edamame, el tofu, el tamari y el miso, contienen isoflavonas de soja, un tipo de **fitoestrógenos** (estrógenos vegetales). Estos se comportan de la misma manera que el estrógeno del cuerpo, pero con un efecto mucho menor, por lo que pueden reducir la intensidad de los sofocos. Si tienes cáncer de mama con receptores estrogénicos positivos o presentas riesgo de desarrollarlo, una dieta rica en isoflavonas de soja puede no ser adecuada para ti; habla con tu médico de cabecera sobre los posibles riesgos antes de incluir muchos alimentos de este tipo.

Los fitoestrógenos también se encuentran en las legumbres (garbanzos, lentejas), brotes (alfalfa, lentejas), fruta (albaricoques secos, bayas rojas y moradas), semillas (lino, sésamo, girasol) y frutos secos (pistachos, nueces). Incluidos en la dieta, estos alimentos pueden ayudar a equilibrar los niveles hormonales, además de ofrecer muchos otros beneficios para la salud.

Se sabe que la **vitamina E** es una forma útil de aliviar los sofocos, por lo que podrías intentar añadir a tu dieta alimentos ricos en ella. La encontrarás en aguacates, semillas, frutos secos, huevos y cereales integrales.

La cafeína y el alcohol, así como los alimentos picantes, pueden exacerbar los síntomas de la menopausia (sofocos, sudores nocturnos y cambios del estado de ánimo), pues al dilatar los vasos sanguíneos, llega más calor a la superficie de la piel. El exceso de alcohol también puede causar estrés en el hígado, lo que hace que sea menos eficaz en cuanto a eliminar estrógenos del cuerpo.

Mantener unos niveles estables de azúcar en la sangre te ayudará a contrarrestar los cambios de humor e irritabilidad. Por ello, come con regularidad, evita los alimentos azucarados y toma alimentos con una CG baja (carbohidratos complejos; véase la página 289). Además si tu dieta es baja en carbohidratos refinados (como el azúcar), grasas saturadas y grasas trans, contribuirás a tu salud cardíaca y mantendrás un peso corporal saludable.

④ SÍNDROME DEL OVARIO POLIQUÍSTICO (SOP)

El SOP en una enfermedad que se caracteriza por la formación de quistes benignos en el ovario. Estos quistes son folículos con óvulos que no se han desarrollado adecuadamente. Los síntomas del SOP suelen incluir menstruaciones irregulares, aumento de peso, acné (véase la página 334), exceso de vello facial e infertilidad, aunque no todas las mujeres con SOP presentan estos síntomas.

No se conoce del todo lo que provoca el SOP, pero los desequilibrios hormonales y la resistencia a la insulina son factores clave, que se cree provocan la inflamación subyacente de este trastorno (parece que el exceso de insulina induce una respuesta inflamatoria que no se desactiva, conocida como inflamación de bajo grado, que causa daños en el cuerpo). Una dieta adecuada puede tener un efecto beneficioso en estos dos factores.

Cómo funcionan las hormonas La resistencia a la insulina se produce cuando esta hormona (que se libera para controlar el nivel de azúcar en la sangre) disminuye su efecto sobre los tejidos del cuerpo, lo que da lugar a una sobreproducción de insulina para compensarlo. Junto a la insulina, el aumento por encima de lo normal de los niveles de la hormona luteinizante (que estimula a los ovarios para que ovulen) provoca que los ovarios segreguen un exceso de testosterona, lo que afecta negativamente a la ovulación y al desarrollo del óvulo. Para reducir el riesgo de resistencia a la insulina es aconsejable mantener un peso corporal saludable y seguir una dieta con una carga glucémica baja (CG; véase la página 290). Esto reducirá también los niveles de testosterona.

Ayudar al equilibrio hormonal Para equilibrar las hormonas y disminuir el efecto del estrógeno podrías incluir en tu dieta algunos alimentos de soja (judías edamame, tofu, miso). Estos contienen isoflavonas de soja, que son los **fitoestrógenos** (estrógenos vegetales) más potentes. Son similares a la hormona propia del cuerpo, pero con un efecto mucho más débil (unas mil veces menor). Se unen a los receptores estrogénicos del cuerpo y reducen el efecto de los estrógenos producidos por el cuerpo.

También contienen fitoestrógenos las legumbres (garbanzos, lentejas), fruta (orejones, bayas rojas y moradas), semillas (lino, sésamo, girasol) y frutos secos (pistachos, nueces). Una dieta rica en alimentos de origen vegetal con abundante fibra puede también ayudar a eliminar el exceso de estrógeno del cuerpo.

Una dieta con una CG baja, rica en carbohidratos complejos (arroz integral, avena, legumbres y hortalizas con almidón, como la calabaza), puede ayudar a equilibrar los niveles de azúcar en la sangre y evitar los aumentos y descensos bruscos de insulina, lo cual es especialmente importante en el SOP. Este tipo de dieta también puede ser útil para bajar de peso: cuando se tiene SOP, es fundamental mantener un peso saludable con el fin de reducir el riesgo de

ALIMENTOS BENEFICIOSOS

Brotes de alfalfa

Manzanas

Cebada

Alubias carilla

Arándanos

Brócoli

Arroz integral

Trigo sarraceno

Aceite de chía

Pollo

Garbanzos

Canela

Orejones de albaricoque

Judías edamame

Huevos

Aceite de oliva virgen extra

Aceite de lino

Brotes de lentejas

Lentejas

Miso

Judías mungo

Setas, sobre todo shiitake

Frutos secos (pistachos, nueces)

Avena

Quinoa

Frambuesas

Alubias riñón rojas

Salmón

Semillas (calabaza, sésamo, girasol)

Fresas

Boniatos

Maíz

Tamari

Tofu

Trucha

Atún

REDUCIR

Alcohol

Alimentos ricos en azúcar refinado, grasas trans y grasas saturadas

Encontrarás una lista de recetas que pueden ser beneficiosas para el SOP en la página 409.

problemas, como la resistencia a la insulina (aunque perder peso puede ser difícil, porque el SOP a menudo se acompaña de un metabolismo más lento y una mayor producción de la hormona del hambre). Para equilibrar aún más el azúcar en la sangre, incluye en las comidas proteínas y grasas saludables (aceite de oliva virgen extra, aguacates y pescado azul), pues así ayudarás a frenar la absorción de carbohidratos y mantendrás bajos los niveles de insulina.

No te dejes tentar por las dietas «bajas en carbohidratos», que suelen consistir en alimentos ricos en grasas saturadas, cuyo exceso aumentará el riesgo de enfermedad cardíaca (el SOP de por sí ya supone un mayor riesgo), y abundantes proteínas, lo que puede aumentar la producción de insulina. También es beneficioso evitar alimentos con una elevada CG (azúcares refinados, pan blanco y pastas), que aumentan la producción de insulina, así como alimentos ricos en grasas saturadas y trans, que favorecen la inflamación.

Otros alimentos beneficiosos Toma bastantes **ácidos grasos omega 3** comiendo pescado azul, verduras de hoja verde oscuro, frutos secos (nueces) y semillas (chía y lino) y sus aceites, pues pueden ser útiles para reducir la inflamación y equilibrar los efectos inflamatorios de los omega 6 (la mayoría de la gente toma demasiado omega 6 de aceites vegetales).

El **cromo** es un mineral que participa en la formación de un factor de tolerancia a la glucosa, que ayuda a que la insulina sea más eficaz. Se pueden encontrar pequeñas cantidades de cromo en las aves, cereales integrales, setas, maíz, manzanas, boniatos, huevos y sobre todo en el brócoli.

Se sabe que la **vitamina D** también ayuda a controlar el azúcar en la sangre y mejora la sensibilidad a la insulina. La mayor parte de esta vitamina se obtiene de la luz solar (véase la página 310), pero también puedes encontrarla en los huevos, setas shiitake, pescado azul y margarinas enriquecidas. Muchas personas sufren deficiencia de vitamina D en invierno, lo que puede influir en todos los aspectos de la salud; por ello, quizá sea conveniente tomar un suplemento durante el período anual en el que se retrasa la hora y se reduce la luz solar.

Las **vitaminas B** ayudan a controlar el peso, al convertir los macronutrientes en energía, y son esenciales para el hígado, pues intervienen en la conversión de las hormonas «viejas» en sustancias inocuas, que luego se pueden eliminar.

Se ha demostrado que la **canela** es útil para controlar el azúcar en la sangre. Puedes espolvorear con ella la fruta o añadirla a las bebidas calientes. Debido a su acción sobre el azúcar, si eres diabético, evita tomarla como suplemento.

Como parte de tu plan de alimentación sana, controla el alcohol que bebas. El exceso de alcohol puede derivar en un aumento de peso y de los niveles de azúcar en la sangre; también puede causar estrés en el hígado, que se volverá menos eficaz en cuanto a eliminar el exceso de hormonas.

VEGETARIANOS Y VEGANOS

En principio los vegetarianos y veganos no comen pescado ni carne, aunque hay muchas definiciones de dieta vegetariana y algunas incluyen pescado. Los veganos también prescinden de todos los alimentos de origen animal, como huevos, lácteos, gelatina y, en algunos casos, la miel. Muchas personas eligen estas dietas por razones de salud, y se ha demostrado en estudios, por ejemplo, de Adventistas del Séptimo Día (vegetarianos estrictos), que en estas personas disminuye la incidencia de enfermedades cardiovasculares y de cáncer (sobre todo cáncer colorrectal y de próstata).

A menudo con las dietas vegetarianas se pierde peso, pues suelen ser ricas en fibra y bajas en calorías. Si quieres hacerte vegano, asegúrate de equilibrar adecuadamente tus fuentes de energía para cubrir tus necesidades diarias. Incluye en tu dieta alimentos ricos en calorías, como frutos secos, mantequilla de frutos secos, semillas, aguacates, aceites y frutas desecadas, que también contienen abundantes vitaminas, minerales y grasas sanas que te ayudarán a sentirte bien y a mantener un peso saludable.

Combinar proteínas vegetarianas Aunque los alimentos de origen vegetal contienen proteínas, estas son incompletas, pues no incluyen todos los aminoácidos esenciales que se encuentran en la carne. Es

PLAN DEPURATIVO PARA VEGANOS
(SUSTITUYE LA MIEL POR JARABE DE ARCE O DE AGAVE)

	PRIMER DÍA	SEGUNDO DÍA	TERCER DÍA
Desayuno	Granola de coco y pecanas (pág. 30)	Copa de mango con granada (pág. 33)	Aguacate con frutos secos y semillas (pág. 36)
Zumo	Batido de frambuesas, arándanos y agua de coco (pág. 49)	Zumo de zanahoria, remolacha, manzana y apio (pág. 57)	Zumo de zanahoria, remolacha, manzana y apio (pág. 57)
Tentempié a media mañana	Ensalada de edamame y semillas (pág. 73)	Hummus de remolacha con crudités (pág. 65)	Copa de mango con granada (pág. 33)
Comida	Ensalada de aguacate y quinoa (pág. 147)	Lentejas de Puy con berenjena asada y pesto (pág. 161)	Ensalada de quinoa, espárragos y almendras (pág. 150)
Merienda con zumo	Puré de judiones y espinacas con crudités (pág. 68)	Batido de chocolate (pág. 53)	Arándanos (80 g)
Cena	Cebada perlada con melón cantaloupe (pág. 151)	Lasaña vegetariana (pág. 124)	Curry de calabaza al estilo de Sri Lanka (pág. 134)

importante combinar distintas proteínas vegetarianas, para que los perfiles de aminoácidos se complementen entre sí (una falta de aminoácidos esenciales puede impedir que tu cuerpo fabrique ciertas proteínas necesarias para el crecimiento y reparación de células y tejidos, lo que afectaría a muchos aspectos de la salud).

Para combinar proteínas solo tienes que tomar dos o más fuentes de proteína vegetariana en una comida: legumbres (garbanzos, alubias, lentejas, guisantes), productos de soja (tofu, miso, judías edamame), frutos secos y semillas

Micronutrientes esenciales En las dietas veganas, a veces pueden faltar algunas vitaminas y minerales (la mayoría de los vegetarianos comen alimentos muy nutritivos, como huevos, para incrementar su ingesta de nutrientes básicos). La vitamina B12, el hierro, el zinc y el calcio son cuatro nutrientes esenciales que pueden faltar en una dieta vegana basada solo en alimentos de origen vegetal.

El hierro y la vitamina B12 son especialmente importantes, pues participan en la producción de glóbulos rojos y su carencia puede provocar anemia. Los vegetarianos y veganos estrictos, sobre todos los novatos, pueden considerar tomar un suplemento multivitamínico y mineral para estar seguros de que consumen todos los micronutrientes necesarios para su salud y bienestar.

CUARTO DÍA	QUINTO DÍA	SEXTO DÍA	SÉPTIMO DÍA
Bircher Muesli con remolacha y manzana (pág. 25)	Granola con piña y fresas (pág. 30)	Tostada con alubias (pág. 47)	Pastelitos de cereales con goji y anacardos (pág. 80)
Batido de coco, piña y chía (pág. 52)	Lassi de fresa y mango (pág. 55)	Zumo de zanahoria, remolacha, manzana y apio (pág. 57)	Lassi de fresa y mango (pág. 55)
Pan de plátanos (pág. 255)	Arándanos (80 g)	Hummus con rábanos y coliflor (pág. 66)	Ensalada de edamame y semillas (pág. 73)
Cebada perlada con guisantes, espinacas, habas y avellanas (pág. 176)	Quinoa con coles de Bruselas y anacardos (pág. 175)	Ensalada de arroz salvaje con tupinambo y tomates de herencia (pág. 154)	Risotto de coliflor con pistachos (pág. 130)
Ensalada de edamame y semillas (pág. 73)	Puré de judiones y espinacas con crudités (pág. 68) con crackers de semillas (pág. 77)	Crackers de semillas (pág. 77)	Hummus de remolacha (pág. 65) con pimiento rojo como crudités
Curry de calabaza y tofu al horno (pág. 135)	Potaje de legumbres a la mexicana (pág. 139)	«Arroz» de coliflor frito con setas shiitake y tofu (pág. 143)	Dahl con hinojo asado (pág. 163)

Las fuentes vegetarianas de **hierro** incluyen el tofu, las legumbres, frutas desecadas, verduras de hoja verde oscuro (excepto las espinacas, que puede inhibir la absorción de minerales), cereales integrales (como la avena y el arroz integral), frutos secos y especias (solo 2 cucharaditas de estas pueden añadir hasta 2 g de hierro). Para aumentar la absorción de hierro de fuentes vegetales, tómalas con alimentos ricos en **vitamina C** (véase *Deficiencia de hierro*, página 354). Algunos de estos alimentos también son una buena fuente de **zinc**.

Los productos lácteos, que son los principales proveedores de **calcio** en una dieta normal, están excluidos de una dieta vegana, pero hay muchas otras fuentes no lácteas de este mineral, como la leche de arroz enriquecida, el tofu, las almendras, las semillas de girasol y de sésamo, el tahini y las verduras de hoja verde oscuro (de nuevo excepto las espinacas). Para tomar suficiente calcio y fomentar la salud de tus huesos, incluye muchos de estos alimentos en tu dieta.

La **vitamina B12** se encuentra sobre todo en alimentos de origen animal, pero se puede obtener a partir de algunas fuentes de origen vegetal, como la levadura, las algas, la espirulina (que se puede añadir a batidos y zumos) y alimentos enriquecidos como la leche de arroz (a menudo se le añade vitamina B12). Estos alimentos se deben comer a diario, pues la falta de vitamina B12 supone un riesgo de anemia perniciosa, que provoca cansancio, letargo y fatiga.

Los vegetarianos y veganos pueden tener dificultades para consumir fuentes ricas en **ácidos grasos omega 3** (presentes sobre todo en el pescado azul). Alimentos como semillas (de chía y lino) y sus aceites, vegetales de hoja verde oscuro y algunos frutos secos (nueces) contienen un ácido graso llamado ácido alfalinolénico, que en el cuerpo se puede convertir en los ácidos grasos omega 3 denominados ácido eicosapentaenoico (AEP) y ácido docosahexaenoico (ADH), que se encuentran en el pescado azul. Además de proteger el corazón, el AEP y el ADH disminuyen los niveles de triglicéridos en la sangre (un factor de riesgo de enfermedad cardíaca) y reducen la inflamación. Si te preocupa que tu dieta pueda no incluir suficiente omega 3, considera la posibilidad de tomar un suplemento apto para vegetarianos y veganos.

ALIMENTOS BENEFICIOSOS

Aguacates
Brócoli
Arroz integral
Coles de Bruselas
Trigo sarraceno
Col
Semillas y aceite de chía
Fruta desecada
Aceite de oliva virgen extra
Semillas y aceite de lino
Judías verdes
Hierbas y especias, sobre todo mejorana seca, cardamomo molido y cúrcuma
Kale
Frutos secos (almendras, nueces)
Mantequilla de frutos secos
Legumbres (alubias, lentejas)
Quinoa
Aceite de colza
Leche de arroz
Algas
Semillas (sésamo, girasol)
Espirulina
Tahini
Tamari
Tofu
Extracto de levadura

REDUCIR

Alimentos ricos en oxalatos (ruibarbo, espinacas y acelgas)

Las recetas veganas se indican con una (v) en el índice general de las páginas 382-394.

GLOSARIO DE TÉRMINOS MÉDICOS

ÁCIDOS GRASOS Componentes básicos de las grasas de los alimentos y producto final de la digestión de las grasas en el cuerpo para su absorción en el torrente sanguíneo. Representan el principal almacén de energía del cuerpo y son esenciales para una serie de funciones.

ÁCIDOS GRASOS OMEGA 3 Ácidos grasos esenciales que deben obtenerse de la dieta. Los más importantes, el ácido eicosapentaenoico (AEP) y ácido docosahexenoico (ADH), se encuentran en el pescado azul. El ácido alfalinolénico, que se encuentra en el aceite de lino y de colza, las nueces y el kale, se puede convertir en AEP y ADH en el cuerpo y es la principal fuente de omega 3 en las dietas vegetarianas.

ÁCIDOS GRASOS OMEGA 6 Como los omega 3, estos ácidos grasos se deben obtener de la dieta, porque el cuerpo no los fabrica. Son importantes para una función cerebral adecuada, así como para el crecimiento y el desarrollo normales. Sin embargo, se cree que aumentan la inflamación cuando se consumen en mayor cantidad que los omega 3. Las fuentes principales son los alimentos elaborados con aceites vegetales refinados, como margarinas y comidas procesadas.

ALERGIA ALIMENTARIA Respuesta inmunitaria a un alimento que causa síntomas como urticaria, hinchazón facial, espasmos, diarrea y, en casos graves, anafilaxia, que puede hacer que la garganta se hinche y provocar la muerte si no se trata con rapidez

ALMIDONES REFINADOS Féculas en las que se ha eliminado la cáscara, salvado y fibra del grano de cereal. Se suele hablar de ellos como carbohidratos «simples», pues se descomponen rápidamente en el cuerpo para la obtención de energía (provocan aumentos bruscos de los niveles de insulina y del azúcar en la sangre).

AMINOÁCIDOS Unidades que componen las proteínas de los alimentos y que son el producto final de la digestión de estas en el cuerpo, lo que les permite ser absorbidas en el torrente sanguíneo. Son esenciales para el crecimiento y la reparación

del cuerpo, y hay 20 en total. El cuerpo puede fabricar 11 («no esenciales»), pero los 9 restantes deben obtenerse de la dieta («esenciales»).

ANTIOXIDANTES Nutrientes que ayudan a reducir la cantidad de radicales libres en el cuerpo, como las vitaminas A, C y E y ciertos minerales, como el selenio, que pueden obtenerse de los alimentos que comemos.

AZÚCAR REFINADO Azúcares presentes en productos de repostería, refrescos y dulces (incluye todos los tipos de azúcar blanco y moreno, así como los jarabes de agave y de arce). Al igual que los almidones refinados, se consideran carbohidratos simples.

BACTERIAS VIVAS Bacterias «buenas» (se encuentran en el yogur fermentado) que favorecen la salud intestinal. Algunas especies eficaces son *Lactobacillus* y *Bifidobacterium*.

BETAGLUCANO Un tipo de fibra soluble que se encuentra en la avena y puede proteger contra la enfermedad cardíaca, gracias a que equilibra los niveles de colesterol.

CANTIDAD DIARIA RECOMENDADA (CDR) Cantidad necesaria de nutrientes en la dieta para mantener una buena salud, según lo establecido por profesionales de la salud.

CARBOHIDRATOS COMPLEJOS Carbohidratos ricos en fibra que se degradan lentamente en el cuerpo, lo que ayuda a regular el nivel de azúcar en la sangre. Se encuentran en alimentos ricos en almidón, como la calabaza, el boniato, el arroz integral, la cebada y las legumbres.

CARBOHIDRATOS SIMPLES Estos carbohidratos requieren poca digestión (son una fuente rápida de energía), tienen el mayor efecto sobre el nivel de azúcar en la sangre y no contienen otros nutrientes ni fibra. Todos los azúcares son carbohidratos simples, e incluyen la glucosa y la fructosa.

CARBOHIDRATOS Uno de los tres tipos de nutrientes de la dieta que proporcionan energía (calorías), conocidos como macronutrientes. Los carbohidratos aportan 4 calorías por gramo y se recomienda obtener a partir de ellos la mitad de la energía de la dieta. Pueden ser almidones, azúcares y fibras. A diferencia de los azúcares y almidones, de la fibra solo se digiere una pequeña cantidad y produce menos energía (2 cal/g).

COLESTEROL Esencial para la producción de hormonas y la fabricación de la vitamina D. Hay dos tipos: lipoproteínas de baja densidad (LDL, por sus siglas en inglés), que son transportadas desde el hígado a otras partes del cuerpo, y lipoproteínas de alta densidad (HDL, por sus siglas en inglés), que absorbe el LDL y lo lleva de nuevo al hígado para su procesamiento. El LDL suele llamarse «colesterol malo», por su efecto negativo en las enfermedades cardíacas, y el HDL, «colesterol bueno», porque elimina el LDL de la circulación sanguínea.

ENZIMAS Proteínas que aceleran la velocidad de las reacciones químicas en el cuerpo. Para la descomposición de los alimentos, se necesitan enzimas digestivas.

FLAVONOIDES Grupo de fitonutrientes (compuestos que benefician la salud) que dan a las plantas su color (pigmento), como las antocianinas (en frutas de color morado y azul). Tienen un efecto protector de la salud gracias a su capacidad de reducir la inflamación, que se cree subyace a muchas enfermedades crónicas, incluidas la enfermedad cardíaca y el cáncer.

FIBRA Obtenida a partir de alimentos vegetales, añade volumen a la comida y estimula el funcionamiento correcto del intestino.

FITOESTRÓGENOS Estrógenos vegetales naturales, como las isoflavonas de soja. Se encuentran, por ejemplo, en las judías edamame y el miso. Se han asociado con la reducción del colesterol de LDL («malo») y pueden equilibrar las hormonas femeninas.

FITONUTRIENTES Sustancias químicas que se producen naturalmente en las plantas. No son esenciales para la vida, pero pueden protegernos contra las enfermedades. Las frutas y verduras son fuentes ricas en fitonutrientes, como los flavonoides y fitoestrógenos, que incluyen las isoflavonas de soja.

FODMAP Dieta para el síndrome de intestino irritable, que excluye los carbohidratos fermentables.

GRASAS INSATURADAS Tienen una estructura química diferente a las grasas saturadas y se consideran más saludables. Pueden ser monoinsaturadas o poliinsaturadas. Suelen asociarse a la buena salud del corazón, y se encuentran en aceites, frutos secos, semillas, aguacates y pescado azul.

GRASAS SATURADAS Estas grasas tienden a ser sólidas a temperatura ambiente, como la mantequilla o la grasa de la carne. Los alimentos procesados suelen ser ricos en grasas saturadas. Un exceso de grasas saturadas en la dieta se considera un factor de riesgo de enfermedad cardíaca por su efecto negativo sobre el colesterol.

GRASAS TRANS Ciertos tipos de grasa (se encuentran sobre todo en alimentos procesados) que pueden tener un efecto negativo sobre la salud por aumentar el colesterol de LDL («malo») y reducir el colesterol de HDL («bueno»), y por favorecer la inflamación, lo que puede afectar a la salud del corazón. Hay una pequeña cantidad de grasas trans en las carnes rojas y los lácteos, pero la mayoría se producen por un proceso (hidrogenación) utilizado por los fabricantes de alimentos para convertir los aceites líquidos en sólidos.

ÍNDICE GLUCÉMICO (IG) Clasificación de los alimentos ricos en carbohidratos según su efecto sobre los niveles de azúcar en la sangre. Todos los carbohidratos se descomponen en glucosa, que las células utilizan como la principal fuente de energía. La velocidad a la que estos alimentos se descomponen se relaciona con el índice glucémico. Los alimentos con carbohidratos complejos tienen un índice bajo, pues su contenido en fibra evita que se degraden demasiado deprisa.

INFLAMACIÓN CRÓNICA Se produce cuando el cuerpo no puede superar los efectos de un ataque. Esto hace que el sistema inmunológico se vuelva hiperactivo, lo que se conoce a menudo como inflamación crónica de bajo grado. Se ha relacionado con el exceso de grasa corporal (obesidad) y se asocia a una serie de enfermedades.

INFLAMACIÓN Respuesta del sistema inmunitario ante un ataque; puede ocurrir como resultado de una lesión o enfermedad. Se presenta en forma de calor, enrojecimiento, hinchazón y dolor.

INSULINA Hormona que regula el nivel de azúcar en la sangre después de comer carbohidratos; transporta la glucosa (el producto final de la digestión de los carbohidratos) a las células para aportar energía, así como al hígado y a los músculos para su almacenamiento.

INTOLERANCIA ALIMENTARIA A diferencia de la alergia, la intolerancia alimentaria puede dar lugar a síntomas como espasmos e hinchazón, que se desarrollan más lentamente, a menudo muchas horas después de comer el alimento desencadenante.

ISOFLAVONAS DE SOJA Antioxidantes de la familia de los flavonoides que se encuentran en productos de soja (tofu, tamari, judías edamame, miso). Se comportan como el estrógeno del cuerpo, pero con un efecto menor, lo que puede equilibrar las hormonas en las mujeres. También equilibran los niveles de colesterol, lo que protege contra las enfermedades cardíacas.

LICOPENO Poderoso antioxidante que se encuentra en los tomates y que puede tener un efecto protector frente al cáncer de próstata.

MACRONUTRIENTES Los tres grupos principales de alimentos (carbohidratos, grasas y proteínas) que aportan calorías en la dieta.

MICRONUTRIENTES Vitaminas y minerales esenciales para la vida. Se necesitan en pequeñas cantidades y deben obtenerse de la dieta, pues el cuerpo no puede fabricarlos.

NEUROTRANSMISORES Sustancias químicas que envían mensajes entre las células mediante terminaciones nerviosas.

NIVEL DE AZÚCAR EN LA SANGRE Cantidad de azúcar (glucosa) en la sangre. La resistencia a la insulina (hormona que controla el azúcar en la sangre) puede provocar que aumente más de lo normal y es un indicador de la diabetes.

PECTINA Fibra soluble que se encuentra en manzanas, peras y uvas, y puede proteger contra enfermedades cardíacas gracias a que equilibra de manera positiva el colesterol en la sangre.

PREBIÓTICOS Fibras no digeribles presentes en ciertos alimentos que estimulan el crecimiento de las bacterias «buenas» del intestino. Se encuentran, por ejemplo, en plátanos, achicoria, ajos, cebollas, alcachofas y espárragos.

PROSTAGLANDINAS Sustancias químicas similares a las hormonas que se producen en el cuerpo a partir de ácidos grasos. Hay dos tipos: uno (a base de ácidos grasos omega 6) estimula la inflamación y el otro (a base de ácidos grasos omega 3) la alivia. Mantener un equilibrio de omega 3 y omega 6 se considera beneficioso para la salud.

RADICALES LIBRES Moléculas inestables producidas naturalmente como subproducto de los procesos corporales. Se cree que un nivel elevado de radicales libres puede dañar las células del cuerpo y aumentar el riesgo de enfermedades crónicas. Ciertos factores del estilo de vida y ambientales, como el fumar y la contaminación, pueden contribuir al daño de los radicales libres.

SEROTONINA Hormona producida en el cerebro que se cree que tiene una influencia positiva en el estado de ánimo, las emociones y el sueño.

VITAMINAS Y MINERALES Sustancias esenciales para que el cuerpo funcione correctamente. Se necesitan en pequeñas cantidades y deben obtenerse de la dieta, porque el cuerpo no las produce.

ÍNDICE DE RECETAS POR TEMAS DE SALUD

ACNÉ
VÉASE PÁGINAS 334-335

ANEMIA
VÉASE PÁGINAS 315, 330, 340, 354

ANSIEDAD
VÉASE PÁGINAS 348, 349, 351, 356

ARTRITIS REUMATOIDE
VÉASE PAGINAS 314-315

COLESTEROL ALTO
VÉASE PÁGINAS 293-294, 304-306, 379

DEPRESIÓN
VÉASE PÁGINAS 348, 349, 350, 355, 356

DIABETES TIPO 2
VÉASE PÁGINAS 290, 308-309, 365

ECZEMA
VÉASE PÁGINAS 338-339

ESTREÑIMIENTO
VÉASE PÁGINAS 292, 318-319, 320

FERTILIDAD MASCULINA
VÉASE PÁGINAS 364

HINCHAZÓN ABDOMINAL
VÉASE PÁGINAS 21, 30, 369

INDIGESTIÓN Y ACIDEZ
VÉASE PÁGINAS 10, 324

OSTEOPOROSIS
VÉASE PÁGINAS 10, 312-313, 331, 367, 373

ÍNDICE DE SALUD

PRESIÓN ARTERIAL ALTA
VÉASE PÁGINAS 307, 309

PROBLEMAS DEL CABELLO Y DEL CUERO CABELLUDO
VÉASE PÁGINAS 340

PSORIASIS
VÉASE PÁGINAS 336-337

RESFRIADO COMÚN
VÉASE PÁGINAS 328-329

SALUD DE LA PRÓSTATA
VÉASE PÁGINAS 362-363

SÍNDROME DE FATIGA CRÓNICA (SFC)
VÉASE PÁGINAS 355

SÍNDROME DE INTESTINO IRRITABLE (SII)
VÉASE PÁGINAS 320, 322-323, 325

SÍNDROME DEL OVARIO POLIQUÍSTICO (SOP)
VÉASE PÁGINAS 334, 367, 374-375

SÍNDROME PREMENSTRUAL (SPM)
VÉASE PÁGINAS 268-270, 350

TRASTORNOS DE LA MENOPAUSIA
VÉASE PÁGINAS 312, 372-373

LILY SIMPSON es una chef cuya cocina está inspirada en sus viajes por Francia, España, Italia, Tailandia, Marruecos y la India. En 2012 fundó *Detox Kitchen*, un servicio único de entrega a domicilio de comida depurativa que logró un éxito extraordinario. Tras haberse ganado una devota clientela, *Detox Kitchen* ofrece ahora también en sus tiendas de *delicatessen* de Kingly Street y Harvey Nichols, en Londres, una amplia variedad de platos deliciosos y sanos.

ROB HOBSON es uno de los nutricionistas con más talento del Reino Unido. Es además un gourmet apasionado y un experto cocinero, y sus artículos sobre alimentación y nutrición han aparecido en una amplia gama de publicaciones. Dirige dos consultorías de nutrición en Londres, y ha trabajado con clientes privados, organizaciones gubernamentales y el Servicio Nacional de Salud (National Health Service) del Reino Unido.

AGRADECIMIENTOS

Gracias a nuestra maravillosa agente Dorie Simmonds, por su positividad contagiosa. A las inteligentes editoras de Bloomsbury, Natalie Bellos y Xa Shaw Stewart, por su gracia y elegancia, que han expresado de manera absoluta en este libro. A la increíble y paciente Norma MacMillan, por su exquisita atención a los detalles. A las brillantes Polly Webb-Wilson y Keiko Oikawa, que son un equipo de ensueño. También a las españolas Marian Alonso y Marina Asenjo, por la fotografía de los autores y por la maestría en la producción. A Peter Dawson y Namkwan Cho, de Grade Design, por haber aportado su calma y creatividad en la misma medida.

Lily quisiera expresar su agradecimiento
Gracias a todos nuestros clientes de *Detox Kitchen*: vuestra lealtad nos ha permitido poder seguir haciendo la comida que amamos. También me gustaría dar las gracias a nuestra jefa de cocina, Claire Herrick, a nuestra subjefa de cocina, Lucy Cheyne, y a todos nuestros talentosos chefs por continuar creando la comida que me inspira. Gracias a Harriet Jenkins, por su apoyo continuo, por su ecuanimidad y por la forma maravillosa en que hace todo. Gracias a Jules Miller, Jayne Robinson y a todo el equipo administrativo y personal de las tiendas de delicatessen, por creer en nuestra marca tanto como yo. A mi padre, por enseñarme cómo cocinar con los ingredientes mágicos, la cebolla, el jengibre y el ajo. A mi madre, absolutamente por todo. A mi marido, por no dejar de decirme que todo lo que cocino es delicioso y por ser mi pilar.

Rob quisiera expresar su agradecimiento
A toda mi familia y amigos, por su enorme paciencia.

Lily *A mi madre y a mi padre*
Rob *A Adie y a mi hermana Claire*

Título original: *The Detox Kitchen Bible*
Primera edición: septiembre de 2016

© 2015, Lily Simpson y Rob Hobson, por el texto
© 2015, Lily Simpson, por las recetas
© 2015, Keiko Oikawa, por las fotografías
Con la excepción de la foto en pp. 6-7 © Marian Alonso
© 2015, Bloomsbury Publishing PLC
© 2016, de la presente edición en castellano para todo el mundo:
Penguin Random House Grupo Editorial, S. A. U.
Travessera de Gràcia, 47-49. 08021 Barcelona
© 2016, Pilar Alba Navarro, por la traducción

Printed in Spain – Impreso en España

Edición del proyecto: Norma MacMillan
Diseño: Peter Dawson, Namkwan Cho gradedesign.com
Fotografía: Keiko Oikawa
Estilismo: Polly Webb-Wilson
Índice: Vicki Robinson

ISBN: 978-84-16449-43-9
Depósito legal: B-11.888-2016

Compuesto en Gama, S.L.
Impreso en Impuls 45
Granollers (Barcelona)

DO 49439

Penguin
Random House
Grupo Editorial